教师必备金点子系列

JIAOSHIBIBEIJINDIANZIXILIE

中小学必备 安全知识 67例

ZHONGXIAOXUEBIBEI
ANQUANZHISHI67LI

张　琦◎主编

吉林文史出版社

图书在版编目（CIP）数据

中小学必备安全知识 67 例 / 张琦主编 . ——长春：
吉林文史出版社，2012. 12（2021. 6重印）
（教学必备金点子系列）
ISBN 978 - 7 - 5472 - 1360 - 5

Ⅰ . ①中… Ⅱ . ①张… Ⅲ . ①安全教育 – 教学研究 –
中小学 Ⅳ . ①G633. 202

中国版本图书馆 CIP 数据核字（2012）第 306974 号

教师必备金点子系列

中小学必备安全知识 67 例

ZHONGXIAOXUEBIBEIANQUANZHISHI67LI

编著 / 张　琦

责任编辑 / 高冰若

封面设计 / 小徐书装

出版发行 / 吉林文史出版社

地址 / 长春市福祉大路5788号

邮编 / 130118

网址 / www. jlws. com. cn

印刷 / 三河市燕春印务有限公司

开本 / 710mm × 1000mm　1/16

印张 / 15　字数 / 220 千字

版次 / 2013 年 3 月第 1 版　2021 年 6 月第 3 次印刷

书号 / ISBN 978 - 7 - 5472 - 1360 - 5

定价 / 39. 80 元

中小学必备
67例
安全知识

目 录

前　言

　　校园安全亟待解决。近年来，国内外频繁发生重大校园安全事件，"安全"，再次像泰山一样压在教育职能部门和学校身上。据统计，去年全国学校安全事故总量比前年有所减少，但车祸、拥挤造成的踩踏事故、学生斗殴等安全事故却呈上升趋势。一个小小的过错，有时会酿成无法挽回的损失，甚至令花季中的孩子过早凋谢。据调查显示，我国中小学生因溺水、交通事故、食物中毒、建筑物倒塌等意外死亡的，平均每天有40多人，相当于每天有一个班的学生消失！

　　3月31日，是"全国中小学生安全教育日"。过去一提到学校安全，大多都是老生常谈，强调学校、家庭、社会要"三位一体"。但真正发生安全事故，学校再充分的理由都成了狡辩，在教育、管理和保护这三项职责中，没有直接责任，总有间接责任，学校很难推得一干二净。而且，即便教育部《学生伤害事故处理办法》中规定了几项免责的条款，然而法律上涉及人身伤害的责任划分主要依据的是《民法》。这样一来，学校不可避免地要"受伤"，除相关责任人受到党纪政纪处分之外，还得支付数额不菲的经济赔偿。这，无疑将原本靠公用经费维持运转的学校逼入困境。可以说，在绝大多数学校校长，教师心中，安全事故就像一颗随时会引爆的炸弹，其威力要远远超过教师福利、学生成绩和考试升学率等众多因素的集合。

　　一、学生乘车问题。近几年，随着农村中小学布局的调整撤并，城市中小学择校生的增加，中小学生上学路远的矛盾凸显，中小学义务教育出现"校车"难题。几年前，教育部就校车问题曾出台过政府主导、市场运作、管理规范解决中小学校车的基本思路，各地在实际运行中做法不一。目前看，存在的主要问题有：政府没有资金投入，车辆型号、品质五花八门，安全隐患极大；学校自行靠市场运作，资金和驾驶员管理难以到位；安全事故不断，甚至时有大事故出现；农村学校校车学生交费一年累积高于学费，家长难以负担等。公路上汽车撞死学生，学校

第一章　小学篇

001

老师就要求不准上路体育锻炼。这样有针对性的制定防范措施固然不错，但是这一点"风雨"后的"阳光"显得有些微弱，只能是被动地跟着事故走，不可能从根本上解决问题。要想真正从根本上解决问题，必须把安全工作体现在全局各项工作的规划之中，时时处处想到安全，并学会举一反三，处处争取主动，把安全隐患消灭在有效的工作之中。校车是不同年级学生早晚小聚的场所，是学校教育的延续。要搞好义务教育，必须解决校车的问题，义务教育是政府的职责，校车可考虑由政府进行买单。应切实加强校车和驾驶员的管理，公安交通部门应设立专门机构或专职人员进行管理，并制定配套的规章制度，真正落到实处。学校应配备专门教师上车管理。乘车安全是我们学校，包括教育部门，从上到下的重要工作，不仅仅是开学，整个学期我们都一直在做乘车安全工作。安全工作要从第一天抓起，孩子们还没有上学之前，学校就开始部署安全工作了。学校安全问题应该说有好多方面的，一方面是孩子们上下学护送，还有一部分学生乘坐接送车。除了平时应该做的校舍、消防、食堂等方面，重点是孩子们每天上下学，学校里有一些部署，包括学校附近的公安部门、派出所，给予一定的帮助，因为安全是一个全社会的问题，不仅仅是学校需要做。要搞好义务教育必须尽快解决校车问题，建议财政加大投入力度，同时，政府和学校加大管理力度。

二、校外暴力问题。一连串血淋淋的数字。

◇北京大学第一医院幼儿园一门卫精神病发作，持刀砍伤15名孩子和3名教师，其中一名幼儿被砍死。

◇犯罪嫌疑人杨某闯进苏州市一外来民工子弟临时托管点，挥刀对儿童狂砍，当场砍伤儿童28人。

◇多名手持凶器的歹徒冲入湖北省大冶市罗家桥中学学生宿舍抢劫，砍伤15名学生，抢走现金742元。

◇犯罪嫌疑人贾某闯入山东莒县第一实验小学，持菜刀砍伤25名小学生。

◇湖南郴州市临武县广宜中心小学有精神病史的小学老师刘红文因精神病发作，在校园内持菜刀疯狂乱砍，其中一年级和二年级的4个孩子被砍死，12个孩子被砍伤（其中多名重伤），另有4名教师受伤。暴力的魔爪，正不时地侵袭菁菁校园。据了解，未成年人犯罪案件近年呈上升趋势，在校生犯罪增多。

三、校内暴力问题。据悉，一个孩子所在的杭城某小学三年级一个班级里，在午休时间把教室门关住，20多个同学殴打一名女生。原因是这名女生学习成绩不好，考试经常是最后一名，拖大家后腿。这名女生被打得眼角膜出血，脸上有瘀青，家长也来了，孩子被带到医务室。新学年开学才半个月，有的学生就不肯上学，其原因就是经常被学校里较大的学生敲诈，不给钱就要挨耳光。无奈之下，"进贡"了要上交学校的零花钱。因打篮球争场地结怨，海口两所中学十多名男生近期竟在校外连续三次聚众斗殴。纵观未成年人犯罪的原因，不良的家庭教育和家庭环境是其主要原因之一。在学校、家庭、社会这三位一体的立体防线尚未建起之前，对孩子应加强第一道防线——家庭教育。不良社会影响，特别是暴力游戏和黄色网站的影响，也是导致未成年人犯罪的另一个重要原因。专家说，未成年人年龄尚小、涉世不深、分辨是非能力差，他们往往经不住社会上形形色色的诱惑，导致以身试法触犯刑律。再者，学校对未成年人的影响也很大，一些学校对有不良行为的学生疏于管理和教育，有的教导方法不当，动辄训斥，造成部分"双差生"产生逆反心理，出现厌学、逃学、辍学的现象，最后走上违法犯罪的道路。很多农村学校没有围墙，经常受社会青年的骚扰，治安问题更为突出。据五指山琼公纪念中学校长卓启新介绍，除了聘请校警、加强和派出所的联系外，学校还组织全校22位教师和两位职工组成护校队，每天由三四个人进行晚上巡逻，确保学生的安全。校园暴力实则是社会暴力病态在向校园延伸的现象。如果任由这种势头发展下去，无疑会给在校青少年造成一种不良的暗示：武力比智力更有价值，邪恶比正义更有力量。如果青少年一旦形成这种认识上的偏差，无论对其个人还是对社会而言将是非常危险的隐患。这种由家庭、社会和学校多方造成的校园"恶瘤"，如果不在校园得到应有的遏制，那么以后社会将会为此支付更昂贵的代价。

四、学校设施隐形杀手、食品安全问题。中小学主要存在隐患：校园条件简陋，食品卫生管理不规范。有的学校卫生设施陈旧破损或缺失，根本达不到卫生管理要求。由于布局不合理，卫生设施不完善，缺乏防蝇、防尘、防鼠、消毒、保洁等基本卫生设施，存在隐患，急需加大硬件投入。有的学校没有实施后勤社会

化改革，特别是有的租赁和承包者只顾经济效益，不注重基础卫生设施的改善，食品原料无处存放，无保洁措施，学校食品卫生管理没有力度，出现了卫生死角。小卖部、商店未取得卫生许可证，擅自从事食品生产经营活动，卫生安全隐患较多。承包者卫生意识差，操作过程不规范，也不注意个人卫生，造成食品污染。学校对学生食品卫生安全知识宣传教育不到位，没有正确引导学生树立正确的消费观念，学生卫生安全意识及自我防范能力较差，对劣质、过期及有害食品的拒绝购买意识不强。很多中小学学校周边食品"三无"多，卫生督查一阵风。校园周边摊点多，学生上当很无奈。有些校园周边加工环境卫生条件极差，原料及成品存放无防护措施，食物来源不清，加工制作质量无保证，无消毒，这些现状使食品卫生安全存在严重隐患，对广大学生的身体健康构成严重威胁。特别是校园周边无证的油炸食品等流动摊点都在大胆招揽学生顾客，向中小学生销售小食品，由于中小学生自我防范意识弱，很容易上当受骗。这些摊点无防尘、防蝇设施，无冷藏设施，食品易变质，给食品卫生带来诸多隐患；食品经营人员健康状况不得而知，未按规定戴口罩和穿戴工作衣帽；食品原料质量难保证。这些存在着严重食品安全隐患的摊点天天围堵在校园周边，直接影响着下一代的健康。有些学校在将食堂承包出去以后，就撒手不管，直到出现集体食物中毒等威胁学生生命安全的事故发生，才不得不想出各种办法予以控制，或者干脆将食堂承包经营权收回，继续走原来的道路，由学校雇人经营管理。

五、自然灾害。自然灾害主要是指洪水、地震、泥石流等。2005年5月31日晚，新邵县太芝庙乡发生百年未遇的特大洪水。短短几个小时，83条人命被洪水吞噬，其中有9名中小学生不幸遇难死亡。紧接着是2005年的6月份，黑龙江省也发生了一次特大洪灾，近百个小学生被洪水冲走。2008年5月12日下午2时28分，四川省汶川县发生了8级特大地震，在已遇难的7万人中，有为数不少的学生。自然灾害是客观存在的因素，不能被人们的意识所左右。但是，教育行政主管部门和从事教育教学一线的教师，完全有责任、有必要根据已发生过的自然灾害造成重大伤亡的事例，对学生进行警示性的安全教育，进行如何预防，如何自救常识的灌输，让学生懂得生命的可贵性。

六、学生自身缺乏认知。知行不一："上学快迟到了，过马路时碰上红灯该怎么办？"当记者带着这样的问题采访了一些中小学生后，却意外地发现，中学生的"交通意识"甚至还不如小学生。采访中，80%以上的小学生表示：红灯时会站在原地等绿灯亮再过马路；而中学生中却有很多表示会根据具体情况"灵活应用"，偶尔闯红灯也无所谓。此外，在"会不会独自到江边或者池塘游泳"问题上，小学生多数表示不会，而中学生们却大多认为只要安全就没问题。事实上，出现这样的差异并非是由于中学生的安全意识缺乏，而是他们知行不一的体现。泉州市教育局执法科科长、市未成年人保护委员会主任王惠生表示，许多学生其实是掌握了一定的安全知识，但在实际生活中却容易知行不一，甚至还有意违背。这实际上也和社会大环境以及家长的言行有关。当学生们见惯了自己的家长闯红灯，见惯了成年人骑无牌摩托车，不知不觉也产生了"见怪不怪"的模仿心理。孩子缺乏自我保护训练："眼看孩子都十几岁了，还不会游泳、不会骑自行车，甚至不小心摔倒都要哭鼻子找妈妈，我真有点担心。"来自漳州的陈先生在泉州做生意，孩子在泉州一所小学读书，他告诉记者，自己平时生意比较忙，爱人也有工作要做，因此很少陪孩子玩。由于担心孩子出去遇到危险，所以就经常把孩子关在家里读书看电视，以前不觉的有什么不妥，可最近，陈先生却发现孩子的社会实践特别缺乏，自我保护意识非常差。说教方式的教育很乏味："老师确实有讲过不能独自去游泳，也讲过一旦出现溺水要怎么办？但我想，如果真的发生事情，许多学生仍会不知所措。"市区某中学一初二学生对记者坦言，学校平时的安全教育很没意思，同学们都是应付了事，左耳进右耳出。记者了解到，目前许多中小学虽然也开设有相关的安全教育课程，但基本上还是一些校内的安全，比如体育运动应注意的事项等，校外的安全教育则更多是讲交通知识以及游泳时应注意的事项，教育的方式也多数是口头说教以及宣传板报等，只有个别学校会请相关人员讲课。然而，许多学生却表示，这样说教式的教育太过乏味，听不进去。即将参加今年中考的初三学生小林就表示，学校老是在讲不能游泳，遇到危险要怎么办？可实际上许多学生根本就不会游泳，如果真是在河边玩掉进去，老师讲的方法还没想起来，人就已经失去知觉了。采访中，许多学生都表示，老师说的安全教育如果能多增

第一章　小学篇

加一些实际操作或者安全演练就更好了。

教会青少年特别是在校学生在日常生活和学习中,如何更好地提高自护能力、辨别是非能力、防止外来意外侵害能力,初步掌握如何应对各种突发事件和自然灾害的知识,使他们更能适应日益复杂的社会、生活、自然环境,健康、快乐地成长,为更好地预防青少年违法犯罪,培养青少年法制安全观念,提高广大青少年自身安全意识和防范外来意外侵害的能力,帮助青少年掌握与学习、生活密切相关的法律知识,增强青少年自护意识和安全防范能力,让广大青少年都能够养成学法、知法、守法的良好习惯,引导青少年树立正确的世界观、人生观和价值观。对中小学校的青少年进行安全防范知识教育,切实提高他们对意外情况和突发事件的处理能力。北京市京和律师事务所律师杨毅认为,体育教学和体育活动中的安全问题,需要从几个层面加以解决:一是加强立法。教育部于2002年6月25日发布了《学生伤害事故处理办法》,这一行政规章的颁布对于解决学校教育教学活动和学校组织的校外活动,以及在学校负有管理责任的校舍、场地、其他教育教学设施、生活设施内发生的,造成在校学生人身损害后果的事故起到了重要作用。但这只是一个部门的行政规章,校园安全需要《校园安全法》这样的法律武器来捍卫。二是守法。学校或教育部门在用法律维护自身利益的同时,首先要厘清自己的责任,如果是无过错就不应当承担责任,学校应当理直气壮地拿起法律的武器维护合法权益。现在很多校长是"怕"字当头,出了什么事都"以和为贵",同时,社会上也没有形成对学校这一弱势群体的保护氛围,动辄将一些不满和私愤发泄到学校,令校园成了人人指责和"欺负"的对象,使得校长们到了谈安全"色变"的地步。三是管理到位。学校在平常的管理中要做到位。现在一些学校为了让校园上档次,处处加以硬化,学校的器材设施如单双杠下面不是沙坑或软垫子而是铺上了地砖一类的材料,这就给校园埋下了许多安全隐患。四是建立保险制度。建议在条件允许的情况下,所有的学校都为学生上意外伤害险或校方责任险等,以减轻学校和体育教师等因意外伤害事故带来的经济负担。

本书旨在从上述的各方面乃至在学习、生活、玩耍等的小的细节上的安全方面的问题,给家长、老师、学生以指导和参考。

第一章 小学篇

小学校园安全事故的预防与应对

为进一步加强中小学公共安全教育，培养中小学生的公共安全意识，提高中小学生面临突发安全事件自救自护的应变能力，根据义务教育法、未成年人保护法、《国家突发公共事件总体应急预案》、《中小学幼儿园安全管理办法》及《教育系统突发公共事件应急预案》，教育部于2007年制定了《中小学公共安全教育指导纲要》。

该纲要以"三个代表"重要思想为指针，以全面贯彻学校安全工作的法律法规为准绳，以"以生为本，安全第一，预防为主"为方针，以落实《中共中央国务院关于进一步加强和改进未成年人思想道德建设的若干意见》为契机，以学校安全、消防安全、交通安全、饮食卫生安全为重点，进一步增强师生员工的安全防范意识，健全安全工作各项制度，建立长效机制，消除安全隐患，逐步使学校安全工作进入科学化、规范化和法制化轨道，确保各学校持续、健康、稳定发展。

作为学校来说应该做到以下几点：

一、提高突发公共卫生事件防控工作的认识。学校突发公共卫生事件防控工作，涉及到师生身体健康和生命安全，是维护学校稳定的一件大事。学校要切实增强政治敏锐性和责任感，采取严密措施，抓好学校的卫生防疫和食品、饮用水安全工作，防止传染病、食物中毒等突发事件在学校的发生和蔓延。

二、加大宣传力度，提高卫生安全防控的自觉性和能力。春、冬季是常见病、传染病的多发季节，学校应加大宣传力度，重点做好对学生的传染病预防知识和食品卫生安全知识的宣传教育，培养学生良好的个人卫生习惯，督促学生加强身体锻炼，增强抵抗力，提高免疫力。

三、采取有效措施，抓好工作落实。一抓好常见病、传染病防控工作。继续落实好学校流感防控措施，及时了解学生健康状况，做到早发现、早报告、早诊断、早治疗，积极配合卫生防疫部门，做好学生流感疫苗的接种计划。同时，加大对手足口病的防控力度，普及手足口病防治知识教育，完善手足口病防控工作方案、应急预案，学校应将防控工作方案、应急预案上报到相应的教育行政主管部门备案。二要加强食品安全及饮用水安全工作的管理。确保学生食品和饮用水卫生安全。

四、强化督导检查，确保各项工作做到实处。每周进行一次拉网式卫生大检查，学校认真开展一次自查，检查重点是校车、交通安全、消防、用电、教学设施设备、课上、课间、传染病的防治及食堂和饮用水安全，认真查找薄弱环节，督促学校严格落实各项防控措施，确保学校安全稳定。

五、分工明确，确定必查内容。检查重点是校车、交通安全、消防、用电、教学设施设备、课上、课间、食品卫生、传染病的防治及食堂和饮用水安全等方面是否存在安全隐患。主要包括：1. 教师办公室：电脑使用、空调使用、违章使用电水壶、线路、插座等电器的现象。2. 教学功能室、教室、走廊、水龙头：检查有无乱拉电源线，电线是否裸露。扶手，水龙头不紧、漏水等现象。门窗锁具、开关是否好用。3. 多媒体教室的用电、微机室、实验室、图书阅览室等重要部位进行防火检查。对设备的安全运行状态，电路、水管老化现象进行处理，检测防盗网是否坚固等情况。4. 学生上学、放学路途不遵守交通规则、违章骑车的安全教育，校园内上课、下课秩序以及课间活动、中午在校逗留的安全教育、纪律教育。5. 讲究卫生、不食用无证摊点的饮料、食品，不乱吃零食、不乱丢垃圾的习惯养成教育。

第 1 例　正确使用和拨打110、119、120紧急呼救电话

本节要点 /

了解和掌握"110"等紧急呼救电话的适用范围，在拨打紧急电话时的注意事项以及案例再现。

对于在上小学的孩子来说，他们需要初步学习和掌握在事故、灾害事件中自我保护和求助、求生的简单技能。学会正确使用和拨打110、119、120电话。

人们习惯上所称的"110"，实际就是110报警服务电话，是公安机关向社会公布的接收群众和社会各界报警求助的全国统一的特种服务免费电话，接警人员实行24小时值班，处理各种报警、求助，受理群众对治安问题的举报、投诉、查询等，这是公安机关指挥中心的重要职能之一。拨打110时可通过有线电话和移动电话，不用拨区号，直接110三个号码即可；投币、磁卡电话不用投币或插卡，直接拿起话筒即可拨打110报警电话。我国的火警119，不仅是一部电话，而是一套先进的通讯系统。它可以同我国国土上任何一个地方互通重大灾害情报，还可以通过卫星调集防灾救援力量。通过电话可以随时向消防最高指挥提供火情信息，119通讯系统实际上是一个防灾指挥中心。在我国的各大城市中，凡有需要消防警员帮忙的事，可以随时打119电话报警救援。我国统一的呼救电话号码是"120"。拨打120是向急救中心呼救最简便快捷的方式。急救中心是24小时服务的，只要是在医院外发生急危重症，随时可以打"120"找急救中心要救护车。急救中心及急救分站所属的救护车服务的重点对象是灾害事故和急危重症。由于110、119、120等号码是紧急电话号码，所以在各种移动手机，磁卡电话不插卡，或是在电量微弱的情况下都能使用而且没有信息资费。

虽然我们很多时候都知道这些紧急电话，但是在真正的遇到突发的紧急状况

时，往往就不知所措了，所以在拨打这些紧急电话的时候需要多方面的注意。

如在拨打110时：1. 首先请您简明扼要的讲述一下案情，不要慌乱，保持冷静，并配合接警员的提问完成报警。2. 请您在手机信号较强的位置报警，以保证通话质量。3. 对于110受理的警情，请您告知接警员您所在的确切方位，越详细越具体越好。例如：**路**号门口；当实在报不出具体门牌号码时，可报**路近**路或报出附近较为有名的建筑物、饭店、娱乐场所等。4. 当市民遇到非紧急情况或反映情况时，可拨打具体职能部门的电话。5. 在等候民警的过程中，请您保持电话的畅通，以便警方随时与您联系，并在约定的地点等候，看见民警后请主动打招呼。6. 如需更改地址，请及时将现在的方位来电告知接警员，以便民警能及时到场处理。7. 如无需民警到场处理警情时，请您及时来电告知接警员撤销警情。

在拨打119时：1. 能准确说出发生火灾地点和着火部位。2. 简要说明着火物性质、火势情况、是否有人员被困。3. 留下姓名和联系方式。4. 通知消防巡查人员做好迎接消防车的各项准备工作。

在拨打120时：1. 保持镇静，讲话要清晰、简练、易懂。"120"电话拨通后，应再问一句："请问是医疗救护中心吗？"以免打错耽误事。2. 是必须说清患者的年龄、性别、主要症状或伤情，便于准确派车；说清现场地点、拟去医院名称及等车地点，便于确定行车路线；同时说清自己的姓名、电话号码等，便于进一步联系。3. 是要尽量提前接应救护车，见到救护车应主动挥手示意；等车时不要急于将患者搀扶或抬出来，以免影响救治。4. 是等车地点应选择路口、公交车站、高大建筑物等有明显标志的地方。

案例现场 /

☞ 某天，两名小学生在朝阳区左家庄3区6号楼1单元楼下，发现一个装有800余元现金的钱包，两人迅速拨打了110报警电话。向警察说明了当时的具体情况和方位。目前，钱包已由新源里派出所交还给失主。

两人均是左家庄第二小学3年级1班学生，一个叫江雨航，一个叫陶品合。江雨航说，前天下午2点55分放学后，他约陶品合回自己家写作业，两人走到自家楼下，几乎同时发现地上有个白色钱包。捡起来后，"吓了我一大跳，厚厚一沓钱，都快赶上我爸工资了！"调皮的陶品合打趣说。

事发后他们迅速跑到街上，告知保安及行人后，借一位行人电话报警，并与热心行人在左家庄前街百灵大厦楼下等待。看到记者采访，两个小家伙特别调皮，互相开起玩笑。"我怎么没中彩票的运气，只有捡钱的运气呢""哎呀，记者来了，我岂不是要上电视了？"两小家伙称，平时在学校，班主任董老师就一直教育说，"捡到别人的钱要物归原主"，所以他们看到钱后便迅速报警。

新源里派出所民警赶到后，将钱包打开，发现里面约有815元现金，无任何证件，只有两张医院就诊的记录、发票。随后失主王先生打110报警时得知此事，赶往新源里派出所取回钱，"没想到这么快就找回来了，太感谢这两个小家伙了！"

☞ 黑龙江籍男子从利比亚回国后到通化来探亲，不慎将身上仅有的1900元钱连同钱包丢失。未曾想到，一名14岁男孩捡到后及时报警并将钱款如数送还。"能从利比亚及时撤回到国内，我对国家很感激。我丢失的钱包又被通化一个孩子捡到，一分钱不少地送还给我，让我很感动……"

14岁男孩赵思博是通化市江东中心校小学六年级学生，3月6日是中国传统节日二月二，当日12时许，他去理发店剪头发。"我在理发店门口捡到一个钱包，回家后就拨打110报了警，然后就和几个同学到通化卫校门口等警察到来。后来警察来了，我就把有1900元钱的钱包交给了警察叔叔，心里总算踏实了。我捡到钱包后，看到里面有身份证、银行卡和1900元钱。我心里挺害怕的，怕自己弄丢了，就使劲揣在兜里不让它掉出来。我想失主家里有急用可咋办，必须还给失主。我以前也捡到过东西，这是我第三次捡到东西交公了。"赵思博回忆说。

据通化市巡特警支队二大队民警王英瑞介绍："3月6日12时15分，我和民警陈广源接到110指挥中心转警，在通化卫校门口有人捡到钱包。随后我们驱车赶到现场，见到了小男孩手持钱包等待民警到来。经清点，钱包内有1900元钱，一张身份证和一张银行卡。身份证上的信息显示主人为黑龙江省齐齐哈尔市碾子山居民，没有别的联系方式。我们做了记录后，将钱物交到巡特警支队办公室。下午，我们开始利用银行卡和身份证查找失主，在通化市团结派出所把失主张树海的家庭地址查到

第一章 小学篇

了，归齐齐哈尔市吉新派出所管辖。通过与吉新派出所民警联系，几经辗转终于找到了失主家属。18时许，失主张树海来电话，称刚从利比亚回国，到通化一发廊剪头发，不慎将钱包丢失。"

3月7日上午，黑龙江籍男子张树海和家属来到通化市江东中心校，对赵思博拾金不昧的行为表示感谢。张树海说："我2010年6月9日去利比亚打工，后来国家派飞机把我们接回到北京。我从利比亚啥都没带回来，就有随身的这些钱。3月5日来到通化市，看望我的女朋友，本来想给她买些礼物，可未曾想，钱包给丢了，当时很上火却不好意思说。当天晚上7点多，我接到黑龙江老家的电话，说钱包找到了，让我快去认领。赵同学太好了，我非常感谢他……"

案例分析

这两个案例都是讲述了，学生在捡到他人财物拾金不昧并且及时拨打报警电话，以致失主能够找回，既帮助了别人，也让自己学以致用，各得其所。现在有很多小学生在捡到他人财物时，并没有交还给失主或是报警，而是拿捡来的钱财去上网或是吃、喝、玩，当这些好的同学榜样一旦出现时，我们应该把握住机会及时的表扬和鼓励这些拾金不昧的学生，来强化他们的行为，并让其他学生模仿学习，这样一个感染一个，拾金不昧的品质就会深入每个学生的心中。

扩展常识

当遇到危机情况报警后不方便接警时，可用哨子、手电筒、颜色鲜艳的旗帜或者床单在打开窗户后摇晃或悬挂。此时一定要注意保护自己的安全。与此同时，我们还需要让学生明白，在课堂上所学习的优秀品质——见义勇为、拔刀相助等内容，不是在任何情况下都适用的。见义勇为等行为是值得学习的中华民族精神，但是在见义勇为之前，我们需要考虑自身的条件，不要在遇到抢劫或是小偷不顾自己的能力去与不法分子对抗，结果导致自身的安全也受到了威胁。所以，当前我们的目的是培养学生的见义勇为、拔刀相助的精神，而不是实际的行动，只有他们在心理、生理足够强大的时候，才有可能在保护自身安全的情况下与不法分子进行对峙。其实，在遇到犯罪行为时，及时拨打报警电话也是一种见义勇为的行为。

现在，各地都设立了"110"巡逻警察队和"110"报警电话，以及"119"、"120"

等急救电话。"110"警察队的快速反应，对维护社会秩序稳定，保障人民群众的生命财产，起到了十分重要的作用。同时"119"、"120"的接警速度也是相当迅速的，以保证人民的生命安全。根据全国有关调查显示，"110"等重要报警电话号码常会接到小学生打来的假报警电话，主要是放学前后用公用电话打，常问一些古怪的问题或聊天等，导致110正常工作受到干扰。110对于困境中的群众来说是一条救命线。如果骚扰电话过多，将会严重阻碍到救命工作，使一些真正紧急的报警电话打不进来，不仅直接影响报警服务系统作用的发挥，而且可能使群众在生命财产受到侵害时不能及时得到有效的保护。

案例现场 /

某日中午11时50分，一个稚嫩的童音向120急救中心"求助"，一个小孩在马路上被车撞倒。就在急救人员向对方索要具体地址等信息时，电话被挂断。大约在相同的时间，110指挥中心也接到类似电话，根据来电显示进行号码查询，警方确定电话打自河东区香山道小学附近的一个IC电话。

案例分析 /

这种报假警的行为严重影响了公安机关人员的正常工作，阻碍了工作人员对他人进行营救的通道，影响了社会秩序。当发现学生有此行为时应该及时教育和引导，让他们明白事情的严重性。

扩展常识 /

据了解，急救中心的工作人员经常会接到中、小学生打来的假报警电话。遇到这种情况，工作人员除了口头教育，也没有别的办法。另外，110也会常接到孩子们打来的假报警电话。通常在提醒和教育不奏效的情况下，警方会派民警到现场批评教育。警方表示，根据相关条例，对于"谎报险情，制造混乱的"，公安机关将处15日以下拘留、二百元以下罚款或者警告。他们希望学校、家长加强对中、小学生的教育，避免此类事件的发生。

第一章 小学篇

第2例 教小学生识别各种安全标志

本节要点

了解安全标志的分类、认识各种安全标志以及知道安全标志的意义。

不管人们做什么事情, 总需要在一个安全的环境中进行, 这就需要熟知各种安全标志。安全标志比安全语言的描述更为简洁、形象, 具有更强的警醒作用。安全标志主要包括禁止标志、提示标志、补充标志、警告标志和指令标志等标志。不同标志的作用不同, 它们都是通过各自的色彩、图案形状及隐性的视觉语言刺激人们的视觉和心理, 让人们明白不同地点所禁止或注意的行为。

安全标志是由安全色、几何图形和图形符号构成, 用以表达特定的安全信息, 还有文字说明的补充标志同时使用。每种标志都有其自身的特点, 如:

(1) 禁止标志: 禁止标志的含义是不准或制止人们的某些行为。禁止标志的几何图形是带斜杠的圆环, 其中圆环与斜杠相连, 用红色; 图形符号用黑色, 背景用白色。我国规定的禁止标志共有28个, 如禁止拍照、禁止吸烟等。

(2) 警告标志: 警告标志的含义是警告人们可能发生的危险。警告标志的几何图形是黑色的正三角形, 黑色符号和黄色背景。我国规定的警告标志共有30个, 如当心触电等。

注意安全　　　当心滑跌　　　当心触电　　　前方路口注意安全

（3）命令标志：命令标志的含义是必须遵守。命令标志共有15个，如必须戴安全帽、必须穿防护鞋、必须系安全带、必须戴防毒面具、必须戴防护手套、必须穿防护服等。

（4）提示标志：提示标志的含义是示意目标的方向。提示标志的几何图形是方形，绿、红色背景，白色图形符号及文字。提示标志共有13个，如：安全通道等。

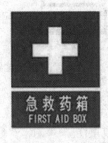   

（5）补充标志：补充标志是对前述四种标志的补充说明，以防误解。补充标志分为横写和竖写两种。横写的为长方形，写在标志的下方，可以和标志连在一起，也可以分开；竖写的写在标志杆上部。

第一章　小学篇

补充标志的颜色：竖写的，均为白底黑字；横写的，用于禁止标志的用红底白字，用于警告标志的用白底黑字，用于指令标志的用蓝底白色。

上面这些是我们给大家展示的安全标志的种类，但是我们在现实生活中遇到的却是一个个真真切切而又具体的标志，在这种情况下，我们可没有那么多时间去判断它属于哪一类，代表的是什么意思，所以，这就需要我们牢记一些平时容易碰到的标志，让我们熟能生巧，熟能生"怕"。因为熟悉了，所以知道它是什么意思了，因为熟悉了，所以再碰到那些危险标志就害怕了，不去触碰了，这样也就减少了危险发生的可能性了。

图文并茂：展示的是小学生经常遇见的危险标志。

(图一)

(图二)

(图三)

图一：这张标志是指所攀登的东西带有高压电，为了生命安全，所以禁止攀登，一般会出现在变压器、高压电线杆以及发电机旁边。在城镇乡中，有很多小孩子为了游戏，就去攀爬这些带有高压电的物体，所以导致了死亡或重伤。

图二：是指贴有此标签的物品有剧毒，这种物品一般会出现在农资商店、化学实验室或是废弃的工厂。在碰到这种物品时千万不能触碰或食用。

图三：有此标志的东西一定是易碎物品，所以以玻璃制品为主，在遇到带有这

个标志的物品时一定要轻拿轻放，这样才不会使自己被碎片划伤。

（图四）　　　　　（图五）　　　　　（图六）

图四：带有此标志的物体一定不能触摸，因为它有可能有电、有毒或是对身体有伤害的物体，所以，看到这个，不管有多么好奇，千万不能碰。

图五：禁止游泳的标志，这个标志一般会出现在水库、河边或是湖边。因为不确定水的深度，周边又没有防护措施，所以小朋友们一定不能因为贪玩而不顾这个禁止标志。

图六：是禁止带火种的危险标志，在有这个标志的情况下，一定不能在它附近有火种出现，因为附近可能有易燃物品或是容易起火的挥发性气体或固体，为了安全，我们一定要遵守这个规定。

在认识了这些常见的安全标志之后，我们一定要学以致用，严格遵守，这样它们才能真正的发挥作用。

扩展常识／

安全标志种类多样，内容也很丰富多样，对于我们所面对的小学生而言，需要认识在日常生活中常见的标志，尤其是交通标志。近些年来小学生发生的交通意外屡见不鲜，为了能让学生们增加自我保护意识，掌握一定的交通安全知识，针对现在小学生的实际情况，需要让学生们观看交通事故案例，接着认识常见的交通标志和信号，通过交通事故案例，让孩子们知道自己应该按照交通安全标志的要求行动，这样才能既保护自己不造成危害，培养了学生的自我保护意识。

图文并茂：这里将会给你展示一组图片并告诉你它们都代表着什么。

第一章　小学篇

（图一）

（图二）

（图三）

图一：代表着在前方的道路上有一个向左的拐弯，提示着路人和司机在行走或行驶的时候注意速度和安全。此标志一般放在视线良好的拐弯前的直行道路旁。

图二：这是一个减速让行的标志，告诉司机在车辆行驶的时候需要减速慢行或是停车以便观察路况，在确保道路安全，干道车辆优先的前提下，方可继续行驶，这个标志一般放在视线良好的交叉道路的次要路口。

图三：代表着在前方的道路上有一个向右的拐弯，提示着路人和司机在行走或行驶的时候注意速度和安全。此标志一般放在视线良好拐的弯前的直行道路旁。

（图四）

（图五）

（图六）

图四：这是一个交通禁令标志的一种，是指在行驶中，面对标志的一方必须停车，让对面行驶的车辆先走。在这个时候学生应该分清楚哪边的车会开过来，以保证自己的安全。

图五：这是一个禁止行人通过的标志，说明在这附近的道路不安全，所以行人不能擅自出入此路段。

图六：是指直行的道路旁有一个向左拐的路口，通常是提示行驶的人们行车的速度和方向，也在告诉路人在行走时一定要看清楚哪些方向可能来车，注意安全。

安全，不仅仅是一个只需要挂在嘴边说说的词，也不仅仅是随处可见的标语词，而是一个处处都需要引起大家注意的词。我们的生命只有一次，它是属于我们自己的，同时也是属于爱我们的人的。马路杀手，水火无情，所以我们需要处处小心，看清警示牌，小心行事，不去做被禁止的事，不去做任何有可能伤害自己的事情，这样就跟危险说拜拜了。

第 3 例　认识交通信号灯

本节要点

认识信号灯的种类，信号灯的作用以及应该遵守交通规则。

交通安全与我们的日常生活息息相关，我们一刻也离不开它，在交通安全中，交通信号灯又起着举足轻重的作用，它就像是一个乐队的指挥者一样，指挥着道路中车辆与行人之间的和谐之声，让车水马龙的道路变得井井有条。就因为它在交通安全中的重要地位，所以我们必须认识它、学习它。

交通信号灯分为两类，一类是指挥来往的车辆的，它分为红、黄、绿三个颜色，设置在交叉路口最显眼的地方，又叫做车辆交通指挥灯。另外一类是指挥来往行人的，分为红和绿两个颜色，设置在人行横道的两端，又叫做人行横道灯。

不管是车辆交通指挥灯还是人行横道灯，虽然有颜色、数量的差异，但是它们相同颜色灯的作用是一样的。比如说：

当绿色信号灯亮的时候，它代表的是准许通行的信号。《交通安全法实施条例》规定：绿灯亮时，准许车辆、行人通行，但是转弯的车辆不准妨碍被放行的直行车辆和行人通行。

当红色信号灯亮的时候，它代表的是禁止通行的信号。红色信号灯带有强制性的禁止通行含义，在遇到此信号灯的时候，被禁止的车辆必须停在斑马线旁边的横线以外，被禁止的行人必须在人行横道边等到绿色信号灯，机动车在等待放行的时候，不能熄火，不准开门，各种车辆的驾驶员不得离开车辆，想要向左拐弯的自行车不得推车从路口外边绕行，直行不准用右转弯的方法绕行。

第一章　小学篇

当黄色信号灯亮的时候，代表着介于红灯和绿灯之间，既可通行又不准通行，在这个时候，如果有车辆已经越过停止线了，那就可以继续通行，或者是车辆因为距离停止线太近而不便停车而越过停止线，那么也可以继续通行。如果当黄灯亮了，没有车越过那条停止线那就是在警告驾驶的司机和行人，通行时间马上结束，红灯要来了，应该将车停在停止线以内，行人也不能进入人行横道。若在黄灯亮的时候有行人已经在人行横道时，那就视当时的具体情况而定，或避开车辆通过，或停在原地不动等待绿灯。

当黄色信号灯闪烁的时候，它是提醒驾驶司机和行人注意交叉路口的车辆，它没有控制交通的先行和让行的作用。

案例现场

☞ 2004年10月27日晚，五邑大学大四女学生李某走到丰乐路与迎宾大道的交界处过人行横道时，一辆中型客车正快速通过十字交叉路口。见到有人，客车紧急转方向盘，但车尾仍把李某撞飞。经过几十个小时的抢救，李某仍不治身亡。（中国安全天地网）

☞ 2005年1月3日上午，在蓬莱公园前建设路路段，一名学生在横过马路时被一辆小汽车撞倒，撞人后，小汽车司机迅速驾车离开了现场。该名受伤的学生后被送往五邑中医院接受治疗，他颧骨和头部擦伤，脚部有挫伤，伤情不重。（中国安全天地网）

案例分析

在这两起交通事故中可能来自两方面的原因，一方面是受害者自身，在过马路的时候，疏于观察周围的车辆行驶情况。另一方面则是肇事司机的违背交通规则的行为，比如说超速等。很显然，在案例1中，是由于超速导致的事故，司机还试图想要避免，可是车速实在是太快了，车祸的现实还是没有避免。在案例2中，可能肇事者和受害者都有责任，但是在这个案例中，肇事者有明显的畏罪潜逃行为，这是一种不负责任的表现。

在现在交通运输业日渐发达的时候，交通安全便成了我们每一个人都需要重视的问题。尤其是小学生，首先，他们是祖国的花朵，是祖国的栋梁。其次，但是也是重要的一点，有很多小学生在上学放学的路上嬉戏、打闹或是追逐车辆，这样非常可能发生交通事故。所以，当务之急，就是让小学生们有交通规则和遵守交通规则的意识。

我们可以把交通规则编成朗朗上口的顺口溜，这样便于学生们的记忆，如红灯停，绿灯行，黄灯闪烁要小心；过马路，要慎行，左右看好再动行；上学路，放学路，切勿嬉戏打闹上马路；指示牌，用处大，切勿小看轻看它；禁止牌，警告牌，一定小心避开它；小栅栏，防护栏，切勿跳跃把它过……

俗话说：春种一颗种，秋收万颗粮。小学生是春天，生机勃勃，是祖国的希望，旭日初升，所以在这个播种的季节我们应该撒下交通安全的良种，抓好安全教育的工作，待到它发芽、开花、结果，收获安全与幸福。

第 *4* 例　在教室内活动应怎样注意安全

本节要点 /

教室内活动存在哪些安全隐患以及如何预防这些意外的发生。

学校，是一个人童年时期和少年时期主要的活动场所，那里聚集着他们的喜、怒、哀、乐，从这一点就可以看出学校安全对于一个学生来说的重要性，尤其是教室内的安全。

在很多学校都会给班主任发放教室安全排查表，很多老师却不以为然，认为教室能有什么安全问题啊，真是多此一举。其实不然，教室内安全隐患主要分为两大类，一类是人为安全隐患，另一类则是自然安全隐患。

一、人为安全隐患及预防措施

所谓人为安全隐患就是人为制造的安全隐患，它是在教室内的安全隐患的

第一章　小学篇

主要部分。主要包括以下内容：

1. 饮水机的安全隐患。现在，基本每个学校为了满足学生的需求，每个教室都配有一台饮水机，学校的桶装饮用水也都来自正规厂家，这样在品质上都得到了保障，但是流经饮水机接到同学们杯子里的水的合格率却小得惊人，远远低于未开封时的桶装水，这是因为有些学校，自饮水机买回来以后就从来没有清理、消毒过，再加上教室里粉尘的落入，导致了大量细菌的滋生。对于这样的隐患我们应该引起足够的重视。

防御措施：对买回来的饮水机初次使用前一定要清洗消毒，并在以后的使用过程中，定期进行清洗消毒。这样就破坏了细菌滋生的条件，减少了细菌，再者，就是一定要保持教室的干净整洁，这样也会降低细菌和粉尘的落入，给同学们提供了一个更安全的饮水环境。

2. 大扫除的安全隐患。为了培养同学们吃苦耐劳以及维护校园环境的意识，学校都会组织同学们进行大扫除活动，在室内的主要是扫地、拖地、擦窗户等。尤其是擦窗户，这里就存在了安全隐患，现在的学校基本上都是楼房，当同学们爬上窗台擦窗户，在没有任何防护措施时，这一举动就造成了学生的人身安全隐患，有时，可能会因为一时的不小心导致坠楼。

防御措施：在这种情况下只能是改变学校的制度，可以让学生打扫室外卫生和室内卫生（除了擦窗户）。擦窗户的工作可由学校找专业的工具或人员进行擦洗，只有这样才能避免危险的发生。

3. 教室内自由活动时的安全隐患。活泼好动是孩子的天性，在下课或是自习时，常会出现由于同学之间的打闹或是手中摆弄的笔、小刀、尺子、圆规等学习用品而伤害到同学的情况，这也是存在于教室内的安全隐患之一。

预防措施：教师应该及时进行思想教育工作，让同学们意识到同学之间的打闹要注意分寸以及那些学习用品中存在的危险性。

4. 教室内基本设施的安全隐患。每个学校的基本设施都是一样的，门窗、桌椅板凳、电路灯管等，这些也都存在安全隐患。门窗是否能正常打开关闭，保证正常的通风透气，门上的锁是否能正常使用，只有能正常使用的情况下才能保证同学们的财产安全；一般门的设置都是向内开的，这样在紧急情况时老师可以在第一时间把门向内打开，否则就会被堵死；桌椅板凳是否都是好的，这样才能避免同学们的意外伤害；电路是否良好，有没有老化迹象，如果有的话，可能会导致学生触电甚至是火灾，在这个时候应该如何疏散学生；灯管是否发黑，以及吊灯的吊索是否结实，否则会发生灯管爆裂或是灯管掉下来砸伤学生的危险。

预防措施：定期检查门窗、桌椅板凳以及线路灯管是否良好，能否正常使用，以及进行消防演练，并且教会学生们使用灭火器，同时也要提醒同学们要爱护公物。

5. 外来人员的安全隐患。现在很多骗子假借老师的名义进到了校园里，走进了教室里，就开始欺骗学生的把戏了，比如说卖文具，说他们的文具有何特殊之处，质量又如何好，来获取暴利，这样受害者就变成了我们的学生。

预防措施：在校门口规定严格的禁止外来人员进入的条例，或是要有确实的登记。

6. 教师自身的安全隐患。近几年，总能在各种媒体上看到"禽兽教师猥亵班上女生"或"色魔教师强暴11岁女生"等这类的新闻，这也不得不使我们提防自己身边的老师了。

预防措施：学校在招聘教师的时候一定要从各方面来考核应聘教师的素质，给学生开设生理卫生课程以及必要的性教育课程，让学生们产生自我保护意识，捍卫自己的权利。

二、自然安全隐患及预防措施

自然安全隐患是指遇到自然灾害时可能出现的危险，比如说在遇到地震，泥石流等，在教室里的学生应该如何被疏散到安全地带，这便成为了每个学校的必修课。

预防措施：给同学们开设有关遇到地震或泥石流等自然灾害时的逃生方法的讲座；在学校的建筑方面，楼梯的设置应该有利于疏散同学们。

第一章 小学篇

案例现场 /

几名小学生正在进行"跳木马"活动，突然上课铃声响起，充当"木马"的学生迅速站立起来，导致"飞"在他背上的同学摔倒在地，手臂骨折。法院作出一审判决：充当"木马"学生的法定监护人赔偿原告医疗费等2721.76元，铜鼓小学赔偿原告医疗费等2041.32元，其余费用由原告自己承担。（中国安全天地网）

案例分析 /

"跳木马"这个活动在小学和初中阶段的学生都已经不陌生，是一个学生们在课间活动时间经常会玩的游戏，尤其是男生，但是，就是这么一个大家都很熟悉的游戏，也会带来危险。在这个案例中，就是因为上课铃的响起，突然改变了姿势，让"飞"的人没有变换姿势的余地，所以导致这场事故的发生。所以，我们必须要注意每一个环节，才能保证万无一失，没有受到伤害的人。

教室内的小小隐患我们也不能忽视，发现它、根治它、预防它，这样才能给学生们创造出最好的学习环境。

第 *5* 例　课间活动应注意什么

本节要点 /

课间活动存在哪些危险以及如何避免这些危险的发生。

悦耳的下课铃声，是同学们最喜欢听到声音，紧张的学习氛围可以告一段落，终于可以让同学们轻松一下了，有的同学在教室里嬉戏打闹，有的上卫生间，有的则去小卖部买零食……但是，你可别小看了这短短的课间十分钟，它可是学生校园伤害事故的高发时段。

那么小学生在课间活动的时候应该注意些什么呢，主要有以下几个方面：

1. 预防磕伤、碰伤。现在很多学校由于占地面积有限，所以教室的格局可能会比较狭小，又加上桌椅板凳、讲台、饮水机等物品的摆放，学生可利用的活动空间就更是少之又少了，所以，如果学生要在教室里疯跑打闹的话，难免会磕伤、碰伤，这样就需要老师对学生进行教育，不能在教室里进行剧烈的运动，以免受到伤害。

2. 预防滑倒、摔倒。现在教室的室内装修地面一般都是地板砖，这样的话，地面就会很滑，如果是着急走路，或者登高取东西时，一定要注意小心，或是让别人加以保护，防止滑倒、摔倒。

3. 及时呼吸新鲜空气，预防呼吸不畅。精力旺盛是小学生的特点，同样，他们也需要足够的空间和氧气，在一个小小的教室里待久了，大脑就会缺氧，思维会变得缓慢，人也会容易困乏，所以，为了避免这种现象的发生，学生们可以经常开窗，通风透气，或是课间到室外转转，呼吸一下新鲜空气，但是，千万不能去离教室远的地方，以免耽误了上课。

4. 预防感冒。很多小学生，看到什么都好奇，都可以拿来当玩具或是游戏，比如说到了冬天玩雪，春秋玩水。在学校，如果因为玩雪、玩水而把衣服弄湿，又没有干的衣服可以及时更换上，这样很容易着凉，小学生的抵抗力又不够强，然后就感冒了，一个传染一个，这样看来雪和水的破坏力确实很大。

5. 上下楼梯时，预防挤压。在上下楼梯时不要推拉，保持距离，走到拐弯处要小心，要慢行以避免碰撞。

6. 预防意外的发生。现在小学生的课桌上有很多危险物品，尺子、圆规、小刀，这些都有可能伤害到其他同学，所以要请同学们一定要看管好自己的物品。有些调皮的同学喜欢"爬高上低"，但是千万不能把身体探到窗户外面，或是爬上走廊的栏杆上，这样很可能发生坠楼的可能，那实在是太危险了。

7. 预防意外火灾的发生。同学们千万不能带火柴、打火机或爆竹等易燃易爆的物品到学校来；很多学校的小学自然课会让同学们做实验，实验室里可能会有酒精灯等火源，但是一定要在老师的监督指导下安全使用，时刻要小心谨慎，严防发生用火的危险，并且不能把实验物品带离实验室；在教室不能焚烧纸片，因为这样不确定火星到底飘到哪去, 会不会再点燃易燃物品; 在每周的室外大扫除时, 扫的落叶应该集中堆放到一个地方或集中处理, 切勿把它堆成垛然后点火焚烧, 这样也很有可能引起火灾。

扩展常识 /

在每天的紧张学习过程中, 课间活动能够起到放松、调节和适当休息的作用, 在课间活动中我们可以去室外呼吸一下新鲜空气, 进行适当强度的运动, 以保证上课时精神饱满, 注意力集中。活动方式可以是做操、跳跳绳等, 但是在活动的过程当中一定要注意安全, 以免发生扭伤等危险。

案例现场 /

"我手痛……"躺在病床上的10岁半女孩小玲侧着身子, 把已经褪掉一层皮的一双红通通的小手泡在凳子上的凉水盆里, 坐在边上的父亲心疼地把她搂在怀里。

三个月前, 小玲患上了一种全身起疹子、并经常腹疼的怪病, 后来发展到全身乏力, 不能行走, 从保定到北京历时三个月、辗转5家医院, 仍未查出病因。两个星期前, 朝阳医院职业病科郝主任, 应邀前往北大医院附属妇儿医院为小玲会诊时, 提出了重金属中毒的可能性, 随后的尿检表明, 小玲尿汞竟然超标100余倍。在医生的追问下, 她才道出4个月前, 班上一名叫小虎的同学从家里带来一瓶水银, 全班29名同学在教室分着玩的实情。该班的另外一名叫小丽的女孩又检查出汞中毒, 其他6名同学也在家长的陪同下来到北京朝阳医院检查, 据主治医生介绍, 根据孩子们的描述, 汞可能已经泄漏在教室中, 全班同学甚至到该教室上课的老师都存在中毒的可能性。

案例分析 /

这个案例就是由于小学生缺乏生活常识所导致的事故, 又加上, 拿到教室与同学们一起玩, 所以才扩大了这次事故的范围。其中在此案例中, 家长并没有起到积极的作用, 还故意隐瞒事情的真实情况。

扩展常识 /

汞, 俗名水银, 有毒, 在常温状态下呈液态, 属于重金属, 有很强的挥发性, 如果把它暴露在空气中, 就会附着在地面或墙壁上。一般情况下, 汞中毒是通过消化系统和皮肤吸收进入体内的, 中毒症状有头痛、头晕、乏力、发热; 出现牙龈红肿酸痛、糜烂出血、食欲不振、皮肤上出现红色斑丘疹, 以四肢及头部分布较多。在一般情况下, 家里的汞就是来自于温度计中的, 所以父母一定要把温度计放在孩子摸不着的地方, 并且要告诉他们千万不能打破温度计, 如果打破的话, 要及时清理碎玻璃片和溢出的金属汞, 注意房间通风, 不然会中毒的。家里打破的温度计中所流出的汞中毒, 可以通过吃维生素多的蔬菜, 增加胃肠蠕动, 一般经过一两天汞就随着大便排出体外了。

课间活动学问大, 小心谨慎你我他, 安全环境靠大家。

第 6 例　校园内上下楼梯管理办法

本节要点 /

合理设置校园内楼梯的重要性及管理办法。

近年来, 频繁发生学校楼梯的踩踏事件, 这引起了有关部门高度重视, 开始提出各种管理办法, 但是各地区, 各学校的情况都不尽相同, 怎样才能真正避免踩踏事件的发生呢?

这需要三方面的力量聚到一起才能真正的让管理办法起到效力。

一、政府和学校。在修建校舍和改建校舍的时候, 在设计方面需要把楼梯设计成有很强的分流能力和足够的宽度, 并且在有楼梯的地方应该开有明亮的大窗户或者是很亮的灯; 楼梯旁的栏杆安装牢固且高度达到标准; 楼梯坡度及踏步高度都要符合规范。楼道中不得存在门槛及其他障碍物, 雨后的积土必须及时清除; 楼梯踏步上要画出中线标志, 旁边应有醒目标志提醒"靠右慢行"; 出口处的排水沟必须加盖; 危险建筑必须停止使用。

在上下课和课间操时间, 学生的集中出入的时间段, 应该严格规定不同的年级和班级, 从不同的出口出入, 这样也能有效的分散人流。

第一章　小学篇

二、教师。作为人类灵魂的工程师，教师承担的不仅仅是教授书本上的知识，更多的是生活的本领和技能，所以，这就需要教师的教育和引导。教师需要不厌其烦的提醒同学们在上下楼梯时应该遵守秩序，不能疯跑打闹。

三、学生。生命安全是自己的，别人只能对你起到监督、保护的作用，重在自身的安全意识。那么学生应该有怎样的安全意识呢？

发现拥挤的人群向自己行走的方向涌来时，应该马上退到一旁，但是不要奔跑，以免挤倒；如果自己不能反抗的陷入人流中，一定要先稳住双脚，抓紧楼梯旁边的栏杆，以免坠楼；当发现前面有人突然摔倒，马上停下脚步，同时大声呼救，告知后面的人不要向前靠近，否则很可能出现踩踏事件；遭遇拥挤的人流时，一定不要采用体位前倾或者低重心的姿势，即使鞋子被踩掉，也不要轻易的弯腰提鞋或系鞋带，避免自己成为拥挤踩踏事件的诱发因素。

案例现场

2008年4月23日，重庆市涪陵区百胜镇中心小学，在教学楼第一楼的楼梯间内，数名学生因为拥挤倒在人群中，6名小学生在事故中受伤；2007年8月28日，云南曲靖市马龙县一所小学发生踩踏事件，导致17名小学生不同程度受伤，2名学生伤势严重；2006年11月18日，江西都昌县土塘中学因学生系鞋带，引发一起学生拥挤踩踏伤亡事件，造成6人死亡，39名学生受伤……（教育频道）

案例分析

本案例当中，就有因为一个学生系鞋带，而导致了那么严重的后果，所以，并不要因为事情小，而觉得无所谓，在这样紧急的情况下，如果要以安全为重的话，就不要轻易行事。纵观那么多的踩踏事故的发生，事故多发的时间段多是去做课间操的那个时间，所以，我们不得不在这个时间段多关注一下，小心谨慎。

不管在什么时候，只要我们在拥挤的人群中，就一定要时时保持警惕。当面对惊慌失措的人群时，更要保持自己情绪稳定，不要被别人感染，惊慌只会使情况更糟。

第 7 例 上体育课应注意哪些安全事项

本节要点

体育课上应该注意的安全隐患。

学生的健康成长是落实到实处的, 以人为本是关键, 这个才是构建和谐校园的立根之本, 但在一些课程的教学过程中, 学生们 "难免" 会受伤, 难道这真的是 "难免" 的吗? 其实这些都是课程中的安全隐患, 平时我们常常都忽视了它们。比如说体育课, 由于它的课程性质, 可能就存在很多安全隐患。

那么在体育课中, 到底有哪些安全隐患呢, 让我们一起去看看吧。

1. 课前要做好准备活动。这一条, 看似与危险无关, 而事实上它对于避免危险的发生很有帮助。准备活动能预先提高身体各器官的功能, 提高神经系统的指挥协调能力, 加速血液循环及提高肌肉温度, 使得正式锻炼时身体容易适应, 是预防运动时受伤的重要手段。

2. 课后的整理活动。这个整理活动的作用大致和准备活动的作用相同, 也是为了舒展筋骨, 缓解一下由于上课时机体产生的乳酸, 这样可以减缓课后学生们腰酸腿疼的症状, 可以避免由于这些症状引起的后续安全隐患问题。

3. 课前做好请假工作。现在由于家庭因素或是环境因素导致有些学生先天性不能进行剧烈活动, 这样的话, 家长和学生应该及时与校方进行沟通, 说明情况, 让这样的学生在上体育课的时候见习; 还有一些同学可能因为生病或是身体不适而要暂时性的见习体育课, 这也需要提前跟老师请假。只有做到课前如有不适提前请假, 这样才能做到, 老师心中有数, 才可能避免在上体育课的过程中受到伤害。

4. 上课时的装束。上体育课, 基本上全是运动, 活动量大, 有时还要用体育

第一章　小学篇

器材, 如跳马、铅球、单杠等, 所以说上课时我们的穿着打扮要十分注意。我们上体育课时应该穿宽松的运动服或是校服, 口袋里一定不能放钥匙和小刀等锋利的物品, 否则一不小心可能会刺到自己或是别的同学; 头上或是手上严禁佩戴金属或是玻璃的装饰物, 也不要佩戴胸针、校徽、校卡等; 患有近视眼的同学, 如果不戴眼镜可以上体育课, 就尽量不要戴眼镜。如果必须戴眼镜, 做动作时一定要小心谨慎。做垫上运动时, 必须摘下眼镜。以免镜片压碎伤害到眼睛; 不要穿塑料底的鞋或皮鞋, 应当穿球鞋或一般胶底布鞋, 因为在运动过程中一定要穿一双舒适并且防滑的鞋, 这样可以避免在活动当中扭伤或是崴脚。

5. 注意各项活动的规则, 要严格遵守。即使是小学生, 也开始学习如何短跑、单双杠训练、踢足球、打篮球、打羽毛球等体育项目了, 所以在这当中一定要遵守比赛规则, 否则在训练中可能会受伤。比如说, 在短跑中一定不能抢跑道, 特别是快到终点冲刺时, 更要遵守规则, 因为这时人身体的冲力很大, 精力又集中在竞技之中, 思想上毫无戒备, 一旦相互绊倒, 就可能严重受伤; 在进行单、双杠和跳高训练时, 器械下面必须准备好厚度符合要求的垫子, 如果直接跳到坚硬的地面上, 会伤及腿部关节或后脑。做单、双杠动作时, 要采取各种有效的方法, 使双手握杠时不打滑, 避免从杠上摔下; 参加篮球、足球等项目的训练时, 既要学会保护自己, 也不要在争抢中有野蛮的犯规动作而伤及他人。在这些争抢激烈的运动中, 自觉遵守竞赛规则对于安全是很重要的。

6. 上课一定要遵守纪律, 按照老师的要求行事。由于体育课这门学科的性质与其他学科不太一样, 所以就增加了一些危险因素, 所以在上课的时候, 同学们一定要按照老师的指示去进行各项活动, 因为一旦不按要求活动, 可能就会发生危险, 比如说同学们之间的争吵打斗, 动作不规范导致受伤等。还有就是上课的时候一定不能嬉笑打闹, 不要做过于剧烈的运动。

扩展常识 /

在剧烈运动以后, 不要马上大量饮水、吃冷饮, 也不要立即洗冷水澡。因为这样体温不是自然下降, 而是通过外在刺激物刺激的迅速降温, 这样可能导致感冒, 重则可能导致肺炎。

案例现场 ╱

☞ 某学校的体育课上,一名男生在自由活动时跃起抓住足球门栏,但因该门栏固定不牢,导致门栏翻倒压在该男生的腹部,造成重伤。

☞ 教师在组织教学中的过失:如果未及时要求和提醒学生上体育课的注意事项,未充分进行运动前的热身,未采取必要的保护措施,上课过程中放羊式教学以及擅离职守而导致的学生伤害事故。

案例分析 ╱

在案例1中,因为运动器械存在安全隐患而导致学生受伤,学校存在明显的过错,而受伤的男生不可能预见到足球门栏有可能翻倒,不存在过错,所以校方应承担全部法律责任。当这种情况发生后,学校应立即对学校的各项设备进行检修,以免事故的再次发生;在案例中,体育教师在上课前未要求、提醒学生检查是否携带危险物品,因此具有过错。同时,该受伤的女生作为限制民事行为能力人,应当预见到裤兜内携带钩针上体育课的危险性,但其因为疏忽大意而没有预见到,因此也具有一定的过错。所以在此案例中,学校和女生都应承担相应责任。

看似安全的教学课堂里,其实也充满着很多的安全隐患,稍不留意,就可能发生事故,所以我们需要的是学校、家长和学生之间的相互配合。学校应该健全各种制度,重视学生的安全;教师应该有责任心,一定做到课堂上零失误;家长也应该提醒和观察孩子的服饰打扮和身体健康状态,只有这样的相互配合才能减少危险的发生。

第一章 小学篇

第 8 例　每天上、放学时的注意事项

本节要点／

小学生们在上学、放学的路上都应该注意什么，存在哪些安全隐患。

小学生的上、放学时存在的安全问题，一直是家长、学校和社会一直关注的问题，自从发生了校车事故后，这一类问题又急剧升温，成为人们生活中的热点话题。学生的安全问题的解决需要各方面的配合和协助，但是，首先要从学生自身入手，从小做起。

每个学生在上、放学的时候的主要问题就是行车和交通。主要分为以下几点：

一、步行时。不管是上学、放学还是外出活动，我们基本上离不开步行，但是就是这样一个我们天天都在做的行为，里面也有不少的学问。有很多行人，因为不知道过安全横道的规则，结果命丧车轮下。这就需要引起我们的高度重视，我们不仅要学习各种安全常识和规章制度，而且还要严格遵守。横过马路时，要选择有人行横道的地方，因为这是人享有先行权的地方，在这个地带上，机动车的速度一般都会减慢，而且驾驶员也会相当留意这里。在没有划定人行横道的地方，要特别注意来往的车辆，避让车辆的最简单的方法就是：先看左边是否有车，没有车来才可以前进，然后再看右边有没有车来，没有才能继续过马路。

在马路上行走的时候，一定要注意马路不是游乐场。在车辆川流不息的马路上，我们不能随意地在马路上嬉戏打闹，追赶车辆甚至是进行打羽毛球、篮球、踢毽子等体育项目，这些都是很危险的活动，一旦被车撞了，后果不堪设想。所以我们一定要谨记"马路不是游乐场"，并且当有同学在马路上嬉戏打闹的时候，我们应该主动上前去制止，做个小小宣传员。

在行走的时候一定要看清脚下的路，不要被路上的障碍物绊倒，或是撞到电线杆或是掉进排水道里。

注意要避让转弯的车辆，汽车转弯的时候会产生"内轮差"，所以在过马路的时候不但要注意直行的车辆还要注意避让转弯行驶的车辆，当看到"方向灯"闪亮时，人离车远一点，千万不要以为车头过了就没事了，人与车身离得太近就容易被车尾撞到，发生伤亡事件。

切勿横跨路边防护栏，谨慎过铁路道口。在一些道路的两边可能是为了避免行人违反交通规则或是防护林特别设立了防护栏，如果有，千万不能横跨，这样有可能被防护栏刮伤，破坏花草，还有可能在过马路的时候出现交通意外。在经过有铁道口的马路时一定要看清指示灯，切勿急躁通行，而且在火车行驶时一定不要离得太近，否则会把你"吸"进去。一定要等到火车完全过完以后才可以通行。

扩展常识 /

汽车的"内轮差"：你知道汽车是怎样转弯的吗？汽车是依靠前轮来转向的。随着前轮的转动，汽车车身也逐渐改变方向。但是前后两只轮子不是在同一条弧线上，而是有一定距离差别的，这个差距称"内轮差"。因此，我们碰到要转弯的汽车，不能靠得太近，不要以为汽车的前轮过去就没了。因为有"内轮差"，如果离转弯的汽车太近，很可能被后轮撞倒压伤。

二、骑自行车时。自行车轻巧灵活，是外出理想的交通工具，不少小学生都想学骑自行车。学骑自行车不仅要有大人指导和保护，还要选择在人车稀少的道路、广场或操场等地方，禁止在交通繁忙的地段学骑自行车。当你学会骑车、兴冲冲地骑车上马路时，千万要注意骑车安全！不要急着上马路，因为你的技术还不够纯熟，很可能会变成车轮的"盘中餐"。如果说你的技术已经很好了，也一定要遵守交通规则，不要乱闯红绿灯，虽然机动车上有刹车，但是也需要一个反应时间，所以说，骑自行车上马路一定要加倍小心。

城市道路复杂，车辆繁多。由于儿童缺少生活经验，应变能力差，同时《中华

第一章 小学篇

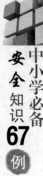

人民共和国道路交通法实施条例》也明确规定："不满十二岁的儿童不准在道路上骑自行车"，小朋友们应自觉遵守。如果到了法定的骑车年龄，也必须先认真学习有关骑自行车的规定，掌握好安全骑车的基本要领后再上道路。

三、乘车时。为了乘车安全，我们也必须增强交通法制观念，遵守乘车的规定，讲究公共道德、注意交通安全，只有文明乘车了，才能确保我们的安全。当我们在等公共汽车时，应该在站台上有秩序的等车，等车停稳后再按先下后上的秩序乘车；上车后主动买票，遇到老弱病残、孕妇和抱小孩的乘客时应该主动让座；在乘车时，应该抓好把手，这样可以避免由于车的启动或是刹车时，引起的惯性作用而摔倒；在车内，不要将手或头探出车窗外，这样可能会被旁边行驶过的车辆撞倒，挫伤等，也不要把空瓶子或是垃圾扔出车窗外，这样会污染环境，还会打到行人或其他车辆而发生危险；在乘车时注意不要大声喧哗，做个文明讲礼貌的好学生。

四、放学后的活动场所的选择。在一些离城市中心较远的地方或是在农村，有些小学生可能会在放学之后去建筑工地或是河坝边上去玩耍。这两个活动场地应该严禁学生靠近，因为建筑工地可能会有很多危险物品，这样可能一不小心，就会酿成大错；在河坝边上玩也是十分不安全的，万一不慎掉入河中，那就来不及了。所以学生们放学后的玩耍场地的选择也是十分重要的。

五、在学生的安全问题方面，现在越来越多的家长都很小心翼翼，会亲自送孩子上学，接孩子放学，但是这样保证了孩子的安全问题，却给学校、社会带来了难题。有很多家长在放学时，都会跑进校园里去接自己的孩子，这样学校的保安也就无力招架，这时，可能会有一些外来人员、不法分子，趁机潜进校园里，可能就会给学生们的安全带来隐患；每天上学、放学，由于开车接送学生的家长太多，导致学校门口交通会拥堵，难免会导致交通事故；在学校门口的公交站点也成了事故多发的地方，由于人多车少，很多赶不上公交车的人就会在车后面追赶，就可能导致摔倒或是遭遇小偷，造成人身、财产的威胁。所以这个问题就需要家长、学校和社会共同协调来解决，在制度和政策上相应的改变一下。

案例现场

☞ 南昌市委社区居委会朱主任在办公室内，突然听到外面有小孩的哭声。她出去一看，只见一名小学生被三名学生模样的青年围在一起往假山上走，被围的小学生眼泪直流，三名青年还在搜小孩的口袋。朱主任觉得不对劲，赶紧叫旁边工地上一名工作人员过去看看。工作人员大喝一声："我是警察，你们在干什么？"三名青年吓得赶紧逃跑。经查，被抢小学生是右营街小学六年级学生，13岁，三名青年约16岁左右。据朱主任说，前几天阳明公园也发生了类似抢劫事件，她希望学校和家长加强对小孩放学后的监护，尽量避免类似事件发生。

☞ 2011年5月8日下午放学时，乌市第39小学三年级雷雷放学回家时，不慎落入一个窨井里，导致左脚脚踝两侧骨裂。

案例分析

这两个案例都是发生在学生放学回家的路上，前者是遇到抢劫，这个案例让我们知道，放学后如果没有父母的接送，应该和其他同学结伴而行，一旦遇到什么事情可以相互照应。并且学校里的老师应该担负起培养学生们的道德行为的责任，让这种高年级学生欺负低年级学生的事情杜绝。后者是掉入窨井里，原因是与同学聊天没有看路所以才导致掉进去的后果，这也提醒了学生们，在走路的时候不能嬉戏打闹，要看清楚里自己的路，以免受到不必要的伤害。

只要同学们能够严格遵守交通规则和平时的一些安全常识的要领，其实危险是可以杜绝的，同时学校里的秩序和校门口的交通秩序是需要我们大家共同维护的，这样安全隐患就会少一点。

第一章 小学篇

第9例 小学生交通安全资料

本节要点 /

乘坐各种交通工具的注意事项及安全出行。

在本章的前几节当中,也或多或少的提到了些交通安全和出行常识,现在,我们将在本节当中具体系统的给大家讲一下,在乘坐各种交通工具时都应该注意什么以及怎么才能够做到安全出行。

现在的车多了,出门的人也多了,交通违规现象也多了,所以,走在路上的危险也就多了。人们常说水火无情,其实车祸更无情,它不管你有多么高的地位,有多少的金钱也不管你是大人还是小孩,谁不遵守交通规则,谁不重视交通安全,那么车祸的灾难就会降临到谁的身上。

安全横过马路,这个对于小学生来说就是一个老生常谈的话题,可是还是有很多学生会出现这样的事故。在过马路的时候,一定要看清楚了红绿灯再行动;在人行道上行走的时候需要靠内走,一般都走在路的右边,不能横跨防护栏,以免受到来往车辆的侵害;在过马路的时候要听从交通民警的指挥,要遵守交通规则,做到红灯停,绿灯行;不要突然横穿马路,特别是马路对面有熟人或是朋友欢呼或者自己要乘坐的公交车已经进站,但是还没有停稳时,千万不能贸然行事,以免发生意外。

车多了,也就方便了人们的出行,现在很多人已经开始"以车代步"的生活了,那么小学生在乘坐公共汽车和私家车的时候应该注意哪些问题呢,这个就需要我们谨记于心。

在乘坐公交车和私家车时注意的问题有一部分是一样的,如在车上不要将头或是手生出车窗外,以免旁边行驶过的车辆撞伤;不要把空瓶子和垃圾从车窗扔到外面去，这样可能会砸伤路人或是砸坏旁边的车辆；不要在车上追逐打闹，以防在汽车刹车时撞伤；要从车子的右边上下车，因为左边可能会有行驶的车辆经过；下车时要等车停稳了再开门下车，以免被车带到地上造成身体上的伤害。除了这些需要注意的以外，在坐私家车的时候还应该再多注意一些别的方面，如在乘坐私家车的时候，父母不应该抱着孩子，因为儿童的肌肉少而骨骼又脆弱，一旦发生紧急情况，大人会下意识地找一个支撑，手一松，孩子就会被抛出去，造成伤害；有时还会下意识地抱紧孩子，这有可能伤及孩子的骨骼，甚至由于压迫而造成内脏损害；避免让儿童坐在副驾驶的位置上，不仅仅是因为副驾驶的位置是整个车内最不安全的位置，还有就是因为儿童的身材太小，当遇到紧急情况安全气囊打开时，不仅保护不了儿童，反而会伤害儿童的头部；在夏天的时候，要避免儿童在车内长时间的停留，因为这样可能会因为闷热导致脱水或是窒息死亡，而那些好奇的儿童，可能会乱扭车上的按钮，而导致危险；不要让儿童系成人安全带，安全带虽然是预防危险的最有力武器，但它是为成人设计的，并不适合小孩子的体形。如果安全带绑得太紧，可能在车祸发生时会引发对宝宝颈部勒伤或对腰部的挤压伤；如果绑得太松，则起不到任何防护作用。

　　在乘坐火车和飞机的时候，又需要注意些不一样的安全问题，比如说在乘坐火车时，首先应从买票着手，不超过1.5米的学生可以买儿童票；旅客携带品免费重量是，大人20公斤、小孩10公斤、外交官30公斤；携带品的长度和体积要适于放在行李架上或座位下边，放到行李架上的物品一定要摆放整齐，否则在行车的时候可能会因为震动而掉落砸伤乘客；禁止带易爆易燃危险品、妨碍公共卫生及污染车辆的物品带入车内；在车上，不论是白天还是晚上，尤其是在夜间，要切记一定要和自己的同伴轮流睡觉、看包，不然，犯罪分子会顺手牵羊，盗走你放在行李架上的行李，在列车靠站时，列车内的人员流动就比较频繁，此时要特别注意防范犯罪分子浑水摸鱼，留神看好自己的行李物品，离座位上厕所、就餐、去会朋友，或去排队打开水，或是在停车时下车买东西吃，千万不可产生麻痹大意的思想，一定不要随便接过他人递过的饮料，尤其是已经打开封口的饮料，这其中可

第一章　小学篇

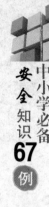

能会被不法分子加入各种迷魂药，然后把你的行李拿走；乘坐卧铺列车，睡上、中铺要挂好安全带，防止掉下摔伤。

火车的行驶速度很快，窗口也不大，在乘坐火车时父母不要让孩子将身体的任何部位伸出车窗外，更不要让孩子的身体爬出去，因此父母不要让孩子爬到火车的桌子上去，更不能爬向窗口，以防划伤甚至是掉出车外。在火车行驶时，不要让孩子在车厢内跑来跑去，一是容易摔倒，二是车内也许有不良人员，以防孩子被拐骗或受其伤害；夏天火车上会有空调，如果长时间乘坐要让孩子注意保温，别因为吹空调而受凉；冬天，火车上也比较暖和，要在上车后让孩子穿少一点儿，下车时再穿上保暖外套，如果火车将要停靠站，不要让孩子去洗手间，因为火车停靠时洗手间门将会被锁上。

在坐飞机时，首先要确定哪些东西不能被带上飞机，一般民航都严格规定白色粉末状物品禁止携带，化妆品不能超过100ml，每种能带一件，并且要用袋子装袋，并且不能带液体乘机，过安检时检查，刀具、古董、人民币现金等也不能随身带，易燃易爆品，有腐蚀性、鲜活物品不能托运和随身携带，还有的国家肉食品禁运。

在起飞或是降落时，因为乘坐飞机时会有重力变化、气压、气温、空气湿度、噪音等诸多因素的影响，所以在乘机之前要确保孩子有良好的身体状况。如果孩子有严重的心肺疾病，严重的贫血、癫痫等疾病，或者严重的感冒、发烧等，应该在治愈再在选择乘坐飞机，对孩子能否乘坐飞机可以事先咨询航空公司或医生。在身体状态良好的情况下，也会因为气压的原因而导致耳膜不适。这个时候不能让孩子睡觉，应该让他说话，喝水或者吃东西这样可以减轻大气压对耳膜的作用；在行李架上放行李的时候切勿将重物放在上面，因为在紊流出现时，顶箱上的重物很有可能会掉下来，砸到自己的孩子；在飞机上不要喝热饮，因为在飞机航行时，气流出现颠簸，这样杯中的热饮可能会洒出去，可能会烫到自己。

还有一种交通工具就是轮船，我国水域辽阔，人们外出旅行，会有很多机会乘船，船在水中航行，本身就存在遇到风浪等危险，所以乘船旅行的安全也十分重要。与陆地上的交通工具一样，在上下船的时候要排队按次序进行，不能拥挤争抢，以免造成挤伤、落水等事故；天气恶劣时，如遇大风、大浪、浓雾等，应尽量避免乘船；不要在船头、甲板等地打闹、追逐，以防落水；不拥挤在船的一侧，以防船体倾斜，发生事故；船上的许多设备都与保证安全有关，所以小朋友们一定不要乱动，以免影响正常航行。夜间航行，不要用手电筒向水面、岸边乱照，以免引起误会或使驾驶员产生错觉而发生危险；一旦发生意外，要保持镇静，不要慌乱，听从船上的有关人员指挥。

案例现场 /

阆中市一名两岁半的小女孩失踪4个小时，家人四处寻找，结果发现孩子死在自己家院内停放的车中。小孩死于意外事故，还是被人谋杀？民间议论纷纷，说法不一。记者从阆中警方了解到，小女孩是被锁在车内，在烈日暴晒下窒息而死。

某日，阆中市某镇住户张语（化名）家传出悲伤的哭泣声。男主人张语在四处寻找爱女小倩（化名）无着落的情况下，准备驾驶停放在院内的私家车去给妻子通报消息，结果却在车内发现没了气息的女儿小倩。张语强忍悲痛做了人工呼吸，然后带着侥幸的心理将女儿送往医院抢救。遗憾的是，医生详细检查后直接宣布，孩子已经死亡。

案例分析 /

结果表明，小倩属窒息死亡，当天的气温在30多摄氏度，而烈日暴晒下的车厢温度应在50摄氏度以上，意外发生的时间前后有四个多小时，小女孩应该是因闷热缺氧而遭遇不幸。市中心医院医生陈平表示，3岁左右的儿童，在这样的温度下，最多闷十多分钟就可导致死亡，即使是小学生也不过再多撑一两个小时。怎么才能预防小孩在车内闷出事呢？孩子乘车时要尽量坐在大人的身边，夏日停车，最好停在阴凉的地方。车主养成安全用车习惯，下车前将车检查一遍，千万不要将孩子单独留在车内。另外，车主可以通过加装警报器，一旦有人碰撞，车子将发出刺耳的警报铃声，从而引起车主或路人的警觉。

在行走或是在乘坐各种交通工具时，都有其特定的规则和注意事项，所以在准备出行前一定要做好各方面的准备，以免带来后续的安全隐患问题。

第一章　小学篇

第10例　小学生参加运动会要注意什么

本节要点

小学生在开展运动会的时候需要注意什么，当危险发生时应该如何处理、如何应对等。

爱玩，是孩子们的天性，在学校当中，小学生最喜欢的课程就是体育课，最喜欢的活动就是开运动会和过六一儿童节，每次在举办这些活动的时候，同学们的情绪就一下子高涨起来了，但是作为教育者，就需要多注意一点，尤其是安全问题，因为在举办活动的时候可能存在很多安全隐患，在看过很多学校的经验教训后，对于开展运动会时的注意事项以及应对措施做了如下总结：

一、从学生出发。从自身的身体条件和安全考虑，如果有学生患有先天性心脏病或是急慢性病就不能报运动会中的各项目了，因为这样可能会让正在进行比赛的同学突然发病，伤害到自己的身体；要参加比赛的同学，在服装和配饰方面一定要注意，应该穿宽松的运动服或是校服，不要佩戴胸针、玻璃制品的头饰、手链手表等硬物，口袋里面不应该放有钥匙等硬物，这样可以避免在比赛时，由于这些附加品导致成绩受到影响和身体安全受到威胁。

要参加比赛的同学，前一天晚上必须要有充足的睡眠，为第二天的比赛养精蓄锐，做好准备；在赛前不宜喝太多的水，更不能饮酒，做好准备活动，拉开肌肉，提高肌肉力量、弹性和灵活性，同时还能提高关节的韧带功能，这样可以防止在运动的过程中肌肉和韧带的损伤；在比赛结束时，不要立即停下来，要慢慢地做好放松活动，并且不能马上喝大量的水或是吃冷饮或是冲冷水浴，这样很可能会导致感冒。

二、从会场秩序出发。教师一定要管好学生的会场秩序，不让孩子们到处乱跑。这个时候人员较多、秩序又比较乱，小孩子们抽空，抓住机会和时间就会四处看看，尤其要检查和监督好，不让孩子们到处乱跑。建立制度，离开队伍，必须向老师请假，不准私自离开队伍。孩子们有上厕所的，要结伴同行，解手后有秩序地回到队伍，不要到处跑。没有比赛项目的同学，一定要在指定的地方观看比赛，不要在赛场上随意穿行、玩耍、乱逛，以免影响其他运动员的比赛，同时也避免被铅球或其他器械伤害到没有比赛项目的同学。如果有同学需要出去搀扶比赛结束的同学，要有秩序的进出，以免发生会场道路的拥挤而发生踩踏事件。

三、从运动安全和食品安全出发。在中长跑比赛项目中，有些人可能会因为准备活动做得不够充分而导致腹痛的情况出现，在这种情况下，选手千万别紧张，可以用手按住腹部减速慢跑，多做几次深呼吸，这样坚持一段时间后，疼痛就会缓解很多；还有在运动中，可能出现面色苍白，嘴唇发绀，呼吸困难，胸闷等症状，在这个时候应该立即停止或禁止运动的进行；如果学生们在运动中发生踝关节扭伤，不要立即用手按摩，应先用冷水浸泡一会，然后贴上止痛膏，必要时要送往医院，并且及时和家长取得联系；在剧烈运动比赛结束后不能立即坐下或躺下，这样会导致脑部和其他部位缺血、缺氧，所以为了缓解这一症状，可以进行慢跑、行走、深呼吸等运动。

在每一次举行运动会的时候，家长都会给孩子带很多零食或者是比平时要多的零花钱，所以开运动会变成了孩子们的"美食节"。就是因为零食多了，所以垃圾也就多了，孩子们回教室之后，操场上就成了垃圾的世界，其实垃圾不是重点，而是学生们吃的东西是否符合食品健康标准，许多孩子购买的零食和饮料不合格、不卫生，食用之后引起孩子生病，闹肚子、恶心、呕吐等等。针对这种情况，就需要提醒学生的家长和同学们，买食品时一定要看清楚食品的生产日期和质量检查等方面，如果条件允许的情况下，可以由学校统一发小吃或是提供纯净水，如果是这样的话，就需要提醒学生们带好自己的杯子，以便在操场上喝水。或者安排伙房工人供应开水，安排学生搬运教室里的纯净水，以解决孩子们的饮水问题。

案例现场 /

某小学举办春季运动会，三年级学生俞某与其他同学一起观看铅球比赛。李某

是参加这次铅球比赛的运动员。在李某之前的运动员投掷完毕后，担任裁判的教师到铅球着落地点丈量投掷距离，俞某等几位同学随该老师进入落地区内观看丈量结果。在老师和观看的同学尚未撤离运动区域时，李某接着投掷出的铅球，砸中尚未退出运动区的俞某的头部，致其头部急性重型颅脑损伤，右额额部硬膜外出血。

（监利县教育信息网）

案例分析

这个小学生处于好奇或是看热闹而随老师进入铅球落地区，对于这种行为不能说他有错，但是如果他不去，这种意外也不能发生，学校在组织运动会，联欢会等大型活动时，本身就有责任保护和防止他人人身受到损伤。发生这样的意外，是由于学校的管理疏忽，而且是造成事故的主要原因，所以如果说是谁负责任的话应该是学校。这个案例告诉同学们，一定要听从老师的规定，在没有比赛的时候不要在会场上随意走动。

在开展像运动会这样的大型活动时，老师们一定要注意同学们的一举一动，及时发现问题并及时解决，防患于未然。我们要牢记安全工作，时刻不忘安全教育，让孩子们高高兴兴来上学，安安全全回家去。

第 11 例 骑自行车常识

本节要点

小学生在骑自行车时需要注意的地方及常识。

我国曾是世界上拥有自行车最多的国家，也曾被世界公认为是"自行车王国"。相比于那些机动车，自行车确实是有很多的优点，它价格适中，车身轻巧灵活，车速可以自由调整，维修简单，还有就是不用任何发动装置，无污染，无噪音，所以就成了很多人眼中的青睐之物。

现在虽然很多人的家庭生活水平都得到了很大的提高，轿车也迅速地成了家中的重要交通工具，但是仍然还有很多人的基本交通工具还是自行车，很多小学生还是天天骑自行车上学。那么在现在人多车多的时代，我们骑自行车的时候一定要加倍小心。下面是要跟大家一起分享在骑自行车的时候需要注意的事项。

进行骑自行车锻炼时，要注意正确的骑车姿势。首先要调整好自行车鞍座的高度和把手等。调整鞍座的高度可以避免大腿根部内侧及会阴部的擦伤或皮下组织瘤样增生。调整把手可以有助于找到避免疼痛的良好姿势。踩踏脚板时，脚的位置一定要恰当，用力要均匀，如果放脚的位置不当，力量分布不均匀，就会使踝关节和膝关节发生疼痛。此外，还应经常更换手握把手的位置，注意一定的节奏，可采取快骑与慢骑交替进行。

在骑自行车的时候应该在非机动车道行驶，严禁进入机动车道，在没有非机动车道的时候应该尽量靠右行驶，不能在道路中间左右摇摆的行驶。当放学时有同学结伴而行的时候，千万不能和同学赛车或是摆成一排行驶或是表演骑车特技，将两手放空骑车，这样在马路上行驶是相当危险的。

当将车骑至路口的时候，若是有机动车则需要让机动车先行。当遇到红灯时，应该将车停在停止线或是人行横道以内，严禁用推行或绕行的方法闯红灯。

当遇到雨天的时候，严禁一手撑伞一手骑车，这样很可能会出现危险；如果遇到大雨或是大雪天的话，就不要再骑自行车了，这样路上会很滑，很可能会摔跤。在停车时应该停在指定的位置，在没有固定停车的位置时，需要停放在不影响车辆、行人正常通行的地方。

在骑车之前一定要检查好自行车的各部分部件，比如说车头是否是直的，车上的铃铛是否还能正常发声，车的刹车是否能正常使用，车链条是否安好了等，这些一定要检查清楚，否则在行车的时候会出现交通危险。

知识扩展：夏天到来的时候，天气非常热，很多女同学就会穿漂亮的裙子来上学，大家一定要注意，女生在穿裙子的时候千万不能骑自行车，如果穿的是短裙的话，在骑车的过程当中可能会走光，如果是长裙的话，很有可能会被卷到后车

第一章　小学篇

轮里,这样车就会走不动,就会导致摔跤。

案例现场 /

2011年4月15日,早上有教师报告,一名六年级学生在上学时,违反学校规定骑自行车来校。在下午放学回家骑自行车经过校外到岔口(T形路口)是一段陡坡,由于操作不当,加自行车刹车有点问题,对直横穿冲过主干道,冲入对面店内撞在墙上才停下来,受了点轻伤。正值放学时段,幸好路上学生少,路上这时没有车经过,才幸免一场灾难发生。(合江教育网)

案例分析 /

虽然国家有明确规定:12岁以下的儿童不能在道路上骑自行车,但是由于自行车的很多优点,仍然还是有很多小学生选择骑自行车上学,并且这种现象逐渐低龄化,尤其是一些偏远的城、镇、乡。有些学生的家离学校特别远,家里又没有条件送孩子上学,所以,学生就会选择骑自行车上学,家长也赞同这种行为,这就导致了教育与家庭的脱节。每年会因为各种原因导致学生骑自行车发生事故平均达到5000余起,这个数据应该引起我们的高度重视。如何避免这种危险的发生,除了国家出台政策保护学生,同样也需要学生自己遵守交通规则,明确骑自行车的安全常识,这样能够有效避免危险的发生。

在这么一个严峻的问题上,还是需要家长配合教育自己的孩子,同时如果发现学生骑车来学校,学校将把自行车统一锁放。通过家校沟通,增强家长的交通安全意识,也增强学生自身的安全常识,共同呵护学生的人身安全。在平时的学习教育中,老师们也可以通过班会等形式开展交通安全教育,增强孩子的安全意识,对重点对象加强教育,防患于未然。

第 12 例　在居室内活动应怎样注意安全

本节要点 /

在居室内活动有哪些安全隐患，应该如何避免危险的发生。

家，是学生时代所处时间第二长的场所，在学校中，我们要注意安全，消除安全隐患，同样，在家中，也要需要处处小心，不要以为家是一个最安全的地方。在家中居室内活动，还有许多看起来细微的小事值得同学们注意，否则，同样容易发生危险。这主要有以下几个方面：

1. 避免在家中发生磕碰的危险。现在由于社会问题，房价很高，所以大多数家庭的居室空间比较狭小，又放置了许多家具等生活用品，有些家具的棱角比较尖锐，如果一不小心碰到的话，可能就会受伤，所以不应在居室中追逐、打闹，做剧烈的运动和游戏，防止磕碰受伤。

2. 避免在家中出现摔跤、滑倒的现象。现在的家居装修的居室地板都比较光滑，所以在打扫卫生，拖地的时候一定要小心行走，避免脚底或是鞋底有水，以防滑倒受伤。如果需要登高打扫卫生、取放物品时，一定要请他人保护，以防止摔伤。

3. 预防坠楼。住楼房，特别是住在高层楼房里的，不要轻易将身体探出阳台或者窗外，因为有很多孩子好奇心都特别强，总是喜欢爬高上低，这样他们的安全就很难得到保障，这样就需要在阳台或是窗户安装防护栏，以防坠落。在打扫卫生，擦玻璃的时候，一定要采取好保护措施后在行动，以防一不小心发生坠楼的危险。

4. 避免挤伤和压伤。在开或是关家中的房门、窗户，家具的柜门、抽屉等的时候，都需要处处小心，以免夹伤、挤伤或是压到手指或是手腕；

5. 小心用火，以防火灾的发生。居室内的易燃品很多，例如木制家具、被褥窗帘、书籍等等，因此要注意防火。不要在居室内随便玩火，更不能在居室内燃放爆

第一章　小学篇

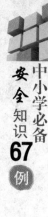

竹。在孩子自己烧开水或是煮面的时候一定要安全用火，开火、关火的时候一定要小心，以防点燃其他物品，或是泄漏煤气、天然气等导致有毒气体中毒。

6. 防意外伤害。在用锥、刀、剪刀、针线等锋利、尖锐的工具的时候，一定要做好防护措施，小心使用，否则很有可能会伤害到自己。在使用图钉、大头针等文具后应妥善存放起来，不能随意放在床上、椅子上，防止有人受到意外伤害。

7. 防止被宠物咬伤。现在很多家庭里都会养一些宠物，比如说小狗，小猫。甚至有些学生还养蜥蜴，蛇等危险宠物。这样很可能会发生被宠物咬伤的现象，这就需要大家小心谨慎了。当被狗或是猫咬伤后，处理的越早越好，可以挤出伤口里的血，并且用大量的自来水冲洗20分钟，然后送去医院，让医生再消毒、诊治。如果伤势比较严重的话，如头、面、颈及手指或是三处以上被咬伤，那么就必须先注射狂犬疫苗，要越快越好。

8. 预防异物进入食道或是气管。家里不同于学校，在家里可能会有很多零食或者是一些小的装饰物，在这个时候，大家需要注意的是，很多小孩子都有很强的好奇心，他们会尝试各种方法或是途径来吃东西或是玩东西，所以在这个时候，我们需要注意了，应该让他们尽量少吃瓜子、花生、枣这种带皮带核的东西，因为可能一不小心在说话或是大笑的时候会呛到气管里，这样是很危险的。还有在很多小孩子小的时候可能就养成了看到什么东西就往嘴里放的习惯，这样是非常不好的，我们需要尽快纠正他们的这种坏习惯，并且也要告诉我们将要做母亲的女性，一定不要给孩子养成这种习惯，这样是很危险的。当真的有异物呛到气管里，应该立即将头朝下，并重重地敲击后背，以使异物自然出来，并且应及时到医院。

扩展常识

一般在家中，很多孩子可能都有被鱼刺或是骨头卡住咽喉的时候，遇到这种情况，最好的方法是到医院请医生处理。如果要在家中解决的话，可以用牙刷柄按住舌根，看到异物后用镊子取出来，取的时候先把异物向左或右侧轻微移动，然后镊子倾斜地向外退出，以免异物横向划伤咽喉两侧的黏膜、血管，留下感染的机会。千万不能通过吞饭团压或喝醋的方法来解决问题，有时反而有害，因为这样这可能让异物进的更深，更不利于取出。

案例现场

某天晚上，当时只有7岁的深圳市南头小学的小学生袁媛正在认真地写着作业，妈妈要给脚部受伤的爸爸换药，打开了浴室的热水器，由于天气冷，他们关闭了门窗。袁媛写完作业后发现父母双双煤气中毒晕倒在浴室，在这个危急关头，袁媛按照学校所学的急救自救知识，镇定而迅速地关上液化气罐阀门，用衣架捅开高高的窗户，然后跑到室外用父亲的手机拨打110、120，在电话中简洁准确地说清了自家的位置，之后，她又打通了亲戚的电话求助。接到报警后，民警在3分钟之内就赶到了现场。随后，医院的救护车也火速赶到，赢得了宝贵的抢救时间，最后父母双双获救。片区民警说："她的冷静和急救能力，就连不少成年人也望尘莫及！"

案例分析

从这个案例可以看出，在生活当中不可粗心大意，做任何事情都有可能发生意外，所以我们就需要了解和掌握一些意外伤害的常识和急救方法。在此案例中，这名小学生确实做得很好，运用了我们之前讲过的拨打急救电话，但是重要的还是提醒我们以后一定要小心谨慎。

看似阳光灿烂的世界，也有潜在的危险；看似温暖的家中，也有危险的硬物；不管身在何处，我们需要积累安全常识，这样才能对生命多一分把握。

第 13 例 如何安全使用刀具

本节要点

如何安全使用刀具及如果被刀具意外划伤应该如何处理。

现在不管是在生活还是在学习当中，我们都会用到很多工具，比如说剪刀、

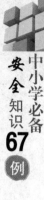

锥子、小刀等,像这类的工具都是很危险的,所以我们要时刻提醒自己,在用类似这样很有伤害性的工具的时候一定要小心谨慎,那么怎样才能做到万无一失,安全使用呢,我们接下来将会解答这一问题。

我们一般在日常生活当中常用的刀有折刀和直刀,根据不同种类的刀,使用的方法也不一样。

一般家里用的菜刀、水果刀、裁纸刀都是直刀,在用这些刀之前,一定要先检查好刀的强度,在刀柄与刀身连接的部分是否牢固,以免在使用过程中用力过度,伤害到其他物品或者是刀身与刀柄脱离而伤害了自己。在使用的时候一定要刀刃朝下,刀背朝上,否则不会切断所切物品反而很可能会反弹回来伤害到自己。在传递没有刀鞘的直刀时,一定是要把刀柄指向他人,自己拿刀身,如果不是这样的话,很可能会误伤他人。

在使用折刀的时候,折刀都会带锁,但是即使它有锁,也不能完全相信,我们还是应该小心,因为它有可能由于用的力过大而导致失误,使刀折回而受到伤害。如果要用折刀刻什么东西也不能用过大的力,这样也很有可能会导致刀的折回而造成伤害。当用完刀以后,要用两手来合刀,一手按住锁背,一手捏住刀片,这样可以避免刀合的太快,而伤害到手指,如果非要用单手合刀的话,就需要让刀尖向下,然后按住锁背,这样可以避免刀折回时伤到手指。

如果有人想向你借刀,千万不要借给那些你觉得他可能会干坏事或者是不会用刀的人,那样很可能会给他人或是他自己造成伤害。不要在休息之前用刀,或者是把它放在床上,或是人多手杂的地方,以免伤害到他人和自己。在擦拭刀的时候,应该由刀背往刀刃方向擦,仅单向擦拭,当你反向擦拭的时候很可能会划伤手指,在游戏的时候,千万不要带刀,尤其是没有刀鞘的刀,因为很有可能在不注意的时候就被它割伤了。

切割伤主要是一些锋利的工具由刀器切割所造成的人体损伤,常见引起切割伤的有刀、剪、金属片、玻璃碎片、草叶子边缘、一页纸的边缘等。儿童最易受这些物品所导致的切割伤。

切割伤的伤口可深可浅，一般出血较多。多发部位就是手指，当遇到切割伤时，首先要保持镇静，不要慌张。仔细观察伤口的情况。察看伤口周围有没有异物和脏东西等污染物。观察出血的颜色、出血量，如出血呈喷射状，往往有动脉或大血管损伤。对于大的伤口，出血较多且为大血管损伤者应立即送往医院急救。对于较小的表浅切割伤，一般可在家中自行处理。如果是表皮割伤或擦伤，可先用肥皂及水清洗伤口，再用云南白药膏涂在伤口上，然后用创可贴包好伤口。通常较小的创口，用一张创可贴就足以止血了。如果伤口较深，流血较多，用无菌纱布紧紧地压住伤口，如果有玻璃碎片的话，就不可以简单地压住伤口，以免玻璃扎得更深，要先检查、清除每一碎片，然后将伤口周围清洗干净，在挤出污血，遇到这种情况，最好带孩子去看急诊，如果没有碎片的情况下，压住伤口3~4分钟后，可检查一下血是否止住。如果还没有，继续按紧伤口，如果还有血从纱布处渗出，在渗血处再加按一块纱布，如果压住伤口5分钟之后，血还没止住，应该一边按紧伤口，一边赶紧去看医生了。

对于伤势比较严重的情况，或发生在四肢关节、面部的伤口，均应立即送去医院做清理伤口和缝合治疗。在去医院之前，要进行急救处理，比如要清除伤口内的较大异物，如玻璃碎片或碎金属片，以免这些锐利异物在肢体搬动时造成进一步的组织损伤。对出血多的伤口可用干净的纱布或绷带加压包扎，用以止血。若肢体的切割伤口较大，并有大出血时，可在伤口近心端肢体上用止血带止血。在送患儿去医院途中，尽量减少受伤肢体的活动，以防止断裂血管、神经，给进一步的修复手术带来困难。

扩展常识 /

家庭必备应急药品：无菌纱布、绷带、不同尺度的创可贴、棉花球、抗菌软膏、剪纱布用的钝头剪刀、镊子（夹去伤口中的碎片用）、感冒药、去火药、退烧药、止疼药、健胃消食片、防腹泻药、酒精、碘伏、止血药等。

案例现场 /

某日上午，城北梅花新村旁一所学校内，一名小学生在课间玩耍时不慎被玻璃

第一章　小学篇

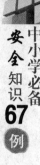

割断肌腱,随即被送往医院接受手术。上午10点30分许,老师们将这名受伤的学生紧急送往医院,在接受简单包扎后,随即又将其转至苏大附属瑞华医院接受进一步治疗。然而经过医生诊断,发现男孩伤势并不乐观。"流了好多血,右手手腕部位神经肌腱断裂。"该院手外科刘医生介绍说,这名被送来的男孩11岁,在课间与同学玩耍时,不慎被破碎的玻璃割伤,在腕部造成一个较深、较大的伤口,虽没有伤及骨头,但由于手腕是血管、神经的密集部位,将直接影响五个手指的运动。她说,随即医院召集医生加紧为这名男孩进行手术,尽力将血管、神经肌腱接合。她说,因伤势较重,不排除会给以后带来一定的功能性障碍,对此需要密切关注接下来的恢复过程。(苏州新闻网)

案例分析 /

看到这样的案例,我们大家应该都会不禁一颤吧,可是这样的事情就是时有发生,我们应该在平时的教育教学中应该不时的给孩子们敲敲警钟,避免孩子们的粗心大意。

家中的刀具,利器一定要放在安全的地方,不要让家里的孩子轻易的就能拿到,易碎物品也应该放在远离孩子的地方,这样才能有效地保护孩子不受到意外的伤害,我们也不得不处处小心提防着他们的行为,也要时刻告诉提醒孩子们要小心,要珍惜生命,远离危险地带。

第 14 例 雷雨天气时怎样使用电器

本节要点 /

雷雨天气能否使用电器以及如何使用,如果意外发生应该如何处理。

夏天是个雷雨天气多发的季节,所以为了应对季节和不同天气的特点,我们应该知道,雷雨天气有什么特点,通过什么方式会给我们带来危害,只有这样我们才能"对症下药"，避免危险的发生。

扩展常识／

打雷就是很大电流在空气中流过。它的形成需要两个条件，一是云层积累了大量的电荷，二是放电途径顺畅。雷电是雷雨云中的放电现象，形成雷雨云要具备一定的条件，即空气中要有充足的水汽，要有使湿空气上升的动力，空气要能产生剧烈的对流运动。春夏季节，由于受南方暖湿气流影响，空气潮湿，同时太阳辐射强烈，近地面空气不断受热而上升，上层的冷空气下沉，易形成强烈对流，所以多雷雨，甚至降冰雹。

因为雷电的特点，所以我们就应该要联想到它的危害性和能伤害到什么。当雷电发生时，在进入建筑物的各类金属管、线上产生的雷电电磁脉冲。对于一个家庭来说，这种雷电的侵入主要有四条途径：供电线、电话线、有线电视或无线电视的馈线、住房的外墙或柱子。其中前三个途径都是与家用电器有直接的外部线路连接，所以就很容易破坏家用电器，当这些线路架空入室时则危害更为严重。

那么，如何才能确保家用电器和家庭成员的安全呢？根据一些专家的研究和经验，首先，建筑物应按防雷设计规范装设直击雷防护设施，如避雷针、引下线和接地体，一般以避雷针为主。它们可以将雷电流的大部分引入地下泄放；其次，引入住宅的电源线、电话线、电视信号线均应屏蔽接地引入，这样部分雷电流又会泄入地下。雷电的破坏力及急剧下降，以致不会有人或物受到损伤。

在日常生活中，我们常会听到有人说，打雷下雨的时候不能打电话，但是从来没有涉及到其他家用电器，但事实上，并不是这样的。我们在雷雨天的时候不要使用家用电器，如拔下电视机的电源插头、天线插头、停止使用太阳能热水器。太阳能，常常是我们容易忽略的一个导体，虽然它不用电，但它同样有导电的作用。太阳能热水器基本上都装在屋顶，很可能引雷电。尽管一些生产铭牌上都标注他们的太阳能可以"防雷"，但专家指出，太阳能内胆和外桶间的绝缘保温层不导电并不是"防雷"的充分理由。当然，这种做法是比较安全的，但有时会感到不方便，比如有人打电话来时，冰箱不能制冷了，空调不能降温了，因为下雨淋湿了，不能冲热水澡了。因此，建议大家还是采取上述防雷方法。当然，在没有那种条件时，拔掉所有插头也是一种很有必要的应急措施。

雷雨天气使用太阳能热水器时要注意以下几点：首先，打雷闪电的时候不要使用太

阳能热水器；其次，一定要为太阳能热水器安装防雷装置（包括避雷针、带、引下线、接地装置）；再次，太阳能热水器的整个电源线路要采取屏蔽保护，并在电源开关处安装电源避雷装置；最后，防雷设施的安装最好要请具有防雷施工资质的单位进行施工。

在长时间不看电视时，请不要只通过遥控器关机，因为我国大多数地方电网供电都不稳，一旦高低变化超过了电视机的额定承受范围，就容易出现"烧坏"的现象。收看电视后一定不要一关机就立即罩上防尘罩，因为电视机在使用时会产生大量的热量，一旦马上罩上防尘罩，就阻隔了电视机内的热量散发，对电视机会产生不良影响。

案例现场

家住芦山县的陈先生每天晚上睡觉之前，都会仔细检查家中电视、电脑等的电源插头是否已经拔掉。除此以外，他还会将电话机、电脑调制解调器与电话线的接口断开，防止夜晚突降暴雨，雷电毁坏家里的电器。他说，这是汲取之前的经验教训，做好防雷保护措施，防止家里的电话机、电视等电器被雷击坏。

陈先生告诉记者，一周前的那场暴雨有几次打雷特别大声，震耳欲聋，当时自己还庆幸已经将电视的电源关掉，否则在那样的雷雨天气，电视机很容易被击坏。可是雨停后陈先生才发现，自己家中的电话机与电话线的连接虽然完好无损，但却已经无法使用。下楼买菜时才听人说起，这场雷雨过后很多家庭的电话机都被雷击坏了，足足有二三十户人家的电话机不能使用，只得再换一部新的。

案例分析

此案例，由于主人公有强烈的防范意识，所以因事故导致的损失很少，但是，虽然切断电源，也还是没有逃过一劫，这真是防不胜防，这是我们值得学习的也是需要改进的地方。以往遇到雷雨天气，有些人只知道打雷打得厉害时不能使用电脑、电视等电器和手机，但是却不知道电话机和电脑的调制解调器在接通电源的情况下也容易被雷损毁。通过这个案例除了让我们有防范意识，还需要多增加生活常识，这样才能保证拥有一个安全的家园。

扩展常识

打雷下雨时，应该尽量穿不透水的雨衣，不要用顶部有金属锥的雨伞，这样很可能它就会变成雷电的导体，不要把带有金属杆的工具如铁锹、锄头扛在肩上。人在遭受雷击前,会突然有头发竖起或皮肤颤动的感觉,这时应立刻躺倒在地,或选择低洼处蹲下,双脚并拢,双臂抱膝,头部下俯,尽量缩小暴露面积。在空旷的户外行走时,千万不要试图寻找大树,在树下躲雨,这是非常危险的,有很多人在雷雨天躲在树下,都是被雷劈死的。

我们掌握了科技知识,我们学会了防范,我们可以通过自己的努力保护好自己,所以,我们需要不断的积累知识,让我们的防御能力变得更强,避免自然灾害的发生,让我们束手无策的情形发生。

第15例 烫伤后怎么办

本节要点

烫伤后怎么办以及如何避免烫伤。

烫伤是在生活当中时常会遇到的事故。在家庭生活中,最常见的就是被开水、热油、热汤等烫伤。那么烫伤之后应该怎么办呢? 通过对本节的阅读,你就会了解到,在我们的皮肤遇到这些滚烫的液体及物体时为什么会受伤,以及在哪些情况下最容易发生烫伤和烫伤之后我们应该怎么处理才能够让自己受到的伤害更小一些。

人体的皮肤是我们的保护层和防火墙,它可以抵御外来的病菌,防止我们身体及身体的内部环境受到伤害,并且可以调节我们身体的温度。这么重要的组织,它也有害怕的东西,所谓"一物降一物",当它遇到开水、蒸汽、热汤等东西时又会显得是那么的脆弱。在日常生活中,皮肤烫伤屡见不鲜,如热水瓶破碎或被打翻,接开水时彼此相撞,孩子在厨房里玩耍导致被沸水烫伤,或孩子在洗澡时误入未降温的热水浴盆。最严重的是在高压锅烧煮米粥或绿豆汤时因汽阀失灵而造成严重的面部蒸汽烫伤。当我们的皮肤被烫伤的时候应该怎么办呢?

第一章 小学篇

由于同学们生性好奇又好动，但有时动作不太协调，缺乏自我保护意识，稍有疏忽，就有可能被开水、热汤或热油等烫伤。轻者带来皮肉疼痛，重者留下疤痕，甚至会危及生命。

案例现场

☞ 2008年7月1日中午，小兴在学校食堂门口排队时，因队伍拥挤跌倒，继而坐在摆放在食堂门口盛有热绿豆汤的桶内受伤。后小兴在医院住院治疗56日，经诊断为"烫伤45%Ⅱ度全身多处"。

☞ 三年级的陈成，在厨房里玩耍，伸手往上拿东西时，一盆热水从头浇下来。家长吓得号啕大哭，当即呼叫救护车，半小时后送到医院。

案例分析

这两个事故案例都是有关热饭、热汤、热水所导致的烫伤，由于小朋友的皮肤都很嫩，所以温度稍微高一点的热水都有可能会导致烫伤，所以就要引起家长和老师的注意和教育了，发现问题要及时纠正，让孩子在这方面多加小心，应该可以尽量减少这类事故的发生。

发生了烫伤时的处理办法：

1. 如果是烫到有衣物遮挡的部位，应立即把衣物脱掉，若无法马上脱下衣服，先泡到浴缸里冷却一下再把衣物脱掉，或用剪刀将衣服剪开取下，如果衣物不及时脱掉的话，热水的热量不能立即散发，这样对皮肤的伤害性会更大。

2. 烫伤后立即把烫伤的部位浸入洁净的流动的冷水中。烫伤后愈早用冷水浸泡，效果愈佳，水温越低效果越好，但不能低于—6℃。用冷水浸泡时间一般应持续半个小时以上。这样经及时散热可减轻疼痛或烫伤程度。

3. 烫伤如果不严重，没有造成伤口并且烫伤面积很小的情况下，可以涂抹药油。将药油滴在烫伤部位，用手指轻轻地涂抹均匀，涂药后直接包上消毒药布、干净的手帕或纱布，注意不要任意涂外用药，以免伤口感染。

4. 如果只是受到轻微的烫伤，去医院就医即可，但是，如果对于大面积或严重烫伤、烧伤，或发生昏迷、休克的患者，不要因冲水、浸泡太久而耽搁时间，应争分夺秒地迅速送往医院就诊。

通过上述的描述，大家也可以感觉到烫伤对我们的身体乃至精神的危害是多么的大，那么在平时的生活当中我们应该怎么做才能够防止烫伤的发生呢？

扩展常识

1. 吃刚出锅的食物或喝热汤时尤其是刚做好的油炸食品。俗话说，心急吃不了热豆腐。有的同学性子急，一放学回到家就想找吃的，看见刚出锅的热菜或热汤，不管三七二十一，便急着往嘴里送。这样容易导致舌头、喉咙、食道烫伤。有的同学喜欢用微波炉加热食物，加热后食物内部的温度非常高，应稍凉片刻后再食用，以免烫伤。常吃非常烫的食物或喝烫的水，对口腔和食道都有很大的伤害，所以，大家一定要有耐心，才能吃到健康又好吃的"豆腐"。

2. 在吃饭的时间段，孩子们就应该停止正在玩的游戏了，尤其是打闹的游戏，因为在这个时候，父母做的饭菜已经好了，正在端上餐桌的时候，尤其是汤，如果孩子在疯跑着玩，很有可能会不看路，直接撞翻了菜盘或是汤盆，这个时候很容易烫伤皮肤，危险就发生了，所以大家一定要小心。记住在吃饭的时间段，不要疯跑着玩。

3. 在吃吃火锅的时候，尽可能坐得距离火锅远一点，走路时留意电火锅的电线、插头，以免绊倒、拉翻火锅造成烫伤。

4. 有些小孩子在父母不在家的时候，就偷偷学着父母的样子烧水、做饭，可是他们的身高不够，力气不够，可能就拿不动壶或者是锅，结果就会把水或是油打翻，这样做是很危险的，一旦发生意外，没有人会知道，这样就会耽误治疗的好时机，可能会终生留疤，有的甚至还会引发火灾。

5. 热水瓶放置不当，如放在桌子的边缘，或走路时容易碰到的地方，一旦热水瓶被碰翻摔破或开水溢出，容易造成身体大面积烫伤。有的时候可能会因为拿壶倒水的姿势不对或是力气不够，导致水倒到别处。如脚、手等地方，这样也会造成严重的烫伤，所以倒水的时候一定要量力而行。

6. 取暖设备应远离一些易燃的物品，如床单、家具、衣服等。不要将衣服搭在电暖器上烘干，电暖器表面温度较高，覆盖物品后，影响散热，容易引起火灾。孩子在家

第一章 小学篇

中玩耍的时候也千万要看清楚，不要一不小心被绊倒，然后烫伤。

7. 用热水袋取暖时。买热水带的时候一定要看清楚，检查好它是否有质量问题，热水袋使用时间过长，挤压后会引起破裂而烫伤肢体。如将灌满开水的热水袋长时间放在身体的某个部位，也可能会引起低热烫伤。

我们应该学会自我保护，掌握火、热、电的特性，强化安全保护意识，应从生活细节着手，时时防备可能发生的疏忽，消除烧烫伤事故的隐患。不在火源附近玩耍，不玩火柴、打火机、汽油等易燃易爆物品，掌握一些消防灭火常识，以及烧烫伤后的急救知识。只要在日常生活中处处留意，防微杜渐，许多烧烫伤事故是完全可以避免的。

第16例 游泳溺水的求救方法

本节要点

如何避免在游泳的时候溺水以及急救方法。

游泳是大家都比较喜欢的一项运动，它既可以锻炼我们的身体使我们的身体更加的强健，提高我们身体的免疫力，同时通过整个游泳的过程，我们也可以很好的和家人、同学、朋友联络感情。另外也会让我们学会一样本领，在碰到有人落水时可以挺身相助。那么我们在游泳的时候溺水了，应该怎样求救？怎么处理溺水的人呢？

青少年儿童是祖国的明天，民族的希望。提高青少年儿童的综合素质，特别是少年儿童的学习能力、生活能力、生存能力，都是开展素质教育的重要课题。如今的社会里，车祸、中毒、溺水……剥夺了许多宝贵的生命，尤其是溺水最为严重。所以，了解溺水和如何防止溺水显得非常重要。

下面我们先看一下几个案例，了解一下溺水给我们自身及我们的父母、亲朋带来的伤害有多大？

案例现场

☞ 2007年7月7日下午, 宝安区石岩料坑小学两名五年级学生, 背着家人, 走了六七公里的山路, 到铁岗水库游泳, 不料发生意外, 双双溺水身亡。溺亡学生的家长当晚一直不见他们回来, 随后组织老乡寻找, 到凌晨2时仍未找到, 家长以为孩子去附近串门而未报警, 直到次日上午接到治安员的通知说, 两个孩子的遗体漂在水库水面上, 要他们去认领时, 才得知爱儿已溺水身亡。(来源: 深圳新闻网)

☞ 2003年8月26日下午3时左右, 吴女士8岁的儿子小强和10岁的女儿到游泳池游泳, 他们还约了邻居林女士7岁的儿子一同前往。吴女士和林女士都知道游泳池下午3点半才开放, 而且儿童需要成人陪同才可进入, 所以让孩子们先去, 她们随后到。然而, 待两位母亲于下午3点半左右赶到游泳池时, 却发现孩子们已进入游泳池, 而她们隔着栏杆只看到了两个孩子, 小强不见了! 5分钟后, 小强被救生员从水中捞出, 已是不省人事。小强被送往医院抢救后脱险, 住院20天, 花了2万多元医药费。(来源: 新浪新闻)

从上述的两个案例可以看出, 游泳是大家都非常喜爱的体育项目之一。我们选在合适的地方, 在长辈的陪同下去游泳池游泳, 可以起到锻炼身体的作用。但是, 如果我们没有做好必要的准备措施去游泳, 发生意外之后的结果是很惨痛的, 如果不做好前期的准备、缺少相关的安全防范意识, 当发生意外情况时慌张、不能冷静自救, 非常容易发生溺水伤亡的事故。为了确保游泳安全, 防止溺水事件的发生, 必须要做好以下几点:

1. 不要独自一人外出游泳, 更不要到不摸底和不知水情或比较危险并且容易发生溺水伤亡事故的水域去游泳。选择好的游泳场所, 对场所的环境, 如该游泳馆、浴场是否卫生, 水下是否平坦, 有无必要的救生设施、救生员, 是否划分深水区、浅水区能情况要实现了解清楚。

2. 必须要在父母、长辈、老师或者熟悉水性的人的带领下去游泳。以便相互照顾。如果集体组织外出游泳, 下水前后都要清点人数, 并且做好游泳前准备工作。

3. 要清楚自己的身体健康状况, 平时四肢非常容易抽筋的同学, 不宜参加游

泳或者不要去深水区游泳。要做好下水前的准备工作，先活动活动身体，如果水温太低应该先在浅水区用水淋洗身体，等到身体适应了水温之后再下水游泳。

4. 对自己的水性要有自知之明，不要逞能。由于游泳池内都会用消毒水对池内水进行消毒，所以下水前尽量要佩戴泳镜。如果水性不好，一定要带好泳圈。在泳池内尽量不要跳水、潜泳，更不能在泳池内互相打闹，以防喝水或者溺水。另外在河流、湖泊、池塘等水域游泳，不要在急流和漩涡处游泳，当然最好不要去这类水域游泳。

5. 在游泳时如果感觉身体不适，如眩晕、恶心、心慌、气短等，要立即上岸休息或呼救。

6. 在游泳中，若小腿或者腿部抽筋，千万不要惊慌，可以用力蹬腿或者做跳跃动作，或按摩、拉扯抽筋部位，同时呼叫同伴救助。

7. 在游泳时如果遇到溺水事故时，现场急救刻不容缓，心肺复苏最为重要。这项急救措施同学们可能还不能掌握得很好，所以一旦发生溺水事故，一定要第一时间的向救生员呼救。让其对溺水者进行急救，同时拨打120急救电话以期得到医生的更专业救治。

8. 要去规范的游泳池游泳，并且在家长或老师的陪同下下水，无论水性好坏都要切记不要在小河、池塘、湖泊等水域里游泳，因为这些地方存在一定的危险性，比如石块、水草等杂质物都可能成为导致同学们溺水的罪魁祸首。如果同伴出现溺水情况，作为连自身保护能力都比较差的未成年人最好不要随意施救，应该想办法向周边的成年人求救。

准备工作做好之后可以避免溺水的发生，但是当发生意外时好的求救方式也是非常重要的，下面再给大家讲几个比较好的求救方式：

1. 大声呼救，寻求成年人的帮助。如果有同伴在场的话，最好是让同伴赶紧去找周围的成年人，因同学们力气小，即便是水性好，在水中救人也很困难。

2. 要救人，首先要自己的水性非常好，千万不可冲动救人，不要别人没救上来，自己也危险了。最好是携带救生圈、木板等漂浮物去救人。要注意，不要被落水的同学把你紧紧地抱住，否则会双双下沉。

3. 也可以在岸边用长竹竿或绳子投向落水者，让他抓住，拉上岸，以协助其自救。

4. 岸上抢救。让溺水者平躺，头偏向一侧，协助其将口、鼻内的泥沙和水吐出来。假如呼吸很微弱或已经呼吸停止，要马上做口对口人工呼吸和在胸部正中进行压挤，帮助心脏恢复跳动。经过20-30分钟的抢救，也许会醒过来，眨眨眼睛或出现微弱的喘气。

5. 情况严重的，应在救人开始就拨打"120"急救电话，请医生来现场救护。不要一救上岸就急着送医院，这样有可能死在路上。

6. 学会自救方法。(1)憋气：在水里的时候要憋住气，用手捏住鼻子，避免呛水。(2)轻装：及时甩掉鞋子，扔掉口袋里的重物。(3)站起：当漂到水浅的地方，要及时站起，不可错失良机。(4)漂游：顺着水流，边漂边游，不要径直游向对岸，方向要稍偏。(5)呼救：不会游泳，要边拍水边呼救。(6)放松：如有人相救，自己要尽量放松，不可紧紧抱住抢救者。

为了安全，我们应该了解游泳前的准备工作，以及在游泳的过程中发生事故或者在我们发现有人溺水是应该采取的自救以及求救措施。让我们将来在游泳的过程中，能够有比较充分的准备。但是，在大家水性不好的情况下，尽量还是不要独自去泳池游泳更不要去河流、湖泊等自然水域游泳。

第 *17* 例　放风筝安全常识

本节要点 /

应该选择什么样的场所放风筝,以及在放风筝的过程中应当注意哪些安全问题。

春天是一个万物复苏的季节,大地从冬季的寒冷中复苏。草地上渐渐地出现了点点滴滴的绿色,枯黄了一个冬天的树木上也有了绿意。在这样一个春风拂面的季节,找一个空旷地带把我们亲手制作的、在集市购买的风筝随风放飞到天空中。让一个美丽的风筝随着我们手中的绳子在春风的带动下越飞越高,就如同我们的梦想一般越飞越高。放风筝是每个同学在春季都比较喜欢做的一项活动。但是殊不知风筝放起来很好看,我们在放风筝的过程中也非常的开心,那么在这其中应该注意哪些安全知识呢?

放风筝也是一项健脑运动,需要全身心地投入。仅仅处理好放风筝的风向和风速的关系,就得让放飞者动一番脑筋。风筝飞起来的必要条件是地面有风,但风速过大也不利于放飞,因为这时候空气水平方向力量过大,风筝不易于"抬"上来,也很难控制。放风筝最怕的是风向不定,因为这时风筝最容易"栽"下来。古人认为放风筝的较高境界是:放中相牵,一线相连,未放之时,如马卧槽。放飞以后就如同进了赛马场,要精神抖擞,把线看作缰绳一样拉紧,如同驯马一般,然后望天入境,随飘移而前后奔走。现代人放风筝,已发展到动静结合、高低变换、声光俱全的高超技艺阶段,需要动脑筋的地方就更多了。

放风筝能使人情绪开朗、心境愉悦。放飞时,大脑高度集中,无疑会消除人的内心杂念;放飞者极目蓝天,其心胸也会感到开阔;此外,春季草长莺飞,触目皆景,放飞风筝,如同进行一次人与自然的美好对话。

下面先将两个因为放风筝而引发的小故事，让大家知道风筝放好了是可以强身健体的，但是如果没有操作好则会引起一些事故。

案例现场

☞ 前阵子的一天下午，姚女士像往常一样骑车去上班，在经过西城区半步桥附近时，她的脖子突然一阵剧痛，整个人也从车上掉下，重重地摔在了地上。姚女士说，因为毫无防备，自己身上多处受伤，100多米的风筝线也被弄断，可是当她忍着疼痛寻找放风筝的人时，却没有人站出来，事发后，姚女士赶紧到医院接受治疗，经过检查她的脖子被划出一道7厘米左右的口子，左手手指也被缝了三针，记者在事发地看到，这里车流穿行，周围还有高压电线，在这样的环境下放风筝随时都可能引发事故。（文章来源：青岛全接触）

☞ "往上，往上，差不多了……" 30多米的高空，电力工作人员正奋力"捉拿"缠在高压线上的风筝。原来，由于市民放风筝不慎，一只风筝断线挂在瑞安体育馆西侧的110千伏导线上，结果随风飘荡的风筝引线造成线路短路，造成城区400多户停电。瑞安电力抢修队又一次紧急出动。（文章来源：浙江在线—钱江晚报）

案例分析

通过上面的两个小案例，我们会发现，放风筝如果没有注意安全，不仅会给自己也会给他人带来很大的麻烦。那么我们在放风筝的时候应该了解哪些安全常识呢？下面就来给大家讲一下。

放飞时注意：现在的天气预报已经比较准确，从中我们可以根据已知的天气情况，确定是否放飞风筝及适宜放哪类风筝。根据季节的不同及风力、气候的变化，将欲放飞的风筝准备好。检查一下风筝有无破损、开裂现象，及时修补更换。一般来说，当风力在1—3级的时候，可以放飞硬翅沙燕、软翅鹰；若风力在3级以上时，可以放飞拍子类风筝，如八卦；若风力在持续4—5级时，可以放飞龙类风筝。如果您有运动风筝的话，可以放飞运动风筝，体会一下自由驾驭风筝飞翔的快乐感觉。放风筝时，首先，要注意认清风向，当强风起飞时，风筝应置于侧风带，瞬间拉力不会太强。其次，要注意认清气流，

如四周有高楼或树木的运动场，高楼上或建筑物旁的气流会较不稳定，故不宜放风筝。

放风筝同样要注意安全。风筝的制作大小、形状要根据自身素质来定，青少年放太大的风筝，会发生体力不够而出现失控、摔跤等意外伤害。放风筝的地点要选择在宽阔的地方，如广场、田野、空地上，不能在小胡同里，尤其禁止在马路上、铁路上、大街上、桥上、屋顶上、电线杆或高压铁塔下放风筝，以防造成车祸、高空坠落、触电等人身伤亡事故。如果风筝落在电线或高压线上，千万不要攀爬去取。不要在电力装置下放风筝，风筝线会缠住电力线，电力线也可能扯断风筝线；不准在堤坝上、水井旁、河塘边等危险区域放风筝，这样很可能会是放风筝的同学不小心掉进水里；不准在大街上、大桥上、铁道线上放风筝；不能在楼房平台上放风筝，这样很可能会阻碍交通秩序，或者发生车祸；不准在飞机场附近放风筝；风筝断线后，追寻时要注意安全；放飞失控时要防止拉倒或滑倒。

当我们了解了以上的知识就可以开开心心的去放风筝了，但是还是要提醒大家，在放风筝时一定要做好准备工作，切勿为了自己个快乐而给国家和他人带来人身和财产上的损失。

第18例　登山活动安全常识

本节要点

我们在登山活动中应该了解的安全知识进行一些介绍，希望今后大家在登山的时候能够先了解了这方面的安全常识之后再去参加这项活动。

登山活动是非常正当有益的一种户外活动，对于激发大家的冒险、克服困难的精神，培养积极进取的态度，锻炼强健的体魄等，均有帮助。因此，大家在假期或者其他时间可以积极参与这样的登山活动。但是，在登山之前应该了解相关的安全知识，强化登山的安全技能。

接下来先给大家讲两则关于登山时发生的安全事故的案例，让大家对登山相关的危险性有一些了解。

案例现场 /

☞ 2008年11月2日下午5点多钟，东窑子派出所接到指挥中心指令，在桥西区安家沟附近的山上，有7几名小学生在登山时走散，后发现有3个12岁左右的孩子走失。接到指令王教导员立即带领民警和联防队员迅速赶到安家沟上山寻找。因山路难行，天越来越黑，也越来越冷，民警们又不知道孩子们所在的具体位置。他们只好分别进行寻找，他们用手电筒照路，边找边喊，经过近4个小时的寻找，民警贾建军和联防队员终于在安家沟的山顶上找到了3个被冻、吓得发抖的孩子们，并迅速与其他队员联系，将他们护送下山。（文章来源：张家口新闻）

☞ 2012年2月22日登封市公安局崇高路派出所接到110指挥中心指令，嵩山启母阙附近山上，有一名少年摔伤，情势危急。副所长徐宝庆当即带领3名联防队员赶赴启母阙，与同时赶到的登封市消防大队官兵一起，向山上进发。据了解，启母阙位于登封市西北2公里嵩山南麓万岁峰下，为汉代启母庙前的神道阙。启母阙周边，有许多大大小小的山头。摔伤少年是刘唯今年13岁，家住登封市区。21日中午吃过午饭，刘唯和家人一起到启母阙附近的山坡上游玩，不料刘唯在行走中，踩在枯草上，脚下一滑，身体失去重心，顺着山坡滚落下去，后被半山坡一棵大树拦住，刘唯痛苦地喊叫一声，疼得晕了过去。家人站在山坡上大惊失色，却又无计可施，只好打110报警。下午3时许，救援人员走了两个多小时的山路，终于将他护送下山，抬到救护车上。经医生检查，刘唯的尾骨骨折，无生命危险。（文章来源：大河报）

案例分析 /

从上面的两个案例可以看出来，登山这项运动如果不做好充分的准备工作，没有根据自身的情况来选择合适的地形来攀爬，或者在登山的过程中如果不注意相关的安全措施，会带来很严重的后果。那么我们在登山活动前、活动中都应

该做哪些准备工作，了解哪些安全知识呢?

首先，登山是一项有生命危险的运动，需要严肃认真地对待。那么我们该如何准备呢?

一、在登山之前做一些热身运动是很必要的，特别是对于那些平时很少参加锻炼的人，利用10—20分钟做一些肌肉伸展运动，尽量放松全身肌肉，这样攀登时会觉得轻松许多。

二、要提前了解当地的地理环境和天气变化情况，选择一条安全的登山路线，并做好标记，防止迷路。

三、备好运动鞋、绳索、干粮和水。在夏季，一定要带足水，因为登山会出汗，如果不补充足够的水分，容易产生虚脱、中暑。

四、最好随身携带急救药品，如云南白药、止血绷带等，以便在发生摔伤、碰伤、扭伤时派上用场。

五、登山时间最好放在早晨或上午，午后应该下山返回驻地。不要擅自改变登山路线和时间。

六、背包不要手提，要背在双肩，以便于双手抓攀。还可以用结实的长棍作手杖，帮助攀登。

其次，登山是一种享受自然风光的体育活动，登山要注意安全：登山要穿防滑鞋及紧口衣裤，带上绳子、指南针、手电筒和拐杖，以供备用；登山尽量结伴而行，轻装上阵，这样在路上也可以相互帮助；登山出汗休息时，要披上衣服，以防受凉感冒；不能走冒险路，防止滑跌滚落，遇到看不清路面的地方，可用拐杖、树枝或木棍探路；遇到雷雨时不能在高峰处停留，不要在树下、屋檐下避雨，以防雷击；登山或进山要防止迷路，手中没有指南针时要沿途做好记号，以便返回时识别；选择适当方式节省体力，走上坡路时，尽量让脚后跟吃劲，人的重心放在脚后跟上，身体的重量就分配到大小腿乃至腰部，这比用脚前掌爬山要省1/3左右的力，若坡路较平，也要尽量全脚掌着地。走上坡路的第二个窍门是每一次迈步换脚时，最好将主要支撑力量的一条腿伸直，这样腿的承重会部分分散给腰肌，它能让人每走一步，另一条腿就有休息的时间了，用手能减轻双脚负重，爬山时，只要坡度超过45度，就可手脚并用，这样省力；爬坡时可以有点外八字，外八字式迈步便于让脚跟吃重，这样减少了脚背与小腿的角度，肌腱会感到舒服。爬坡时可用手掌压在大腿上助力，一是让手臂和腿形成一个力矩，将臂力转移到腿上；二是手掌的压按有助于大腿肌肉的紧凑而得以发力。当按压着一条腿提迈另一腿时，会觉得像按压着一块石头一样能借上力；别总往高处看。登山时不要总往高处看，尤其是登山之初，因为你的双脚还没有习惯攀登动作，往上看往往使人产生一种疲惫感。一般说，向上攀登时，目光保留在自己前方三五米处最好。如果山路比较陡峭，则可做"Z"字形攀登，这样比较省力；转移注意力。登山是千万不要总是想着山有多高，爬上去还需多少时间之类的事情。不慌不忙、走走停停才能体会到爬山的乐趣，不会错过美丽的风景。在疲惫时，可以多观赏一下周围的景色，也可唱唱歌，转移注意力，倦意会有所消除；下山一定要控制住自己的脚步，切不可冲得太快，这样很容易受伤。同时，注意放松膝盖部位的肌肉，绷得太紧会对腿部关节产生较大的压力，使肌肉疲劳。

通过上述的讲解，相信大家已经对于登山以及登山的相关知识有所了解了，那么就让我们把这些知识牢记心中开始向着我们向往的高山攀登吧！祝大家能够勇攀高峰！

第 *19* 例 户外防中暑安全常识

本节要点 ／

如何预防户外中暑。

现在人们的物质生活丰富了，便开始了享受生活，徒步旅行，野营拉练等户外活动开始流行起来，但是我们在享受生活的同时，还是应该注意安全，毕竟在户

第一章 小学篇

外,充满了挑战性和不确定性。

户外运动常出现的问题就是中暑、迷路、蚊虫叮咬。在这里,我们主要学习一下如何避免中暑。

扩展常识

中暑是在热环境下发生头疼、头晕、心悸、体温升高并伴有恶心、呕吐、严重者发生晕厥。

大热天在野外旅行,体内因热产生的毒素如果不及时排出体外,就会造成人体中暑现象。长时间在阳光照射的热天气下旅行要安排充分的休息时间,并且要在阴凉处,同时应当注意行进中的遮阳及降温,可以用一块湿手巾顶在头上,适当多喝些水,适度敞开衣服并穿短衣、裤。我们出门旅行的时候一定要带上一些治疗中暑的药品。但是主要还是预防。

主要是通过如下方式进行预防:

1.多喝水。大量出汗后,要及时补充水分。外出活动,尤其是远足,爬山或去缺水的地方,一定要带够充足的水。条件允许的话,还可以带些水果等解渴的食品。

2.降温。外出活动前应该做好防晒的准备,最好准备太阳伞,遮阳帽,着浅色透气性好的服装,或者尽量走有阴凉的地方。外出活动时一旦有中暑的征兆,要立即采取措施,寻找阴凉通风之处,解开衣领,降低体温。

3.出门在外应该带上些急救药品。比如说可以随身带一些仁丹,十滴水,藿香正气水等药品,以缓解轻度中暑引起的症状。如果中暑症状严重,应该立即送医院诊治。

如果发生了中暑,就应当立即采取急救措施。首先,应该迅速将病人撤离高温环境,转移到通风透气阴凉的地方,然后解开病人的衣扣裤带,给病人喂含盐的凉开水,使其降温。最后在患者的额部,太阳穴处涂抹风油精或服用人丹、十滴水。如果症状还是没有缓解的话,就应该立即送去医院治疗。

案例现场

一天小周随检查团进行露天安全检查,当天太阳很大,小刘由于走得急,忘了带遮阳用具,刚开始小刘还感觉良好,但过一段时间后就感到头痛、头晕、眼花、恶

心、呕吐，最后竟晕倒在地。(易安网)

案例分析

此事故是由于在室外作业环境气温较高时，人员就感到烦闷，直接影响人员的正常作业。温度超过舒适温度的环境称为高温环境。人能够承受舒适的最高温度是29℃，人的中心体温在37℃以上就感到热，这个时候就很有可能会中暑。

扩展常识

高温影响主要有两方面：一是高温烫伤、烧伤，人体皮肤温度达41~44℃时即感到痛，超过45℃即可迅速引起皮肤组织损伤；二是全身性高温反应，当局部体温达38℃时，便产生不舒适反应。全身性高温的主要症状为：头晕、头痛、胸闷、恶心、呕吐、视觉障碍(眼花)癫痫样抽搐等。温度过高还会引起虚脱、肢体僵直、大小便失禁、晕厥、烧伤、昏迷、直至死亡。人体耐高温能力比耐低温能力差，当人体深部体温降至27℃时，还可抢救存活，而当深部体温达42℃时，则往往引起死亡。了解了防治中暑的方法，就一定要把它用到实处，学以致用。

第20例 摔伤自救处理常识

本节要点

如何处理摔伤的伤口及预防摔伤的常识。

小朋友总是特别好奇，有些小朋友还有些好动，所以，在他们身上很容易出现摔伤的情况，这就需要家长和老师多注意，多教育他们，并且教给他们一些摔伤后的自救措施。在这里我们将会介绍一些自救的方法。

出现伤口并且出血的时候，就需要清洗伤口并擦涂消毒、消炎的外用药然后敷上止血的云南白药，保持伤口局部的温暖干燥；可多吃鸡蛋、瘦肉、豆类、乳类等蛋白质含量多的食品；适当服用维生素C或多吃些新鲜蔬菜和水果；定期换

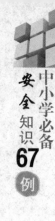

药，保持清洁。这样做，有利于伤口的痊愈。

有些摔伤，可能不会流血，而是肌肉、关节、韧带等扭伤，这个时候不能立即按摩或热敷，以免加重皮下出血，加剧肿胀。应当立即停止活动，使受伤部位充分休息，并且冷敷或用冷水浸泡。待24-48小时以后，皮下出血停止再改用热敷，以促进消散瘀血，消除肿胀。

这种肌肉、关节的扭伤，常发生在雨雪天，那么，雨雪天怎样防摔伤呢?

第一，要尽量少出门，减少户外活动次数，如果确实要出门，要注意防滑，不要穿平滑底的皮鞋，最好穿鞋底粗糙、有花纹的鞋，也可把废旧的袜子绑在鞋底，这样防滑效果会更好些。另外，行走时要尽量避免走过大理石铺的路面，特别是老人、儿童，出门时要有专人陪护。

第二，走路速度要慢，身体稍微前倾，这样便于保持身体平衡，不容易摔倒，即便万一摔倒也留有反应和应对的时间。

第三，一旦遇有较滑的路面，可采用膝关节屈20-30度双脚不离开路面，交替蹭滑的姿势，以防滑倒。

有些人摔倒后皮肤发生了轻微的磕伤或者扭伤，青肿但无破损，应先用冰块冷敷伤处15-20分钟，每天敷3-4次；三天后就可以用热毛巾湿敷了。热敷时，每次15-20分钟，每天敷3-4次，这样青肿很快会被吸收。未见血的跌打扭伤、摔伤后千万别乱揉，冰块冷敷可消肿。有些人摔伤的部位红肿，总以为揉揉可以消肿，这样反而会肿得更厉害。而且，有的人摔得骨折了但并不自知，一旦揉了还可能使骨折错位。因此摔伤后千万不要乱揉，受伤部位也不要受力。如果感觉疼痛千万别勉强自己走，最好找别人搀扶或者以车代步，避免疼痛和加重伤势。

骨折是摔伤的严重后果之一，但除了变形比较明显的骨折，人们自己不太容易判断出是否骨折。人们往往以为如果不太疼痛就应该没有骨折，其实是否疼痛和骨折并没有直接的因果关系。摔伤后千万别拿是否疼痛来当作衡量伤情的唯一标准。

在处理伤口的时候，首先要做的就是清洁伤口。对于见血的伤口，处理的原则要先止血。可以将消过毒的纱布压在伤口上进行止血。如果家中没有备用纱布，可以用毛巾等织布类物品，不可用卫生纸等纸张类物品来压血，这样很可能把细菌带入伤口。

在伤口结痂后不要把血痂抠下来，伤口痊愈的时候血痂会自动剥落，不然又会再次流血，阻碍伤口的愈合。

案例现场 /

2003年4月7日中午1时30分左右，某小学学生陈某与该校另外两个学生涂某、刘某在某中心小学下设的教学点围墙外玩单杠时，涂某与刘某在互相拉扯过程中将陈某从单杠上带下摔倒在地。陈某随即被送往医院治疗，经医院诊断为"脾破裂、巨脾症"，并行手术摘除了脾脏。陈某的伤情经法医鉴定为伤残5级。此后陈某家长就赔偿事宜经与涂某、刘某家长以及学校协商未果，故陈某家长以陈某名义向法院起诉，请求法院判令涂某、刘某和学校三被告赔偿其医药费、住院伙食补助费、护理费、残疾者生活补助费等共计4万余元。（法律网）

案例分析 /

此案例，就是在学生放学后的课余活动时间发生的事情，是很多小学生都会做的事情，但是，危险就这么不期而遇，导致了那么严重的后果。单杠不论在围墙内还是围墙外，其自身均不存在锈蚀、断裂等安全隐患。单杠本身没有造成学生的摔伤，陈某之所以摔伤完全是由于涂某和刘某互相拉扯所致，没有他们的拉扯，陈某不会从单杠上摔下而受伤。所以小学生在玩游戏的时候千万要避免拉扯、推搡。

小朋友做事总是没有轻重缓急，这个时候就需要学校和老师的管理。千言万语还是汇成一句话：凡事小心，珍爱生命。

第一章 小学篇

第21例 割伤自救处理常识

本节要点 /

割伤后的自救方法。

我们在学习生活的当中，难免会和一些比较锋利、尖锐的工具"交手"，它们有些还是我们的生活必需品，所以我们不能通过逃避，不去使用它们来预防危险，只能强壮我们自己才可以彻底打败它们。

之前我们学习了如何正确使用刀具，也了解了在使用刀具的过程中应该注意什么，所以我们应该谨记那些使用方法和生活常识。除此之外，我们还应该知道其他很有可能也会割伤我们的东西，及防御措施。

在一些偏远的地方，有很多小学生就已经开始承担家务了，比如说砍柴，捞鱼等。他们那小小的身板，干这些家务是相当困难的，但还是必须去做，所以就会发生把脚砍伤，或是把脚扎破、划伤等。在这样一个什么都不发达的地方，应该做些什么来救治呢，只能及时送去小诊所，用点止血药，包扎一下，用点消炎药。

想到这样的情景，是不是会让你觉得自己很幸运，所以我们就应该更爱惜自己，避免自己受到伤害，好好学习，去建设我们的国家，让那些偏远山区的孩子也能跟我们一样幸福。

我们在发生割伤、划伤后千万不要紧张害怕。一般的出血，用干净的纱布或手绢、毛巾在出血部位加压包扎即可。如果是手部受伤，也可以用另一只手或由别人对伤处加压，这种方法既安全又有效；如果受伤的是手，而且伤势有比较严重的话，需要用止血带绑住小臂三分之一处，防止流血过多，但是要及时送去医院，在这个途中，我们需要间断性的放松止血带，以免手部因为缺血而坏死。但是要注意不要用尼龙绳、电线等捆扎手腕或上臂等部位，否则不仅不能止血，反而加重出血,有的甚至造成手指坏死。

在送往医院之前,自行处理伤口的时候,千万不要涂抹像紫药水这样有颜色的消毒水,这样会影响医生对伤势的判断。

对于一些手部小的创伤,比如说用针线的时候不小心扎伤,切菜的时候不小心划伤等,这些都可以在家自行处理。手部若被重物压伤,皮肤大多不会破,而出现皮下青紫或血肿,此时要用冷毛巾或冷水袋外敷半小时左右,能防止血肿增大,减轻疼痛。若指甲下出现血肿,可用烧红的针垂直在指甲血肿上刺个小洞,让积血从洞中流出,再贴上护伤胶布,可以止痛并防止指甲脱落。若手被刺,首先应看有否刺入物,若有刺入物就要设法挑出,可以捏紧伤处,用消毒过的针拨开皮肤,挑出异物。

在处理好伤口等待恢复的时候,我们尽量不要吃辛辣刺激的食物,伤口不要沾水,这样会阻碍伤口的愈合。如果伤口在脸上或是其他比较明显的部位,我们不能吃带有色素的东西,比如说酱油、醋等,否则等伤口愈合之后,原伤口部位会有色素的沉积,我们应该多吃点富含维生素的蔬菜及粗粮,这样能加快伤口愈合的速度。

扩展常识

如果是鼻子出血,可以把头抑起,用手指紧压住出血一侧的鼻根部,用手沾点凉水拍打额头,一直到不出血为止。如果有干净棉球,可以把棉球塞进鼻孔里压迫止血,与此同时,还可以用冷水浇在后脑部,用手拍打,这样会使血管收缩,从而达到止血的目的。

也许我们没有办法改变出生,但是我们能改变命运;也许我们没有办法选择父母,但是我们能改变自己;也许我们没有办法避免意外,但是我们能妥善处理。也许这就够了,兵来将挡,水来土掩。依然可以健康幸福。

第一章 小学篇

第22例 日常生活中怎样注意饮食卫生

本节要点

在日常生活中必须很好的注意饮食卫生，否则就会传染疾病，使得身体很不舒服。

俗话说：病从口入。其实就是这个道理。在平时，养成一个良好的习惯是很有必要的。日常生活中要注意饮食卫生，否则就会危害我们大家的身体健康。所以，我们应该注意：

一、养成吃饭前洗手、便后洗手的卫生习惯。俗话说："饭前不洗手，病菌易入口。"我们的两只手，每天不管干什么都会用到，接触各种各样的东西，表面上看起来似乎不脏，可是却残留着一些微小的我们难以用肉眼看见的病菌和病毒等。我们洗手的目的就是为了尽量洗掉手上沾染的病菌和病毒，所以要用香皂皂认真仔细地洗手。但是有的学生只是把手在水里"过"一下，跟水"亲"一下，就这样马马虎虎地洗手，可是那些病菌脏东西仍然留在手上，还是没有达到清洁和卫生的目的。

二、生吃瓜果时先要洗干净或者使用水果刀把皮削掉。黄瓜、萝卜和水果等营养丰富，大家都很喜欢吃，很多人还喜欢生吃，但是在家长买回来生吃之前，大家一定要注意卫生。因为瓜果在生长过程中，都施过粪肥和农药，并且是暴露在外面的，很容易沾染上病菌、病毒和寄生虫卵。如果我们只用水稍微轻轻地洗一下或者是用自己的衣服擦一擦，表面的脏东西虽然擦洗掉了，但病菌、病毒不一定能洗掉，农药也不一定洗干净。我们就这样吃下去，很可能轻则肚子疼或是拉肚子，重则得痢疾、肝炎和伤寒等传染病，也可能会得寄生虫病，也可能造成农药中毒。危害到自己的健康就得去医院打针，是一件很可怕的事情。所以同学们在生吃瓜果时，一定要冲洗干净。

三、不吃过期变质、有异味和胀袋的食品。食品过期就会变得有异味，是因为细菌在食物中起了破坏作用。空气中存在着各种细菌，它们附着在灰尘上随风飞扬，落在食物上，就在食物里大量繁殖，放出毒素。人如果吃了这种含有毒素的食物，就会发生食物中毒，出现恶心、腹疼、呕吐等症状，严重的还会危及到生命。所以，过期有异味的食物是千万吃不得的；而且胀袋的食品也是千万不能吃的，之所以胀袋，是因为食品里有大量的微生物繁殖，产气，也就是细菌的滋生，这样的食品吃了以后最可能发生的就是腹泻。

四、不随便乱吃不认识的野菇、野果、野菜等。有的同学很喜欢采摘野菜野果尝一尝，这样做危险性很大。因为野菜、野果品种极多，哪些是能吃的，哪些是有毒不能吃的，同学们自己是很难分辨清楚的，万一吃了有毒的野果，后果轻则呕吐、拉肚子、手脚麻木，重则会昏迷不醒、甚至死亡。为了大家的安全起见，同学们千万不要乱吃野菜、野果。

五、不买"三无"产品，即无生产厂家、无商标、无出厂日期的食品。我们在选购食品，尤其是购买小零食时，不要买"三无"产品，而且要仔细查看食品有无异常，是否在保质期内。特别是在购买熟食时，要更加留意有没有防蝇设施。苍蝇本身就是病菌、病毒的携带者，所以在购买熟食时，要仔细观察其场所环境是否干净，是否有防蝇设施。

六、饮水讲卫生，不喝生水、冷水。水干净不干净，光凭肉眼是看不出来的，即使看起来清澈透明的水，也不一定是清洁可喝的水，说不定里面藏着肉眼看不见的病毒、病菌和寄生虫卵。如果不经消毒就喝下去，就难免染上痢疾、肝炎、伤寒等传染病。所以喝水一定要喝经过消毒或烧开的水。要注意饮水卫生，不用未经检测、消毒的井水烧煮食物，不饮用生水。与此同时，农村中苦水井的水是不能饮用的，因为这种水亚硝酸盐的含量很高，饮用后很容易发生中毒。

七、讲究个人卫生，坚持"勤洗手、喝开水、吃熟食"，养成良好的卫生习惯。若有腹泻和呕吐等肠胃不适，应及时告知自己的家长，并及时到正规医疗机构就

第一章 小学篇

医治疗。

尤其是在春季,更应特别注意学生们的饮食卫生,提倡分食,减少病毒性肝炎感染概率,此外,老师应该及时提醒尚未接种乙肝疫苗的同学们要注意及时补种。因此更应该要保持良好的个人饮食卫生习惯,注意自己的个人卫生。饮食卫生安全的关键还在于预防,搞好饮食卫生,防止"病从口入"。同学们应讲究个人卫生,要做到勤洗澡、勤洗衣服、勤剪指甲、勤理发,勤换床单和被褥。保持教室、寝室以及周围环境的清洁卫生,同学们要养成饭前便后洗手、从来都不暴饮暴食的良好个人生活习惯。其次,是做到"六不吃",不吃生的冷的食物、不吃没有清洗或者不干净的瓜果蔬菜、不吃腐烂变质变味的食物、不吃没有经过高温加热的饭菜、不喝生水、不吃垃圾零食。最后,就是要从食品标签上能够注意识别食品的质量,选择安全健康的食品。

案例现场

湖北沙洋县47名小学生食用未熟土豆中毒,由于食用未煮熟透的土豆,沙洋县沈集镇中心小学47名六年级寄宿学生中毒。经卫生部门初步调查得知,学校食堂工作人员未严格执行食品卫生操作标准,土豆未煮熟导致食品中毒。武汉大学人民医院消化内科副教授沈磊介绍,发芽土豆和未炒熟土豆内,含有大量龙葵素,食用后对人体运动中枢和呼吸中枢产生影响,导致急性中毒,严重者可导致电解质紊乱,引起昏迷,甚至是死亡。(来自武汉晚报)

案例分析

在本案例中,该学校食堂的工作人员有严重失职行为,给学校的学生们食用未炒熟的土豆,以至于大量的学生中毒,幸好发现及时,让学生们接受了及时的治疗,虽然没有造成重大的损失,但是也给这些学生造成了一些身体上危害,更是给学生的家长带来了一些心理上的损害!所以,不仅是同学们,还有加工食品的工作人员都要深刻的认识到在日常生活中注意饮食安全的重要性。为自己的身体健康负责,从注重饮食过程中的小细节做起,确保自己的生命安全和健康。

第23例 发生食物中毒怎么办

本节要点 /

让同学们了解食品卫生安全知识；认识到食物中毒的特征；提高同学们的自我救助意识；以及要教会同学们如何正确地去预防食物中毒。

扩展常识 /

食物中毒是由于食用含有某种细菌、细菌毒素或混有农药或者含有其他毒物的食物，甚至是在食用了有毒的动植物之后所引起的急性中毒。细菌中毒传染型一般症状为腹痛、呕吐、腹泻、发热等，严重的能引起昏迷和虚脱，甚至死亡。

一、首先介绍食物中毒的种类：

1. 细菌性食物中毒。

它是指因为食用了被病菌或者其他毒素污染的食品以后，所发生的急性或慢性疾病，这是食物中毒中最常见的一种现象。这类食物的中毒发病率相当的高，往往是以集体性突然爆发的，像那些抵抗能力比较弱的患者，例如老人、儿童等的临床症状就比较严重。如果及时抢救，一般病程短，恢复快，得病至死率很低。

案例现场 /

2005年9月21日下午，桃源县漳江镇小学191名学生，带了自制的干菜黄豆酱，中餐后28人出现恶心、呕吐现象。截止下午5时，有83人住院接受检查和治疗。到晚上12时，病情严重的28名学生均已脱离生命危险了。

案例分析 /

这个案例中，学生是因中餐食用了自制的干菜黄豆酱，而引起群体细菌食物中毒。这就是因为干菜里面有很多没有完全杀死的细菌和病毒，导致了这次的食物中毒。

第一章 小学篇

2. 真菌毒素类的食物中毒。

真菌产生的有毒代谢产物, 称为真菌毒素, 它通常在70—80℃的温度下也不会被破坏。有人中毒往往是因为误食了被真菌毒素污染的食品, 也可能是因为食用了被真菌毒素污染饲料喂养的畜禽的肉, 以及奶和其产的蛋而导致中毒生病。食物中毒的发生有一定季节性和区域性, 用化学药物或者抗生素治疗, 疗效差或无效, 反复接触真菌毒素, 人体不会产生抗体。

案例现场

2006年9月5日, 中国教育部办公厅紧急通报了新学期初的学校食物中毒事件。新学期开学后, 四川省崇州市实验小学发生食物中毒事件。9月1日, 崇州市实验小学学生中午在学校食堂食用凉拌猪肉, 9月2日和3日, 陆续有学生出现恶心、呕吐、腹泻、腹痛等症状, 被当地医院诊断为细菌性食物中毒。

3. 含毒素的动植物中毒。

含毒素的有毒动物, 如河豚鱼、有毒贝类(毛蚶)动物肝脏等所引起的食物中毒。

案例现场

2007年4月16日, 福州市台江区3市民在餐馆食用河豚时中毒, 1人死亡, 2人轻度中毒。3月以来, 福州先后发生了3起共6人食用河豚鱼中毒事件, 相关部门正加大力度打击非法加工、经营河豚鱼等违法行为。同时提醒市民勿贪图河豚鱼美味导致中毒。

含毒素的有毒植物例如: 毒蘑菇、发芽的马铃薯、新鲜黄花菜、生豆浆等引起的食物中毒。

案例现场

省卫生厅举行新闻发布会, 就2006年2月9日贵州省乌江水电开发有限公司食堂因购买到有毒野生葷, 造成77名职工食物中毒事件的原因向媒体通报: 经专家检测, 此次食物中毒为误食混有有毒黄粉牛肝菌的大脚菇所致。(金黔在线讯)

4. 化学性的食物中毒。

食物被某些金属、类金属及其化合物、亚硝酸盐、农药等污染, 或误食所引起的食物中毒。

案例现场

2005年3月,河北永年县张西堡镇发生48名学生误食含有亚硝酸盐烧饼的中毒事件。中毒者面部发紫、呼吸急促、心跳脉搏特别快,呕吐不止。据制作"有毒烧饼"的犯罪嫌疑人郭群方交代:因盐不够用,他去亲戚郭万增家拿了一些"盐",正是这些"盐"制作的烧饼引起中毒。郭万增是一名屠宰户,据他交代,这些"盐"是过年前有人做猪血豆腐拿来的(亚硝酸盐具有凝固作用)。

卫生部有关资料显示,由于对亚硝酸盐销售和使用缺乏有效管理,我国亚硝酸盐食物中毒事件每年都发生上百起,已位列化学性食物中毒之首。仅2005年上半年,就发生60多起,共有400多人中毒,造成20人死亡。

二、要让同学们清楚地认识到食物中毒特征:

1. 中毒发病与食物有关。

2. 食物中毒的潜伏期较短:一般食后几分钟到几个小时发病。

3. 胃肠道症状:腹泻、腹痛,有的伴随呕吐、发热。

4. 一般人与人之间不传染。

5. 有明显季节性。

三、提高自我救护意识

若出现上述所说的症状,应怀疑是否食物中毒,并及时到医院就诊,同时报告老师。

四、预防发生食物中毒的措施

1. 养成良好的个人卫生习惯,勤洗手特别是在饭前便后,要用除菌香皂,洗手液洗手。

2. 不吃生、冷、不清洁的食物。

3. 不吃变味变质的剩饭菜。

4. 少吃、不吃冷饮,尽量少吃、不吃零食。

5. 不要长期吃辛辣食品。

第一章 小学篇

6. 不要随便吃野果,吃水果后不要急于喝饮料特别是水。

7. 剧烈运动后不要急于吃食品、喝水。

8. 不到无证摊点购买油炸、烟熏食品,尽可能在学校食堂就餐。千万不要去无照经营摊点饭店购买食品或者就餐。

9. 不喝生水,建议喝标准的纯净水。从家里所带腌制品在校不能超过2天。

10. 谨慎选购包装食品,认真查看包装标志、厂家厂址、电话、生产日期是否标示清楚、合格。

要尽量的防止食物中毒的发生,最重要的是以预防为主。一旦发生了,只要同学们具有较强的食物安全防范意识,大多数食物中毒事故都是可以预防的。希望通过这次的发生食物中毒怎么办的安全教育能使得同学们提高警惕,增强自我的饮食健康安全意识,掌握食物中毒的自救技能,希望同学们都能远离事故,天天平安幸福。

第24例 正确清洗蔬菜水果的方法

本节要点

为什么要清洗蔬菜水果以及正确清洗蔬菜水果的方法。

蔬菜水果的正确清洗非常重要,有效的清洗和洗涤能去除水果蔬菜上大量的细菌、农药残留和能清理掉几乎所有全部的寄生虫卵。所以,在吃水果蔬菜之前,要用正确的方法彻底清洗方可去除绝大部分细菌。

水果、蔬菜都含有大量丰富的营养物质,对我们人体的健康是必不可少的。并且,水果蔬菜的味道鲜美,我们大家都非常喜欢吃。但是水果和蔬菜需要清洗干净,有些甚至需要经过加工处理之后才能食用。

在农村的同学们,在食用水果蔬菜方面就有着得天独厚的条件。在他们所居住的村子里大多都有菜园或果园之类的,甚至有的同学自己家里就种植着果树和蔬菜。自己什么时候想吃就什么时候摘下来，美美地吃一顿。根本就没有想到先要去洗一洗。

大家就得问了，水果、蔬菜为什么要洗后才能食用呢？有个很重要的原因：首先，现在种植水果、蔬菜为了让它们都生长的很好，根本离不开使用农药。农药的残留余毒肯定会留在水果、蔬菜的表面，同学们如果不洗就直接吃到嘴里，农药的残毒肯定就会随之进入到身体内，对我们的身体造成伤害。其次，是因为水果、蔬菜本身就含有着丰富的营养，这些营养不仅对我们的人体有益，而且那些微生物也特别喜欢。所以在水果、蔬菜的表皮会滋生有许多的微生物，其中含量较多的属酵母菌和细菌。同时，有的蔬菜如胡萝卜、萝卜等都是直接生长在土壤里，在种植过程中还要经常施用农家肥、化肥等肥料，所以细菌等微生物就会直接粘附在蔬菜的表皮上。如果从地里拔出，不洗干净，直接食用，就会引起痢疾等疾病。所以食用水果、蔬菜时一定要彻底清洗干净后再吃，不要为了害怕麻烦，而不愿动手去清洗而生吃瓜果，从而造成不必要的一些伤害。

扩展常识 ╱

微生物是一切肉眼看不见或看不清楚的微小生物的总称。它们是一些个体微小、构造简单的低等生物。主要有原核生物类的细菌、放线菌、蓝细菌等。

今天，在这里就教给大家几种正确清洗水果蔬菜的方法：

一、对于那些果皮可以食用类的水果蔬菜，例如苹果、桃子、西红柿和苦瓜等。

正确的清洗方法：流动清水冲洗法。在自来水下搓洗30—60秒，借水的清洗及稀释能力，应可把残留在果蔬表面上的农药去除掉。自来水冲洗有助于去除水果蔬菜上98%的细菌。顽渍可用蔬菜刷或手指擦洗，但桃子西红柿等较软的水果蔬菜就不宜用力搓洗，以免破皮导致其营养物质的破坏。也可利用软毛刷配合不断流动的清水清洗。

二、对于那些剥皮食用类的水果蔬菜，例如西瓜、哈密瓜等瓜类、橙子和香蕉等。

正确的清洗方法：用蔬菜刷或者未使用过的牙刷，在自来水下刷洗表皮30—60秒。尽管此类水果的皮一般不直接食用，但是这些水果往往是经过很多人之手，表皮

第一章 小学篇

（特别是褶皱处）难免就会粘附上细菌。而剥皮或刀切的时候，果蔬皮上的细菌也有可能会趁机而入，进入果肉。

三、对于那些成串类的水果蔬菜：如各类浆果和葡萄等。

正确的清洗方法：是将成串果蔬去除茎后，放入漏勺，然后用自来水喷嘴冲洗至少60秒。然后再用纸巾擦干水果，可以进一步清除细菌。

四、对于那些叶类的水果蔬菜：例如菠菜和莴笋等。

正确的清洗方法：剥去外层的老叶子，用清水冲洗30—60秒。然后晾干水分。即时是售前清洗过的绿叶果蔬，烹饪前也最好用水冲洗一下。另外像高丽菜、大白菜等包叶菜类蔬菜，可将外围的叶片丢弃，内部菜叶则逐片冲洗。至于小叶菜类，如青江菜、菠菜、小白菜等蔬菜的叶柄基部，水果的向上凹陷处，都易残留农药，需要小心仔细的冲洗或者进行部分切除。

除此之外，还可以在清水中滴几滴餐具洗涤剂，搅拌一下，再将瓜果蔬菜表面泥土脏物洗去后，放在里面浸泡十来分钟，捞出后沥清水，即可放心大胆地食用。这是因为农药等有毒物质在生产过程中，要加入一些油性载体，以便喷洒和使用时能有效地粘附在农作物表面，从而达到杀灭害虫的目的。这些有毒残余粘附着物和其他的细菌，光是用清水是无法洗干净的。而餐具洗涤剂中含有多种活性物和乳化剂，能把各种污渍和有害物质变成溶解于水的乳经物，漂洗时随水冲走。此外，餐具洗涤剂还含有杀菌消毒成分，适量使用能够除去对人有害的微生物，将细菌拒之门外。

同学们，在日常生活中为了我们大家更安全、更健康的享用水果蔬菜，请保持或者养成上述良好的清洗习惯。尽可能地降低或避免蔬菜瓜果中农药残留毒物对我们的危害。

第25例 引导因事故受到心理创伤的小学生进行自我救助

本节要点 /

我们主要给同学们介绍几种典型的因为事故受到心理的创伤，引导同学们该进行怎样有效的自我救助。

扩展知识 /

心理创伤，是指由某种直接的外部力量（生活事件）或强烈的情绪伤害造成的心理损伤，尤其是与这些生活事件有关的天灾人祸所引发的强烈的情感反应。很多的突发事件（例如恐怖袭击、沉船、撞车等）和自然灾害（如地震、洪水、火灾等），都会对生活在和平日子、没有危机意识的人及同学们产生巨大的冲击力，从而使得大家的心理上遭受着重大的创伤，尤其对老人和孩子的影响最大。

华东师范大学心理学教授以及上海博爱医院心理咨询中心主任徐光兴曾经介绍说过，当个人遭遇不幸事件的袭击之后，最重要的是稳定和控制好自己的情绪，进行自救和互救，为自己和周围人的恐惧与压力松绑。

"五·一二"汶川大地震，"九一一"事件以及SARS、印度洋海啸等灾难后给余生者都带来了难以愈合的精神创伤，许多人产生了焦虑、抑郁、恐惧、反复持久地不能忘记痛苦、出现回避行为等症状。临床发现，心理创伤往往是引发许多严重心理问题的重要根源，如童年期的性骚扰及性虐待、情感和躯体虐待、情感和躯体忽视，以及遭受暴力、袭击等虐待性行为经历，都会导致各种相应的心理问题和心理疾病的出现，如相关的人格障碍、神经症、抑郁症、恐惧症、强迫症等。

所以正确地理解和评价创伤心理，引导帮助同学们进行有效的自我救助是非常有必要的。下面为同学们介绍引导心理创伤自我治疗缓解的五种方法，主要方法如下：

第一章 小学篇

一、要及时交流

受害者应该多和自己的亲戚、好朋友交流自己的看法和感受,多与那些关心你爱护你的人呆在一起,他们能为你提供良好的心理支持。同时,也可以组织灾后青少年学生参加一些适合于他们年龄段的团体活动,如做游戏、画画、演讲、球类运动等。不论是谁,要直接去描述痛苦的回忆都不是一件容易的事,尤其儿童的情绪、表达能力远不如成人,使用活动为媒介可以起到治疗的作用,帮助灾后青少年学生借由活动来回溯,且不易引起自我防御,在安全的气氛下探索受创的心灵并能深入的表达出情绪,获得宣泄。

二、要勇敢地承认现实

不幸的事情已经发生了,所有的心理创伤也已经形成,造成的严重后果既然我们都已经无法挽回,就不应该反复持续地去逃避问题,就应该宽慰自己、承认现实,这样的结果会比垂头丧气、痛不欲生好得多。

三、升华痛苦

创伤和挫折通常给人带来心理上的压抑和焦虑。如果我们一味地憋气烦闷,颓废绝望,其实是在用已经发生的不幸继续在心理上不断地惩罚着自己。善于心理自救者,能够学会将那些消极的情绪转化为积极的情绪,努力将创伤、压力转化为动力,将那些不良的情绪升华为一种力量,投入到对自己、对别人、对社会都有利的事情中去,在获得成功的满足同时,也消除了压抑和焦虑的情绪,从而达到积极的心理平衡。

四、转换视角

有时候,在同一个现实或者同一种情境,如果从这个角度来看,可能会引起消极的情绪体验,陷入心理困境;而从另一个角度来看,就可能发现一些积极的意义,从而使那些消极的情绪转化为积极的情绪。在审视、思考和评价某一个客观现实的情境时,同学们你们要学会转换视角,换个角度来看问题,就会有意想不到的收获,常常会淡化消极情绪。

五、心理疏导法(适度宣泄)

当一个人受到创伤时,要用意志力量压抑情绪,谈笑自如,这样只能缓解表面紧张,是不能解决根本问题,有的甚至还会陷入更深的心理困境,带来更大的心理危害。

善于心理自救者,总是选择合适的方式来宣泄心中的苦痛,例如受害者可以对自己的至亲好友诉说心中的委屈和痛苦;或者诉诸文字,让心中的苦水流泻出来;或是干脆在适当的场合,好好地发泄发泄,例如大哭一场,大叫一番等,这也是陷入极度心理困境的最佳自救策略。

案例现场

2008年5月12日发生在四川汶川的8级地震,造成的死亡人数让人触目惊心,地震给人类造成巨大的灾难,留给人们的只有吸取教训,减少损失,关注生命,远离伤痛。我校为了保证发生灾难时,师生能快速、有序、安全疏散,保护师生的生命安全,最大限度地减轻灾害造成的损失,结合实际,开展了疏散演练活动,但每次我班总有几个孩子不配合活动,自我保护意识不强。周一下午是学生最喜欢的活动课,正当他们玩得开心的时候,突然听到紧急的集合铃声,要紧急集合了。我立刻叫学生以最快的速度离开教室。大部分学生都能和好配合,可是有个别学生像什么事也没有发生一样。我生气地叫:"杨帆,快,地震了,排队。"他慢慢地放下了手中的剪纸。几个学生嘴里却嘀咕着:"又不是真的地震。"好不容易到达安全地方,我立即组织全体学生蹲下抱头,我进行清点人数,并向学校上报本班学生到数情况。但学生还不时发出吵闹的声音。(百度文库)

案例分析

通过这一次的紧急疏散演练活动,充分体现出了学生在自护、自救能力方面的缺欠,针对这样的现状,我们老师也作出了相应的对策,帮助孩子尽快增强安全意识,提高自我保护能力,学会简单的自救。

首先,让学生知道事故发生后的严重后果。现在的学生一直就在父母的呵护下快乐的成长,没有经历过什么挫折,不知道到发生事故后的严重后果,我通过看真实纪录片、讲故事,进行教育。我们就利用班队会进行安全教育,让他们看地震、发洪水时的真实纪录片,原来美丽的地方突然变为废墟,很多人都在这时丧失了生命,失去了家园,灾区人民没有吃,没有穿,小朋友失去了妈妈。通过活动,学生知道了事情的严重性。

其次,让学生通过一次次的随机教育,逐步学会了自救,自我保护的能力。

第一章 小学篇

第二章 初中篇

第26例 合理对待路边小吃的常识

本节要点

了解路边摊的卫生方面的常识，小吃的种类以及它们的危害。

随着社会的发展，人们的生活水平也就越来越高，生活节奏越来越快，这样就出现了"快餐热"的场面。但是，在我们享受美食的时候，又有多少人注意过这些小吃原材料和它们的营养成分呢？所以，为了我们的身体健康，了解路边小吃的种类和危害可见是非常必要的。北京市海淀区卫生局卫生监督所队长谭梁之指出，路边摊在卫生方面有"四宗罪"：一是未经卫生部门批准，暴露在马路边上，其卫生状况毫无保证；二是摊主无健康证不说，不讲究卫生是普遍现象，他就曾亲眼见到冬天冻得不行的摊主用手擤完鼻涕后，直接用手抓食物；三是各类用具基本不清洗，更别提消毒了；四是制作原料、调料等多为低劣产品。醋是工业"冰醋酸"加色素、水兑来的；辣椒是用色素混上玉米粉等制作而成；而所谓羊肉串多是在猪肉上浇了羊油。

下面介绍一下路边小吃的十大种类：

一、麻辣烫

大众喜爱程度：☆☆☆☆☆

危害1：因为麻辣烫的制作原料里，有很多作为配料的海产品，为了使海产品更新鲜以及增加它们的保鲜时间，不少小商贩利用国家禁用的工业碱、福尔马林炮制。据了解，工业碱价格比食用碱低，但含有大量对人体有害的杂质。而福尔马林的毒性相当大，使用后易引起口腔、咽部、食管等不适，严重的会发生病变，大量食用或经常食用甚至会诱发癌变。

危害2：麻辣烫顾名思义，它的口味主要以辛辣为主，虽然味道能很好的刺激我们的食欲，但是同时由于过辣过热过油腻，对肠胃的刺激也很大，容易导致高脂症、十二指肠溃疡等疾病。

危害3：因为麻辣烫主要以菜为主，街边的麻辣烫又常常是满满的一锅，如果没有烫熟，病菌和寄生虫卵就不会彻底杀死，食用后容易引起消化道疾病。

危害4：人的口腔、食道和胃黏膜一般最高只能耐受50℃至60℃的温度，太烫的食物会损伤黏膜，导致急性食道炎和急性胃炎。

二、毛鸡蛋

大众喜爱程度：☆☆☆

危害1：毛鸡蛋含有大肠杆菌、沙门氏菌等多种病菌，食用后容易出现恶心、呕吐、腹泻等症状。

危害2：很多专家指出，毛鸡蛋里含有的激素较高，儿童和青少年正是长身体的时候，长期食用，可能会影响青少年的发育。

三、臭豆腐

大众喜爱程度：☆☆☆

危害1：　由于某些人为了利益，不顾消费者的健康，改变传统的做法，用硫酸亚铁可产生黑色，再加上其他的臭味物质，即形成了臭豆腐。过多的铁对人体的肝脏会产生伤害，其臭味物质可能是蛋白质的腐败而成，所以说它有致癌性的可能。

四、烤肉、烤串

大众喜爱程度：☆☆☆☆☆

危害1：肉串的配料的化学成分可导致身体内的正常细胞失常而发生癌变。

危害2：路边的小商贩用来穿肉串的签子，有的表面上有金属铬，在高温熏烤下，会被肉吸收，同时食用下去，对身体的危害非常大。

第二章　初中篇

危害3：有的商贩为了利益，用来烤的肉可能是流浪的动物或者死亡的动物的肉。

五、油条油饼

大众喜爱程度：☆☆☆☆☆

危害1：我们如果注意观察街边炸油条油饼的锅里的油的颜色，我们看见的不是油的清亮，而是黑色的。这说明总反复翻滚的油中含有了大量的致癌物——丙烯酰胺。

六、煎饼果子

大众喜爱程度：☆☆☆☆

危害1：煎饼果子中的火腿肠大多是市面上很便宜的，保质期很短的。有些商贩会使用过期的火腿肠，以致我们吃完会发生呕吐，腹泻等症状。

七、烤红薯

大众喜爱程度：☆☆

危害1：用煤炭烘烤红薯会产生毒素，人们吃了被污染的烤红薯容易中毒，严重者，其消化、呼吸系统会受到损害。

危害2：路边上的烤红薯炉多半是使用废弃的铁桶做成的，没有经过彻底的消毒，红薯在桶里经过高温的烘烤后，会吸附许多的桶内化学物质，对神经系统会产生危害。

危害3：有些商贩会把长了黑斑的红薯烤着卖，黑斑病菌含有毒素，人吃了会出现呕吐、腹泻等症状，严重者会出现高烧、抽搐、昏迷甚至死亡等情况。

八、海鲜排挡

大众喜爱程度：☆☆☆☆

危害1：商贩为了更好地牟利，使用的海鲜有很多都不是新鲜的，他们利用化学物质来延长海鲜的保鲜期，这样会对身体造成很大的危害。

九、炸鸡翅

大众喜爱程度：☆☆☆☆

危害1: 因为我们使用的炸鸡翅, 在之前是使用各种配料腌制好的, 所以有些商贩抓住这一点, 利用臭鸡翅, 通过腌制掩盖臭味, 这样会导致我们食用后呕吐、腹泻等症状。

十、包子

大众喜爱程度: ☆☆☆☆☆

危害1: 我们在街边食用的包子, 里面的肉馅有些商贩用猪肉瘤和可以食用的新鲜肉类放在一起, 食用以后会对人体造成伤害。

这些都是生活当中最常见的食物, 也是经常会出现在我们饭桌上的东西, 经过了上述的学习, 让我们了解这些食物对我们身体的危害, 所以为了自己的健康, 为了亲人朋友的健康, 请健康合理的饮食。

第27例 了解重大的传染病及简单的用药常识

本节要点

知道我国法定传染病的种类, 了解我们学校生活中, 重大的传染病的种类以及传播的主要途径、临床症状。学会简单预防传染病的知识。

一、我国法定传染病的种类及名称

传染病防治法规定的传染病分为甲类、乙类和丙类, 共三类37种。

甲类传染病2种, 包括: 鼠疫、霍乱。

乙类传染病25种, 包括: 传染性非典型肺炎、艾滋病、病毒性肝炎、脊髓灰质炎、人感染高致病性禽流感、麻疹、流行性出血热、狂犬病、流行性乙型脑炎、登革热、炭疽、细菌性和阿米巴性痢疾、肺结核、伤寒和副伤寒、流行性脑脊髓膜炎、百日咳、白喉、新生儿破伤风、猩红热、布鲁氏菌病、淋病、梅毒、钩端螺旋体病、血吸虫病、疟疾。

丙类传染病10种,包括:流行性感冒、流行性腮腺炎、风疹、急性出血性结膜炎、麻风病、流行性和地方性斑疹伤寒、黑热病、包虫病、丝虫病,除霍乱、细菌性和阿米巴性痢疾、伤寒和副伤寒以外的感染性腹泻病。

上述规定以外的其他传染病,根据其暴发、流行情况和危害程度,需要列入乙类、丙类传染病的,由国务院卫生行政部门决定并予以公布。

二、学校中的传染病种类及症状

1. 出疹性疾病:

(1)麻疹:由麻疹病毒引起的急性呼吸道传染病,好发于冬春两季。临床特征为发热、流涕、咳嗽、眼结膜炎、口腔黏膜斑及全身皮肤斑丘疹。其发疹特点为先热后疹,皮疹颜色深,疹间参差不齐,手摸粗糙,疹后皮肤呈皮糠样改变。传染期一般为出疹前5日至出疹后5日,以潜伏期末到出疹后1-2日传染性最强。患病后可获得持久免疫力,第二次发病者较少见。

(2)风疹:由风疹病毒引起的急性呼吸道传染病,儿童普遍易感,易呈暴发流行。流行季节为冬春季,临床特征为发热,皮疹,耳后及枕部淋巴结肿大。皮疹颜色淡,出疹均匀,整齐,疹后皮肤光滑,干净如常。

2. 流行性腮腺炎:简称流腮,由腮腺炎病毒所引起,全年均可发病,但以冬春为主。临床特征为发热及腮腺肿、痛。腮腺炎其病虽不可怕,然而其并发症却十分可怕。

可能导致:(1)男生睾丸炎:较大儿童及体弱患儿易并发睾丸炎,常有一侧或双侧睾丸肿大、疼痛。若治疗不及时出现睾丸萎缩而引起无精症,故而不生育;(2)卵巢炎:10岁以上女患儿易并发卵巢炎。症状是小腹部及腰骶部疼痛、全身乏力,发烧较重可达39℃以上。治疗不及时,婚后不孕;(3)脑膜炎:在腮腺肿大一周后出现嗜睡、呕吐、头痛、颈项强直、发烧39℃以上,一般无抽搐。

3. 手足口病:是肠道病毒引起的常见传染病之一,多发于5岁以下的婴幼儿。最典型的起病过程是发热(体温在39℃以下),进而出现咽痛,幼儿表现为流口水、拒食。手、足、口腔可发现皮疹、丘疹或疱疹,伴有咳嗽、流涕、食欲不振、呕吐等症状。个别患者可引起心肌炎、肺水肿、无菌性脑膜炎等致命性并发症。

4. 流行性感冒：是由流感病毒引起的急性呼吸道传染病，流行无明显季节性，以冬春季节为多。临床特点为急起高热，体温达39~40℃甚至更高，伴头痛、全身酸痛等。以全身中毒症状重，而呼吸道症状轻为特征。

5. 水痘：是一种常见、多发的儿童传染病，由带状疱疹病毒引起。临床特点是皮肤粘膜出现瘙痒性水疱疹。水痘结痂后病毒消失。接种水痘疫苗是预防这种传染病的有效措施。并发症：皮肤继发感染：最常见，如脓疱疮、蜂窝组织炎等；水痘肺炎；心肌炎、脑炎。

6. 乙脑：为乙型脑炎病毒引起的中枢神经系统的急性传染病。流行季节为7、8、9三个月，传播途径是蚊子叮咬。临床上以高烧、意识障碍、抽搐及脑膜刺激症为特征。

三、在校园中，简单的预防传染病的常识

因为学校是人群比较集中的地方，所以一定要每天开窗通风，保持室内的空气新鲜，特别是宿舍、教室等处；尽量避免到人口密集、空气污染的公共场所；勤洗手，最好用流动水，用洁净的毛巾擦手；水杯、餐具、毛巾等物品，最好保证每人都有专用的，养成良好的个人卫生习惯；到医院就诊，最好戴口罩，避免感染；养成良好的作息习惯，防止感冒；注意饮食，多喝水、多吃水果蔬菜，增加机体免疫力；加强自身的体育锻炼，增强体质，多做一些户外活动；身体有异样时，一定要及时就医，在医生指导下用药；避免与携带传染病的患者接触，尽量不去传染病疫区；对于携带传染病患者居住过的房间以及用过的物品，要及时消毒。

在学校，老师们要每天对学生进行检查，如发现问题，要及时与家长取得联系，等过了传染期，再允许其返回学校，以免疾病蔓延。

春季传染病虽然种类繁多，但只要我们重视预防工作，做到早发现、早隔离、早诊断、早治疗，就可以有效阻断传染病的流行与传播。

愿同学们都有一个美好的春天，都有一个健康的体魄！愿每个家庭的孩子都能健康成长，梦想成真。

第二章　初中篇

第28例 外出或在公共场所自我防范常识

本节要点 /

了解我们日常生活中, 所能接触到的公共场所的名称。知道我们外出所需要的必备品以及外出或在公共场所自我防范的常识。

中学生正处于青春期, 向往自由自在的生活, 同时也是对很多社会上的事物产生好奇心的特殊时期, 勇于尝试新鲜刺激的东西, 对于这样的我们, 了解一些公共场所的常识以及学会一些自我防范的常识是非常必要的。

一、日常生活中的公共场所名称

现在的公共场所的种类和样式是越来越多了, 从最开始的车站、理发店、浴室到之后的宾馆饭店、商场、体育场、游泳馆再到现在的咖啡店、酒吧、展览馆等。随着社会的发展, 可能在此之后还会有更多的公共场所, 但是, 现在我们需要把现有的这些公共场所的情况加以了解, 这样才能保证我们不会遇到意外。

二、外出旅游的必备品

现在外出度假、旅游的人越来越多, 所以我们必须在出发前, 准备好我们外出的必备品, 比如说以下的一些常用品:

1) 文件类: 机票车票, 护照, 身份证, 旅游指南手册, 地图, 旅行日程表, 地址电话通讯册;

2) 小用具: 手机, 相机, 手电筒, 电池, 指甲刀, 针线包, 纸笔;

3) 穿戴类: 备换服装, 备换鞋, 睡衣, 生理用品, 毛巾, 化妆品, 防晒用品, 太阳镜, 饰品;

4) 饮食: 必要的药品, 饮料, 食品;

5）急救药品：红药水，云南白药，创可贴，纱布，体温计，止疼药，骨伤贴药等。

三、外出或公共场所自我防范的常识

外出或在公共场所，因为环境的问题，我们身边会出现各种紧急事件，遇到的情况会比较复杂，我们作为中学生，社会阅历并不是很多，所以尤其需要提高警惕，在自我防范方面应当注意：

1. 一定要熟记自己的家庭住址、家长的电话号码，以便在有突发状况时能与家长或监护人及时取得联系。

2. 一个人外出前，要将自己的外出行程和大致返回的时间明确告诉家人或朋友。

3. 外出游玩或到公共场所购物最好结伴而行，避免独来独往。

4. 不接受陌生人的钱财、礼物、食品，与陌生人交谈要提高警惕，不要谈论自己的隐私，比如：家庭住址、家长联系方式、身份证号码等。

5. 不独自去偏僻的街巷、黑暗的地下通道，在天黑以后，避免一个人在陌生的地方行走，不独自一人去偏远的地方游玩。

6. 外出一定要乘坐手续齐全的出租车，不要乘坐拼车或黑车，更不要搭乘陌生人的便车。

7. 外出时，穿着要朴素，不随身戴名牌手表和贵重饰物，不炫耀自己家庭的富有，更不要表现出来。

8. 携带的钱物要妥善保存好，在等车时，不委托陌生人代为照看自己携带的行李物品。

9. 在外出的过程中，不接受陌生人的邀请同行或去家里做客。

10. 外出要按时回家，如有特殊情况不能按时返回，一定要及时告知家人，并说明原因以及所在的地点。

11. 不把家中房门钥匙挂在胸前或放在书包里，应放在衣袋里，以防丢失或被坏人抢走。

第二章 初中篇

12. 不要把身份证及银行卡同时放在钱包里，以防钱包不慎丢失可能会损失到我们银行卡里的钱财。

13. 在外出以前，要对去的地方的环境、天气做大致的了解，以免对我们的出行带来不必要的麻烦。

第29例 对轻微的火情怎样紧急应付

本节要点

了解我们身边引起轻微火情的原因以及发生火灾应如何报警，并掌握一些简单的紧急应对措施。

我们的生活离不开火，它可以帮助我们完成很多事情，但是有利就有弊，如果我们对火使用不当或者管理不好，就会发生弊的一面——引发火灾，那样就严重的威胁到了我们的正常生活，更严重的甚至会威胁到我们的生命。作为青少年的我们，更应该对火灾有一些了解，要知道：我们每一个人都可能成为火灾的引发者或者是受害者。更应该掌握一些基本的消防知识，做到居安思危，增强抗御火灾的能力。

一、引发火灾的主要原因

由于现在生活的节奏快，人们的压力大，所以每天的时间都会很紧张，这样就会造成我们防火意识不强，缺乏防火意识或者存在侥幸麻痹的心理，这些都是造成火灾的主要原因。

火灾主要包括下面五种：

1. 用火不慎——存在侥幸麻痹的心理，不按照安全制度的要求使用火，或者不良的生活习惯等都会造成火灾。包括不正确的使用炉灶、蜡烛等明火照明、生火取暖等。

2. 电器火灾——电器设备在安装或者使用的过程中，违反安全制度，没有按照正确的使用说明安装，或者线路老化、短路、乱拉电线等都会造成电器火灾。

3. 在我们日常生活中，吸烟、乱扔烟头、火柴梗、卧床吸烟、将烟灰缸内的未熄灭的烟头倒进纸篓等这些举动，都可以引起火灾；当每年的节日，不在规定的安全范围内乱放鞭炮的行为，也可以引起火灾。

4. 人为放火——个人恩怨，报复放火，为了保险索赔放火，精神病人放火等人为的行为。

5. 自然起火——雷击、地震、自燃等引起的火灾。

二、发生火灾应如何报警

如果我们身边发生火灾，最重要的就是报警，这样才能阻止火势的蔓延，并且能尽快的扑灭火灾，把火灾的损失和伤害降到最低。

应该牢记火警的电话号码119，并且知道，在全国各地任何地区，火警的电话号码都是一样的。

发现火灾，应该立即使用电话报警。如果身边没有携带电话，应马上找到附近的电话拨打火警报警电话。

当火警电话接通以后，不要紧张，要向消防部门讲清楚起火的具体地点，越清楚越详细越好，同时也要尽量讲清起火的物品以及火势的大小。

报警以后，尽量在路口等候消防车，做指引的工作，为灭火争取时间。

不随便拨打火警电话，明白谎报火情是违反社会公共秩序的行为。

如果在条件十分恶劣的情况下，没有通讯工具，一定要大声的呼救，让邻居、行人来帮忙协助灭火。

轻微火情的紧急应对常识

火灾发生以后，一定要及时报警。对突然发生的比较轻微的火情，我们更应该掌握一些简单的应付常识，来解决这种紧急的情况。

水是我们身边最常见的也是最常用的灭火剂，木头、纸张、棉布等引起的火灾，我们可以选择用水直接扑灭。

通常我们还会选择用土、沙子、浸湿的棉被等盖在起火处，这样可以隔绝空

第二章　初中篇

093

气中的氧气, 有效的灭火。

当起火的火源是由酒精或者油类引起的时候, 切记不可用水直接去灭火, 可用沙子、土或者浸湿的棉被覆盖在起火处。

当家用煤气起火时, 可用浸湿毛巾或抹布覆盖在起火点上, 并且迅速的关闭煤气阀门。

当家用电器起火时, 切记不可用水或浸湿的物品覆盖在上面。因为水是导体, 这样会发生触电事故。一定要先切断电源, 然后再进行灭火。

作为初中生, 我们应该学会使用灭火器。当火灾火势比较大的时候, 我们可以正确的使用灭火器来灭火。

第 *30* 例 不将利器及易燃易爆物品带去学校

本节要点 /

知道在我们日常生活中常见的易燃易爆物品, 并熟悉危险的标志图片。了解利器及易燃易爆物品的危害。

学校——是我们学生时代所处时间最长的地方, 由于教育事业的发展, 现在每个学校都会有化学实验室, 那里贮存着很多易燃易爆物品以及有毒的物品, 为了更好的学习知识, 保护好学校财产和我们的个人安全, 我们一定要学好本节的内容。

一、生活中常见的易燃易爆物品

（一）认识哪些物品是易燃易爆物品

1. 各种鞭炮

2. 火药、炸药、雷管

3. 液化气

4. 有些实验药品, 如磷

二、学会看危险标志

B1 主标志	
标志1　爆炸品标志	**标志2　易燃气体标志**
底色: 橙红色	底色: 正红色
图形: 正在爆炸的炸弹 (黑色)	图形: 火焰 (黑色或白色)
文字: 黑色	文字: 黑色或白色
标志3　不燃气体标志	**标志4　有毒气体标志**
底色: 绿色	底色: 白色
图形: 气瓶 (黑色或白色)	图形: 骷髅头和交叉骨形 (黑色)
文字: 黑色或白色	文字: 黑色
标志5　易燃液体标志	**标志6　易燃固体标志**
底色: 红	底色: 红白相间的垂直宽条 (红7、白6)
图形: 火焰 (黑色或白色)	图形: 火焰 (黑色)
文字: 黑色或白色	文字: 黑色
标志7　自燃物品标志	**标志8　遇湿易燃物品标志**
底色: 上半部白色, 下半部分红色	底色: 蓝色
图形: 火焰 (黑色或白色)	图形: 火焰 (黑色)
文字: 黑色或白色	文字: 黑色

标志9　氧化剂标志	标志10　有机过氧化物标志
底色: 柠檬黄色	底色: 柠檬黄色
图形: 从圆圈中冒出的火焰 (黑色)	图形: 从圆圈中冒出的火焰 (黑色)
文字: 黑色	文字: 黑色

标志11　有毒品标志	标志12　剧毒品标志
底色: 白色	底色: 白色
图形: 骷髅头和交叉骨形 (黑色)	图形: 骷髅头和交叉骨形 (黑色)
文字: 黑色	文字: 黑色

标志13　一级放射性物品标志	标志14　二级放射性物品标志
底色: 白色	底色: 上半部黄色
图形: 上半部三叶形 (黑色) 下半部白色	图形: 上半部三叶形 (黑色)
下半部一条垂直的红色宽条	下半部两条垂直的红色宽条
文字: 黑色	文字: 黑色

标志15　三级放射性物品标志	标志16　腐蚀品标志
底色: 上半部黄色	底色: 上半部白色
下半部白色	下半部黑色
图形: 上半部三叶形 (黑色)	图形: 上半部两个试管中液体分别向
下半部三条垂直的红色宽条	金属板和手上滴落 (黑色)
文字: 黑色	文字: (下半部) 白色

B2	副标志
标志17 爆炸品标志	**标志18 易燃气体标志**
底色:橙红色	底色:红色
图形:正在爆炸的炸弹(黑色)	图形:火焰(黑色)
文字:黑色	文字:黑色或白色

标志19 不燃气体标志	**标志20 有毒气体标志**
底色:绿色	底色:白色
图形:气瓶(黑色或白色)	图形:骷髅头和交叉骨形(黑色)
文字:黑色	文字:黑色

标志21 易燃液体标志	**标志22 易燃固体标志**
底色:红色	底色:红白相间的垂直宽条(红7、白6)
图形:火焰(黑色)	图形:火焰(黑色)
文字:黑色	文字:黑色

标志23 自燃物品标志	**标志24 遇湿易燃物品标志**
底色:上半部白色,下半部红色	底色:蓝色
图形:火焰(黑色)	图形:火焰(黑色)
文字:黑色或白色	文字:黑色

标志25　氧化剂标志	标志26　有毒品标志
底色:柠檬黄色	底色:白色
图形:从圆圈中冒出的火焰(黑色)	图形:骷髅头和交叉叉骨形(黑色)
文字:黑色	文字:黑色

标志27　腐蚀品标志
底色:上半部白色,下半部黑色
图形:上半部两个试管中液体分别向金属板和手上滴落(黑色)
文字:(下半部)白色

三、化学实验室里的化学品贮存的注意事项

(1)易燃液体主要是有机溶剂,如乙醇、乙醚、丙酮、二硫化碳、苯、甲苯、汽油等,它们极易挥发成气体,遇明火即燃烧。这些液体应单独存放,要注意阴凉、通风,特别要注意远离火种。

易燃固体无机物中的硫磺、红磷、镁粉和铝粉等,着火点都很低,存放处应通风、干燥。白磷在空气中可自燃,应保存在水里,放置于避光、阴凉处。要经常检查瓶中的水量,防止水分蒸发使白磷露出水面。

(2)遇水燃烧爆炸的物质有金属钾、钠、钙、电石和锌粉等,可与水剧烈反应,放出可燃性气体,极易引起爆炸。钾、钠应保存在煤油里。电石、锌粉应放在干燥处。这些物质的存放应与易燃物、强氧化剂等隔开。长时间不用时,应将其密封保存,并将盛装这些物质的容器放在用水泥或砖砌成的槽内。

(3)强氧化剂这类试剂包括过氧化物(过氧化氢、过氧化钠、过氧化钡)。强氧化性的含氧酸(高氯酸)及强氧化性的含氧酸盐(硝酸盐、氯酸盐、重铬酸盐、

高锰酸盐）。当受热、撞击或混入还原性物质时，就可能引起爆炸。存放时，一定不能与可燃物、易燃物以及还原性物质放在一起。存放处应阴凉、通风。

（4）强腐蚀剂有强酸、强碱、液溴、三氯化磷、五氧化二磷、无水三氯化铝及氨水等，对人体的皮肤、黏膜、眼、呼吸器官及金属等有极强的腐蚀性。存放时，应与其他试剂隔开，放置在用抗腐蚀性材料（耐酸水泥或耐酸陶瓷）制成的架子上，料架不能太高，以保证取放安全、方便。

（5）氰化物、三氧化二砷或其他砷化物、二氯化汞（升汞）等均为剧毒性试剂，侵入消化道极少量即可引起中毒致死。应锁在固定的铁质保险柜中，并由专人负责保管。可溶性铜盐、钡盐、铅盐、锑盐也是毒品，也应妥善保管。

第*31*例　了解液化石油气及煤气的使用方法，预防煤气中毒

本节要点

了解煤气中毒的表现，学会正确安全的使用煤气。在北方地区使用煤炉，了解怎么样防止煤炉中毒。

随着社会的进步，天然气慢慢的成了我们生活中必不可少的一部分，我们每天每个家庭几乎都会接触到，而也是因为它在带给我们方便的同时，我们如果使用不当，也会对我们的生活危害极大，所以，我们一定要了解一些关于煤气的常识。

一、煤气的组成成分以及煤气中毒的表现

我们在生活中通常所接触的煤气，主要成分是一氧化碳。北方的大部分地区在冬天烧煤炉时，由于门窗紧闭，房间里不通风，产生的一氧化碳无法扩散到室外去，人吸多了就会中毒。一氧化碳是一种没有颜色，也没有气味，被人吸入后，透过肺泡进入血液，抢先和负责输送氧气的红血球里的血红蛋白结合。一氧化碳

第二章　初中篇

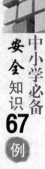

和血红蛋白结合的能力比氧气强二三百倍，它抓住了血红蛋白就紧紧抱住不放，使血红蛋白丧失了和氧结合的能力。人断绝了氧气的供应，就会头晕心慌，昏迷不醒，甚至死亡。空气中一氧化碳的含量达到万分之几的时候，人就会中毒。但是，人们往往有一种错觉，认为煤气有呛鼻味，没有闻到怪味道就没有煤气。其实，煤炉里散发出的刺鼻气味并不是一氧化碳的味道。有的煤含硫较多，燃烧后产生的废气里有二氧化硫。呛鼻的气味就是从它那里来的。因此，用闻味来判断有无一氧化碳是不科学的。

如何安全使用煤气？

人们通常把天然气、石油液化气、煤气等可燃性气体都叫做煤气。煤气给人们生活带来了许多方便，但如果使用不当，它也会造成灾难。使用煤气要注意以下几点：

1. 认真阅读燃气器具等的使用说明书，严格按照说明书的要求操作、使用。

2. 使用人工点火的燃气灶具，在点火时，要坚持"火等气"的原则，即先将火源凑近灶具然后再开启气阀。

3. 经常保持燃气器具的完好，发现漏气，及时检修；使用过程中遇到漏气的情况，应该立即关闭总阀门，切断气源。

4. 燃气器具在工作状态中，人不能长时间离开，以防止火被风吹灭或被锅中溢出的水浇灭，造成煤气大量泄漏而发生火灾。

5. 使用燃气器具（如煤气炉、燃气热水器等），应充分保证室内的通风，保持足够的氧气，防止煤气中毒。

使用煤炉取暖怎样预防煤气中毒？

目前我国北方许多地区冬季取暖仍采用煤炉，因使用炉火不慎而造成煤气中毒的事故常有发生，怎样防止煤气中毒呢？

1. 用煤炉取暖，一定要安装烟囱和风斗。

2. 定期清扫烟囱，保持烟囱通畅，如果发现烟筒堵塞或漏气，必须及时清理或修补。

3. 经常打开门窗通风换气，保持室内空气新鲜。

4. 伸出室外的烟囱，还应该加装遮风板或拐脖，防止大风将煤气吹回室内。

我们在家中，或者其他室内使用这种有可能产生煤气的取暖设施或是炊具时，一定要注意安全，一定不能小视它的危害。

第 32 例　家里不慎起火或发生火灾怎么办

本节要点

了解在家庭里容易引起火灾的原因并掌握在发生火灾的时候，我们可以紧急采取的应对措施。

水火无情，惨痛的教训使我们痛定思痛。消防安全工作已引起全社会的高度重视，人们的消防安全意识也日益增强。我们小学生也要增强消防安全意识，懂得消防自救措施。火作为人类的朋友，一旦翻脸便会酿成惨剧，让我们在火场中学会拯救自己，也许会获得第二次生命。

在日常中我们应该掌握哪些消防常识呢？

1. 不玩火、不随意摆弄电器设备。

2. 提醒家长不可将烟蒂、火柴杆等火种随意扔在废纸篓内或可燃杂物上，不要躺在床上或沙发上吸烟。

3. 提醒家长在五级以上大风天或高火险等级天气，禁止使用以柴草、木材、木炭、煤炭等为燃料的用火行为，禁止室外吸烟和明火作业。

4. 离家或入睡前，必须将用电器具断电、关闭燃气开关、消除遗留火种。用电设备长期不使用时，应切断开关或拔下插销。

5. 液化气钢瓶与炉具间要保持1米以上安全距离，使用时，先开气阀再点火；使用完毕，先关气阀再关炉具开关。不要随意倾倒液化石油气残液。发现燃气泄

漏,要迅速关闭气源阀门,打开门窗通风,切勿触动电器开关和使用明火,不要在燃气泄漏场所拨打电话、手机。

6. 不要在楼梯间、公共道路内动火或存放物品,不要在棚厦内动火、存放易燃易爆物品和维修机动车辆,不要在禁火地点吸烟、动火。

7. 发现火情后迅速拨打火警电话119,讲明详细地址、起火部位、起火物质、火势大小、留下姓名及电话号码,并派人到路口迎候消防车。

8. 家中一旦起火,必须保持冷静。对初起火灾,应迅速清理起火点附近可燃物,并迅速利用被褥、水及其他简易灭火器材控制和扑救。救火时不要贸然打开门窗,以免空气对流,加速火势蔓延。

9. 要掌握火场逃生的基本方法,清楚住宅周围环境,熟悉逃生路线。大火来临时要迅速逃生,不可贪恋财物,以免失去逃生时机。逃生途中,不要携带重物,逃离火场后,不要冒险返回火场。

10. 火场逃生时,保持冷静,正确估计火势。如火势不大,应当机立断,披上浸湿的衣物、被褥等向安全出口方向逃离。逃生时不可乘坐电梯。逃生时应随手关闭身后房门,防止烟气尾随进入。

11. 楼下起火,楼上居民切忌开门观看或急于下楼逃生,要紧闭房门,可用浸湿的床单、窗帘等堵塞门缝或粘上胶带。如果房门发烫,要泼水降温。

12. 若逃生路线均被大火封锁,可向阳台或向架设云梯车的窗口移动,并用打手电筒、挥舞衣物、呼叫等方式发送求救信号,等待救援。

火灾无情,当大火燃起时,要做的第一件事就是抓紧脱离险境。在脱离时,往往要穿过着火地带,这时如果火势尚不太猛,可以穿上浸湿的不易燃烧的衣服或裹上湿的厚毯子。地面有火可以穿上胶鞋,穿过火区时要迅速果断,不要吸气,以免被浓烟熏呛。逃生之前,要探明着火方位,确定风向,在火势蔓延之前,朝逆风方向快速离开火灾区域。

房间里着火时,必然会产生很多浓烟,其中含有大量的一氧化碳,在这种环境停留时间过长,就会中毒。烟能随着热空气聚集在房间上部,而室内下部能看清物品和方向，这时人们应该蹲下或趴下。如果时间、条件允许的话，可用湿毛巾捂住口鼻，爬向门口。打开房门后，沿着楼梯走下去，千万不要乘电梯，因电梯随时可能因为火场停电不能升降或被烧坏。

对于我们校园内的学生们，遇到火灾时，该如何逃生自救？

1. 早逃生。在一般情况下，火势由初起到狂烧，只需十几分钟，留给人们的逃生时间非常短暂。因此，在发生火灾时，一定不要因为埋头抢救家庭财产而导致悲剧的发生，而是要快速逃离。

2. 要保护呼吸系统。在逃生时用水蘸湿毛巾、衣服、布类等物品，用其掩住口鼻，以避免烟雾熏人导致昏迷或者中毒和被热空气灼伤呼吸系统软组织窒息致死的危险。如果烟雾较浓，则要膝、肘着地，匍匐前进。

3. 要从通道疏散。如疏散楼梯、消防电梯、室外疏散楼梯等。也可考虑利用窗户、阳台、屋顶、避雷线、落水管等脱险。

4. 要利用绳索滑行。用结实的绳子或将窗帘、床单被褥等撕成条，拧成绳，用水沾湿后将其拴在牢固的管道、窗框、床架上，被困人员逐个顺绳索滑到下一楼层或地面。

5. 低层跳离，适用于二层楼。跳前先向地面扔一些棉被、枕头、床垫、大衣等柔软的物品，以便"软着陆"，然后用手扒住窗户，身体下垂，自然下滑，以缩短跳落高度。但千万要记住莫跳高楼，因为从10米以上（三层楼高）的高度往下跳，很少活命。为此，最要紧的是求救，应该立即用水蘸湿床单、被褥，用其塞紧门窗，防止烟雾渗透进来，同时要不断地向床单、被褥上泼水，防止其干燥。

6. 要借助器材。通常使用的有缓降器、救生袋、网、气垫、软梯、滑竿、滑台、导向绳、救生舷梯等。

7. 为暂时避难。在无路逃生的情况下，可利用卫生间等暂时避难。避难时要用水喷淋迎火门窗，把房间内一切可燃物淋湿，延长时间。在暂时避难期间，要主动与外界联系，以便尽早获救。

8. 利用标志引导脱险。在公共场所的墙上、顶棚上、门上、转弯处都设置"太

平门"、"紧急出口"、"安全通道"、"火警电话"和"逃生方向箭头"等标志,被困人员按标志指示方向顺序逃离,可解"燃眉之急"。

9. 要提倡利人利己。遇到不顾他人死活的行为和前拥后挤现象,要坚决制止。只有有序地迅速疏散,才能最大限度地减少伤亡。

几种常见火灾的扑救方法:

1. 家具、被褥等起火:一般用水灭火。用身边可盛水的物品如脸盆等向火焰上泼水,也可把水管接到水龙头上喷水灭火;同时把燃烧点附近的可燃物泼湿降温。但油类、电器着火不能用水灭火。

2. 电气起火:家用电器或线路着火,要先切断电源,再用干粉或气体灭火器灭火,不可直接泼水灭火,以防触电或电器爆炸伤人。

3. 电视机起火:电视机万一起火,决不可用水浇,可以在切断电源后,用棉被将其盖灭。灭火时,只能从侧面靠近电视机,以防显像管爆炸伤人。若使用灭火器灭火,不应直接射向电视屏幕,以免其受热后突然遇冷而爆炸。

4. 油锅起火:油锅起火时应迅速关闭炉灶燃气阀门,直接盖上锅盖或用湿抹布覆盖,还可向锅内放入切好的蔬菜冷却灭火,将锅平稳端离炉火,冷却后才能打开锅盖,切勿向油锅倒水灭火。

5. 燃气罐着火:要用浸湿的被褥、衣物等捂盖火源,并迅速关闭阀门。

6. 身上起火,不要乱跑,可就地打滚或用厚重衣物压灭火苗。穿过浓烟逃生时,用湿毛巾、手帕等捂住口鼻,尽量使身体贴近地面,弯腰或匍匐前进。

看来,在日常生活中,哪里都有可能"火"起来啊! 我们不应该忽视它,而应该在生活中处处小心,让它在冷静中熄灭。

第*33*例　了解用电安全常识，预防触电、漏电

本节要点 /

了解触电是怎么回事，学会安全用电的一些方法，以及一些家用电器的正确使用方法。最后了解当发生漏电、触电时的一些紧急应对的小办法。

触电——当人体接触到带电体，有电流通过人体时，轻则有针刺、麻木、剧痛等感觉，重则发生痉挛：心律不齐、血压升高、呼吸困难等症状，甚至在很短的时间内心跳停止、死亡。这就是触电事故。

随着生活水平的不断提高，生活中用电的地方越来越多了。因此，我们有必要掌握以下最基本的安全用电常识：

1. 认识了解电源总开关，学会在紧急情况下切断总电源。

2. 不用手或导电物（如铁丝、钉子、别针等金属制品）去接触、探试电源插座内部。

3. 不用湿手触摸电器，不用湿布擦拭电器。

4. 电器使用完毕后应拔掉电源插头；插拔电源插头时不要用力拉拽电线，以防止电线的绝缘层受损造成触电；电线的绝缘皮剥落，要及时更换新线或者用绝缘胶布包好。

5. 发现有人触电要设法及时切断电源；或者用干燥的木棍等物将触电者与带电的电器分开，不要用手去直接救人；年龄小的同学遇到这种情况，应呼喊成年人相助，不要自己处理，以防触电。

6. 不随意拆卸、安装电源线路、插座、插头等。哪怕安装灯泡等简单的事情，也要先关断电源，并在家长的指导下进行。

如今，电视机、电冰箱、洗衣机、电熨斗、吹风机、电风扇等家用电器越来越多地

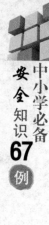

进入了家庭。使用家用电器，除了应该注意安全用电问题，还要注意以下几点：

1. 各种家用电器用途不同，使用方法也不同，有的比较复杂。一般的家用电器应当在家长的指导下学习使用，对危险性较大的电器则不要自己独自使用。

2. 使用中发现电器有冒烟、冒火花、发出焦煳的异味等情况，应立即关掉电源开关，停止使用。

3. 电吹风机、电饭锅、电熨斗、电暖器等电器在使用中会发出高热，应注意将它们远离纸张、棉布等易燃物品，防止发生火灾；同时，使用时要注意避免烫伤。

4. 要避免在潮湿的环境（如浴室）下使用电器，更不能使电器淋湿、受潮，这样不仅会损坏电器，还会发生触电危险。

5. 电风扇的扇叶，洗衣机的脱水筒等在工作时是高速旋转的，不能用手或者其他物品去触摸，以防止受伤。

6. 下雷雨时怎样使用电器：

（1）关掉收音机、录像机、电视机等电器的开关，拔出电源插头，拔出电视机的天线插头或有线电视的信号电缆。最好将电缆移至房外。

（2）暂时不用电话，如一定要通话，可用免提功能键，与话机保持距离，切忌直接使用话筒。

（3）离开电线、灯头、有线广播喇叭1.5米以上。

7. 电器长期搁置不用，容易受潮、受腐蚀而损坏，重新使用前需要认真检查。

8. 购买家用电器时，要选择质量可靠的合格产品。

发生触电事故，要立即切断电源。如电源开关太远。可以站在干木凳上用不导电的物体，如木棒、竹竿、塑料棒、衣服等将触电者与带电体分开。莫将带电体碰着自己和他人身体，避免触电现象再发生。触电者痉挛紧握电线时可以用干燥的带木柄的斧头或有绝缘柄的钢丝钳切断电线。抢救触电者一定要及时，不能拖延一分一秒，因为触电时间越长，危害越大，生命越危险，发现有人触电，惊慌失措，直接用手去拉触电者，用剪刀剪电线，都是错误的，这样做会使救人者自己触电。

电是我们生活中的好伙伴，但是如果使用不当的话，也会是我们的隐形杀手，所以，为了方便、健康，我们需要谨慎用电、小心用电。

第 *34* 例　浓雾天气出行注意事项

本节要点 ╱

浓雾天气出行的注意事项以及四季出行注意的事项。

雾天能见度低，有时路面湿滑，应注意行路安全，尽量选择公共交通。如需骑自行车、电瓶车等出行，一定要减速慢行，过路口时最好下车推行，以确保自身安全。

开车出行的人，出门前应当将车挡风玻璃、车头灯和尾灯擦拭干净，检查车辆灯光、制动等安全设施是否齐全有效。另外，在车内一定要携带三角警示牌或其他警示标志，遇到突发故障停车检修时，要在车前后50米处摆放警示牌，提醒其他车辆注意。

雾中行车时，一定要严格遵守交通规则限速行驶，千万不可开快车。雾越大，可视距离越短，车速就必须越低。专家建议，当能见度小于200米大于100米时，时速不得超过60公里；能见度小于100米大于50米时，时速不得超过40公里；能见度在30米以内时，时速应控制在20公里以下。

雾天行车一定要遵守灯光使用规定：打开前后防雾灯、尾灯、示宽灯和近光灯，利用灯光来提高能见度，既能看清前方车辆及行人与路况，也让别人容易看到自己。

如果雾太大，可以将车靠边停放，同时打开近光灯和应急灯。停车后，从右侧下车，离公路尽量远一些，千万不要坐在车里，以免被过路车撞到，等雾散去或者视线稍好再上路。

第二章　初中篇

在雾天视线不好的情况下，勤按喇叭可以起到警告行人和其他车辆的作用，当听到其他车的喇叭声时，应当立刻鸣笛回应，提示自己的行车位置。两车交会时应按喇叭提醒对面车辆注意，如果对方车速较快，应主动减速让行。

在雾中行车应该尽量低速行驶，尤其是要与前车保持足够的安全车距，不要跟得太紧。要尽量靠路中间行驶，不要沿着路边行驶，以防与路边临时停车等待雾散的车、人相撞。

如果发现前方车辆停靠在右边，不可盲目绕行，要考虑到此车是否在等让对面来车。超越路边停放的车辆时，要在确认其没有起步的意图而对面又无来车后，适时鸣喇叭，从左侧低速绕过。另外，要盯住路中的分道线，不能轧线行驶，否则会有与对向来车相撞的危险。在弯道和坡路行驶时，应提前减速，要避免中途变速、停车或熄火。

在雾中行车时，一般不要猛踩或者快松油门，更不能紧急制动和急打方向盘。如果认为确需降低车速时，先缓缓放松油门，然后连续几次轻踩刹车，达到控制车速的目的，防止追尾事故的发生。

注意收听关于天气和路况的广播信息，掌握路况及高速公路交警的管控信息，遇到大雾天气尽量不要上高速公路。已在高速公路上的车辆，应在就近的出口处驶离高速公路，选择安全地带停车。

第35例 地震等自然灾害发生时的应急方法

本节要点

了解我们身边可能发生的自然灾害的种类，以及一些自救的应急方法。

自然灾害的主要种类：

我国是世界上自然灾害种类最多的国家，其中对我国影响最大的自然灾害有七大类。

1. 气象灾害

气象灾害有20余种，主要有以下种类：

(1) 暴雨：山洪暴发、河水泛滥、城市积水；

(2) 雨涝：内涝、渍水；

(3) 干旱：农业、林业、草原的旱灾，工业、城市、农村缺水；

(4) 干热风：干旱风、焚风；

(5) 高温、热浪：酷暑高温、人体疾病、灼伤、作物逼熟；

(6) 热带气旋：狂风、暴雨、洪水；

(7) 冷害：由于强降温和气温低造成作物、牲畜、果树受害；

(8) 冻害：霜冻，作物、牲畜冻害，水管、油管冻坏；

(9) 冻雨：电线、树枝、路面结冰；

(10) 结冰：河面、湖面、海面封冻，雨雪后路面结冰；

(11) 雪害：暴风雪、积雪；

(12) 雹害：毁坏庄稼、破坏房屋；

(13) 风害：倒树、倒房、翻车、翻船；

(14) 龙卷风：局部毁坏性灾害；

(15) 雷电：雷击伤亡；

(16) 连阴雨(淫雨)：对作物生长发育不利、粮食霉变等；

(17) 浓雾：人体疾病、交通受阻；

(18) 低空风切变：(飞机)航空失事；

(19) 酸雨：作物等受害。

2. 海洋灾害

海洋灾害主要有如下种类：

(1) 风暴潮：包括台风风暴潮、温带风暴潮；

(2) 海啸：分遥海啸与本地海啸2种；

（3）海浪：包括风浪、涌浪和近岸浪3种，就其成因而言又分台风浪、气旋浪；

（4）海水；

（5）赤潮；

（6）海岸带灾害：如海岸侵蚀、滑坡、土地盐碱化、海水污染等；

（7）厄尔尼诺的危害。

3. 洪水灾害

（1）暴雨灾害；

（2）山洪；

（3）融雪洪水；

（4）冰凌洪水；

（5）溃坝洪水；

（6）泥石流与水泥流洪水。

4. 地震灾害

（1）构造地震；

（2）隔落地震；

（3）矿山地震；

（4）水库地震等；

5. 农作物生物灾害

（1）农作物病害：主要有水稻病害240多种，小麦病害50种，玉米病害40多种，棉花病害40多种及大豆、花生、麻类等多种病害；

（2）农作物虫害；主要有水稻虫害252种，小麦虫害100多种，玉米虫害52种，棉花虫害300多种，及其他各种作物的多种虫害；

（3）农作物草害：约8000多种；

（4）鼠害。

6. 森林生物灾害

（1）森林病害：2918种；

（2）森林虫害：5020种；

（3）森林鼠害：160余种。

下面我们说说在地震发生时怎么样保护自己。

1. 如果在平房里，突然发生地震，要迅速钻到床下、桌下，同时用被褥、枕头、脸盆等物护住头部，等地震间隙再尽快离开住房，转移到安全的地方。地震时如果房屋倒塌，应呆在床下或桌下千万不要移动，要等到地震停止再逃出室外或等待救援。

2. 如果住在楼房中，发生了地震，不要试图跑出楼外，因为时间来不及。最安全、最有效的办法是：及时躲到两个承重墙之间最小的房间，如厕所、厨房等。也可以躲在桌、柜等家具下面以及房间内侧的墙角，并且注意保护好头部。千万不要去阳台和窗下躲避。

3. 如果正在上课时发生了地震，不要惊慌失措，更不能在教室内乱跑或争抢外出。靠近门的同学可以迅速跑到门外，中间及后排的同学可以尽快躲到课桌下，用书包护住头部；靠墙的同学要紧靠墙根，双手护住头部。

4. 如果已经离开房间，千万不要地震一停就立即回屋取东西。因为第一次地震后，接着会发生余震，余震对人的威胁会更大。

5. 如果在公共场所发生地震，不能惊慌乱跑。可以随机应变躲到就近比较安全的地方，如桌柜下、舞台下、乐池里。

6. 如果正在街上，绝对不能跑进建筑物中避险。也不要在高楼下、广告牌下、狭窄的胡同、桥头等危险地方停留。

7. 如果地震后被埋在建筑物中，应先设法清除压在腹部以上的物体；用毛巾、衣服捂住口鼻，防止烟尘窒息；要注意保存体力，设法找到食品和水，创造生存条件，等待救援。

第 *36* 例　怎样预防被偷盗

本节要点

学习和掌握如何防止被偷盗。

有人抢夺你的钱物怎么办? 一旦遇到这种情况, 应当以尽量减少损失、减少皮肉痛苦为主进行应对。

遭抢之时, 要努力挣脱, 尽快逃离, 一边跑一边呼喊:"有坏人抢劫呀!"如果挣脱时有物品带不走, 如帽子掉地下了, 书包被拉住了, 就不要顾这些, 以自身挣脱为主。挣扎, 喊叫, 跑就代表着你斗争的勇气。

怎样预防被偷盗?

首先, 要注意对家庭财产的保密。家中的贵重物品、现金、债券及股票等, 不能轻易露底, 包括对某些亲友、邻居。不要将家中钥匙随便交给他人使用, 防止居心不良的人从中偷配钥匙, 寻机行窃; 如果钥匙丢失, 要马上换锁; 不能与萍水相逢、不明底细的人交往, 更不能带到家中来做客, 防止"引狼入室"…… 外出时, 尽量不要带大量现金; 当人多拥挤时, 千万不要只顾抢购物品、车票而忽视提包安全, 要用手、身体护住财物, 并时刻警惕身边举止不正常的人…… 这里还想向大家补充几点是: 当你把书包、皮包放在自行车的车筐里, 挂在车把上或是夹在后架上时, 要把"包"设法与自行车拴在一起, 锁起来, 要不然, 坏人拿着太方便了! 到路边买东西千万不要把包放在车上, 以免坏人借机偷盗。

发现有人正在盗窃时怎么办?

如窃贼正在室内盗窃时, 你可以采取以下的方法:

(1)假如发现窃贼正在室内, 而窃贼尚未发现有人回来时, 可以迅速到外面喊人, 并同时叫他人报告公安机关, 以便将窃贼人赃俱获。如窃贼有汽车、自行车等交通工具,则要记下车牌号。

(2)假如室内的窃贼已经发现来人时,要高声呼叫周围的居民群众,请大家协助抓住案犯,并送到公安机关。如果家住楼房,则要记住窃贼的相貌、体态、衣着等,边喊边往下跑,以免窃贼狗急跳墙。

(3)对发现有人来立即逃跑的案犯,要及时追出查看其逃离方向,认准其体态、相貌、衣着、可能丢下或带走的工具、车辆,及时报告家长、老师,并拨打"110"报警电话报告公安机关。

(4)如果案犯发现来人是中小学生,而求饶或花言巧语辩解时,千万不要对犯罪怜悯同情而失去警惕。同时应讲究斗争策略,表面上可以装出没看、无所谓,或恐惧的表情,稳住犯罪分子,防止他狗急跳墙,对你施行伤害,然后寻找机会逃离报警。

被偷盗以后怎么办?

要尽量镇静,马上去派出所报案。家中被盗,一定保护好现场,先不要乱动,也不要到处走动。如果你家中投保过家庭财产保险,不要忘了通知保险公司。

发现有人扒窃时怎么办?

1)幼小孩子在车上发现小偷时,不要和他正面冲突,最好的办法是机智灵活地通知售票员或司机。

2)当发现小偷要扒窃自己财物时,只要正面注视一下他,表明自己已经注意到了,小偷会自然罢手,也不会惹出麻烦。

3)当发现小偷要扒窃他人时,可以高喊一声"小心被偷",以引起被扒者注意,不使小偷得逞。

4)当发现自己被窃或别人被扒窃时,不要慌乱,应保持镇静,立即通知售票员或司机不要打开车门,根据实际情况将车就近开到公安机关或驻地停车检查,同时注意是否有人往车外扔赃物,以及是否有几个人相互传递物品。

贼人入屋招数种种

案例现场

最近广州一些犯罪分子频频把魔爪伸向居民住宅、单位和商铺,进行入屋盗窃和抢劫。如何防盗防抢,成为市民们普遍关心的热点问题。

案例分析

据介绍,犯罪分子经常是"乘虚而入",选择容易下手、难被人发现的地方入屋盗窃作案。如果在盗窃过程中被人发现,他们就有可能铤而走险,施行抢劫、伤人、强奸乃至杀人。一天之中有两段时间是他们作案的"黄金时段":凌晨三四点钟和白天上班时间。犯罪分子入屋作案的手段通常不外以下几招:

黑招一:水渠煤气管道当云梯

现在广州许多住宅的水渠、煤气管装在户外,而且紧贴阳台、窗户,犯罪分子极易借助水渠、煤气管攀登入屋作案。天河区公安分局曾破获一起高层住宅入屋盗窃系列案,抓获窃贼欧阳连任。这位窃贼并非身怀绝技,只是利用安装在户外的煤气管攀爬入室,最高爬至21楼。他两个月内在黄埔大道西的红棉阁等高层住宅作案70多宗,盗得10多万元的财物。被捕后他交代,高层住宅的煤气管都是紧挨着窗户安装,每层都有一条支管,既可当扶手又能作蹬踏点,爬上楼方便得很。

黑招二:攀爬防盗网如履平地

每家每户安防盗网是广州一景,但安装不规范的防盗网中看不中用,窃贼常常利用飘出的防盗网爬上爬下作案。今年10月9日,家住海珠区某民宅801房的林先生在睡梦中被一些异常的声音吵醒,发现客厅里有一条黑影在晃动,便大喝一声。黑影疾速钻出客厅窗户,消失得无影无踪。王某起身一看,窗户的防盗网被撬开,衣服口袋里的400多元被窃。天亮后他再仔细勘查,发现该楼的电控防盗门坏了,而且801房的防盗网飘出近1米,正对着七至八楼楼梯的拐弯处,因此判断窃贼站在楼梯的窗户上,抓住防盗网爬上去,撬开后钻入801房作案。王先生叹息道:没想到防盗网不防盗反而"助"盗。

黑招三:趁你不在撬锁入屋

这是犯罪分子白天作案的惯用手段。一般犯罪分子只要携带一尺长的铁千，普通的铁门靠的是四颗螺丝固定门锁的，经不起这样轻轻一撬，一分钟就搞定。

黑招四：楼顶拴绳"荡秋千"

在著名的"陈旭然命案"中，罪犯丁国礼就是利用消防水管从33楼天台滑下31楼作案。在此之前，某市也发生过多宗类似手段的入屋盗窃案。东风路某"高档住宅小区"内发生抢劫强奸案。歹徒在凌晨时分用绳子从楼顶滑入一户住宅内作案，被独居在家中的女主人发现。歹徒遂将事主捆绑强奸并掠去财物。这种作案手法比较隐蔽，因为大家都认为无人敢从楼顶自上而下作案，因此对楼顶天台没有作任何防范和巡查，结果越是安全的地方越不安全。

黑招五：花言巧语骗你开门

广州市曾发生一伙歹徒窜至白云区等地的住宅楼，将安装在屋外的电闸拉掉，然后乘住户开门察看之机冲入屋内抢劫的系列案。此外，一些歹徒利用事主登广告出租房屋之机，假称上门看房，实施抢劫。还有的伪装成水电修理工，骗开门抢劫。

黑招六：开锁"神功"百发百中

越秀区公安分局前年曾摧毁一个入屋盗窃达200多宗，盗得价值1000多万元财物的犯罪团伙。主犯凌伟权自称"广州锁王"，用自配钥匙能在极短时间打开各种类型的锁。但他大多在城乡结合部选择作案目标，不敢在市区或晚上有人值班的地方作案，因为害怕在这些地方作案会被人发现。

案例现场

一个40岁女人，手提一篮子青菜，到配钥匙铺，自称钥匙忘记在家里，要求协助开门，只花了20元，顺利进入一户六楼人家。正巧不久这家主人回来，在衣柜里发现了该名女贼。如果当时女贼还有同伙进入的话，情况就危险的多了。

黑招八：用扳手撬

现在的防盗网大多是用方铁条烧成，正好给扳手提供一个很好的夹口，加上烧焊的焊点一般都只有一点点，经不起轻轻一扳，小偷只要一个人，不用2分钟，

就可以将防盗网拆出个大洞。天河一住户家的防盗网只被拆掉了一根铁条，小偷就成功入屋盗窃了，小偷先进入厨房拿菜刀，然后打开大门，几人一起进入该户人家，撬开了所有柜子，该住户假装睡觉而不敢起来。最后被小偷洗劫一空。撬防盗网一般都用扳手。

黑招九：尾随抢劫

一入屋盗窃团伙，尾随一个40多岁女人入楼，女业主用钥匙开门时，这伙人用刀子顶着她，强行进入屋里，女主人被封箱胶封口，随后进来的男主人也被绑被封口。所以平时多留意一起进入电梯楼梯的尾随人群，可以避免灾害。

对此，公安机关表示，他们将结合"严打严治"行动对各类违法犯罪坚决打击，决不留情。同时，他们也提醒市民，提高自我防范意识，积极配合警方开展群防群治，才能有效地防盗防抢。

家居防盗涉及到居住小区环境及居住条件、人员防盗意识的方方面面，总的来说，做好家居防盗必须做好"三层防盗"，即家居小区防盗、家居单元及个户防盗、家居室内防盗。要做好家居防盗必须做到人防与设备防相结合。做好家居防盗必须在日常生活中自觉做到：

1. 积极配合小区保安管理人员的管理，同时自觉爱护小区内的各种防盗设施，出入公共防盗门要随手关门，不要将公共防盗门的钥匙借朋友和不随便为不认识的人开启防盗门。

2. 家居的各个门、窗、排气口、空调口要经常检查，窗、门损坏要及时更换，出入家门随手关锁门，门锁损坏或钥匙有遗失要及时更换。门框门体除美观外，主要是要注意是否坚固，门缝是密封，固定锁体锁扣部位的门体、门框是否牢固、结实。

3. 室内防盗必须做到不要在家中存放日常不需用的各种现金，不要在家中随意设置保险柜，室内房门、柜门外出要上锁，如有室内防盗报警系统，人离开时要及时打开，使其工作，平时要及时检查报警电池及工作情况，随时保证其能正常工作。

总之，家居防盗意识必须由广大群众共同来加强。使用防盗器材时，必须按照防盗器材的使用说明严格做好"专业"安装、"专业"使用。要加强"锁"的意识，做到出入要平安请"上锁"。

第 *37* 例　有人到学校向你"找茬"怎么办

本节要点 /

对于我们上学的学生来说，学校生活在我们整个生活中所占的比重是很大一部分的，所以要是保证校园生活安全，就相当于保证你安全生活了，所以现在越来越多的人关注学生在校的情况，也发现了一些普遍性的问题，比如说在学生中收取"保护费"来避免"找茬"。那么类似这样的问题我们应该如何避免呢，将会在接下来的内容中学到。

社会上确实有一些不良青少年，打着"洪兴"、"红花"、"金钱"等各种所谓的"帮会旗号"，自以为可以横行霸道。有的同学受到不良影响，觉得这些人很"酷"、很"威风"。

帮会成员干的都是违法犯罪勾当，与他们结交会被"带坏"，到时你再想"退出"，他们就会逼迫恐吓你。

被人"欺负"了，决不能请帮会成员出面"摆平"。有的同学以为请来了"大哥"帮忙，可以吓住"对手"，谁知却是"请神容易送神难"，遭受双重侵害。中学生小焯花200元购买了一辆转手赛车模型后，对方迟迟不肯交货，小焯一气之下请来了4个"江湖大哥"帮忙追讨买车钱。没想到4个"大哥"反过来向小焯勒索一笔更高额的"保护费"！小焯这才又怕又悔。

帮会组织是警方重点打击的对象，涉足其中将会受到法律制裁。

有人到学校向你"找茬"怎么办？无论什么事，不要与对方"私了"，你越是愿意"私了"，对方就越会打你的"坏主意"。

不管自己是否"占理",一定要报告老师、学校，如果情况紧急而自己又无法脱身的话，则委托同学帮忙报告。让学校和警方协调出面解决。决不能与对方用武力"一分高下"解决。如果事情很大，要马上打"110"向公安机关报警。

如果发生了类似事件，在上学和放学路上一定要小心，最好有同学结伴而行。回家后要将此事告诉家长，不要因为怕家长埋怨而隐瞒。

有些同学学着电影、电视或小说里描写的人物，相互称兄道弟。同学间亲如兄弟本来没错，但如果是拉帮结派，形成小集团，那就不对了。

拉帮结派不利于同学之间的团结。拉了小派别，团结了少数人，必然疏远了多数人。

由于称兄道弟，盲从"江湖人物"，学"讲义气"，不但在学习上不思进取，有的甚至不讲原则，合伙在一起喝酒、玩乐，帮"受欺负"的成员打架"出气"，想歪门邪道"筹措"团体"活动经费"……对社会造成危害，同时也会伤害自己。几名中学生出于喜好音乐而成立了自己的"乐队"，这本是件好事，但"乐队"却发展成了有"领袖"，有"排名"的小派别。当"领袖"与人纠纷要他们"帮忙"时，乐队成员竟不分青红皂白的参加了群殴，结果被警方全部抓获。

拉帮结派后，很有可能与社会上的流氓团伙、黑恶势力打上交道，既可能引发相互争斗，又可能同流合污，走上犯罪的道路。

扩展知识

有的同学听说毒品的"厉害"之后，反而非常好奇，想自己亲身"试一试"。这是非常愚蠢的行为，有的人（甚至是戒毒医生）就是因为这种好奇心而陷入不能自拔的泥潭。

毒品的危害尤其在于它只需一两次即能使人成瘾，并且终身难以戒掉！同学们千万要当心啊！发现周围有人吸毒怎么办？ 报警！吸毒者危害社会，也同样会危害到你。让警方去惩治，挽救他。远离吸毒者，不要与之交往。请时刻牢记：珍爱生命，拒绝毒品！

任何不明"药物"都是危险的，千万不能服用。有的坏人会诱骗同学们，说某种

"药物"可以治胃痛、减轻学习压力或放松精神……这些药粉、药片或药水可能就是某种毒品，开始服用时可能有"疗效"，但实际上你已经开始上瘾，等到发觉时一切都晚了！如果身体不舒服，应告知父母或老师，并及时上医院就诊。

除了毒品之外，还有很多精神药物也会使人产生幻觉、成瘾而损害健康，甚至会诱发人在迷乱的状态下从事违法活动，所以它们也是极端危险的。

香烟有害健康，更有坏人把毒品加在香烟里骗你吸食，需要时刻警惕。

对于上初中的同学来说，都进入了青春期，难免会对异性产生好奇，但是一定要把握异性同学之间的相处分寸，不可做出出格的事情，可能会有些学生想要占点小便宜，甚至社会上的小青年，也会把邪恶的想法附加到在校的学生身上。当我们的同学们（尤其是女生）遇到了这种情况，一定要勇敢，要奋起反抗。对企图占"小便宜"的男子，要大声呼救并反抗，你越是胆小怕事，他越是得寸进尺。可以通过挥动书包等物品，不让坏人靠近；如果被正面抱住，就用手戳其眼睛、喉咙，或用膝盖猛顶其裆部；如被从后方抱住，则用鞋后跟猛踩其脚背。身上带的水果刀、小剪刀、钥匙、雨伞或钢笔等一切硬物、尖物都能当作自卫武器，以求脱险。如果力量悬殊，可边呼喊边蹲下，双手抱紧膝盖，全身蜷起不放，使坏人不易得手。多反抗一分钟，就多一分钟获救的机会。

如果被坏人推倒在床，就用被子等迅速罩在他的脸上，将其推开夺路而逃。

冬天穿衣较多时，可假装顺从，让坏人自己先脱衣服，当他掀起衣服遮住头眼或双手活动不便的刹那间，用力将其推开推倒，或猛打其要害，然后夺路逃跑。

记住对方的相貌特征和穿着打扮，以便报案后警察能及时开展抓捕工作，让"色狼"受到应有的惩罚。

一旦被侮辱，要尽力保存证据，及时报案，防止自己再次受害和他人受害。

不要随便交朋友。有的同学喜欢找"伴"，做出非常慷慨大方的姿态，与陌生人吃喝，结果将自己的"老底"全泄露给了对方。万一对方是坏人，你可就危险了。社会上还有些坏人专门在食品、饮料中下麻醉药，请你吃喝，当你被麻醉后乘机对你进行侵害。近年来已发生此类案件多宗，受害人钱物遭到洗劫，有的女青年还被强暴。同学们可要当心啊！

第二章 初中篇

不要独自到偏僻险峻的地方去。有的同学总是觉得这样"玩"很"刺激"。这样做，有可能摔伤或迷路，也有可能遇上毒虫猛兽，更有可能遭到坏人暗算。

第38例 遇到有人向你敲诈勒索怎么办

本节要点 ╱

如何防止被人敲诈勒索，在遇到了这种情况应该如何处理。

现在的学生的模仿能力是非常强的，他们通过看电视上的一些节目或是电视剧，来模仿他们觉得比较"酷"的行为或是动作，这样就难免会造成学校当中的混乱。

如果同学们碰上有人向你勒索"保护费"，或者以各种借口要你"赔偿"时，应采取以下措施：

1. 立即向学校、公安机关报告，你越怕事，越不敢声张，不法之徒就越嚣张。

2. 不答应对方的要求。要相信警方、学校和家庭都能为你提供安全的保护，只有在这样的情况下，坏人才不敢威胁侵害你。如果屈服于对方，轻易得手的"灰狼"会永远盯上你这只"肥羊"。某校一名学生遭到外校生勒索后，不敢声张，拿了奶奶给自己的1千元"压岁钱"乖乖"交上去"，结果到警方破案时，他已经被敲诈走了近4千元钱！

如果无法脱身，可以借口身上没钱，约定时间地点再"交"。然后立即报告学校和公安机关。警方会及时采取行动抓捕坏人，他就再也不能伤害你啦。

另外，万一已经遇到坏人绑架、拐卖等情况，你一定要保持头脑清醒冷静：

牢记求生信念，随时做好逃脱准备。以美好的回忆去减少身心的痛苦，尽量进食与活动，保持良好的体力。

仔细观察，熟记歹徒的相貌、口音等重要特征，熟悉周围环境，观察可能的逃跑路线，等待时机。

主动巧妙的与绑匪等沟通，稳定歹徒情绪。比如说："家里一定会筹好钱来赎我的!"等等，尽量争取存活机会，勿以语言或动作激怒绑匪。装作顺从害怕的样子，使歹徒麻痹放松警惕。如歹徒手中有凶器，应巧妙周旋促其放下。

伺机留下各种求救讯号，如手势、私人物品和字条等。曾经有一名女同学被坏人拐骗后挟持到高楼内囚禁，她乘歹徒不注意时脱下自己的白色裙子，用口红在裙子上写下求救信，并丢到楼下。保安发现后立即报警，女学生得救了。歹徒将你绑架后，有时会强迫你打电话与你父母联系，目的是想让你父母快些拿钱来赎你。这时要抓住机会，巧妙暗示自己所在位置。

一旦发现有逃脱机会，要当机立断，并在离开后迅速报警。在这种非常情况下，向任何穿制服的人求助都是可行的。

在市内夜行时应注意什么?

由于放学较晚或者参加什么活动，许多同学往往需要夜行。这时候，需要注意以下几点：

如果已到深夜，车辆、行人稀少，此时不要独自夜行。男同学可以结伴同行，女同学则应让家长、老师或可以信赖的亲戚朋友接送，千万不能与陌生人结伴同行。

必须独自夜行出门时，身上不宜携带太多的钱物，并在出行之前想办法尽量通知目的地的人到半路上来迎接。

尽量走宽敞的大街道、繁华路段，不要贪图近路而穿越偏僻的小街小巷以及一些治安复杂的路段，因为坏人总喜欢在这些黑暗、僻静和易于隐藏的地方伺机作案。

尽量走有灯光处，以防有人突然袭击。可携带一只口哨，危险时鸣哨求援。

万一遇上歹徒，要大声呼救，同时往人多、有明亮灯光的地方跑。

不要轻易托人代购各种贵重物品。有的同学经济条件较好，购买手机、呼机、高档手表、语言复读机和首饰等等，如果被人借机欺骗，损失是较大的。

不要贪图钱财。如今社会上专门有些不法分子利用人们贪图小便宜的心理，设各种圈套让你去钻，比如用假金银珠宝、假珍贵邮票等等当成诱饵，就很容易被骗上当。如果拣拾到来历不明的财物，千万不能听信突然出现的人的言语，最合情合理的方法是由警察去处理。

不要相信那些自称有"悲惨遭遇"的街头乞讨者。

如果能清醒的分析事态的情况，能够学以致用，那么你肯定能远离这些坑蒙拐骗，敲诈勒索的事件了。

第39例　不参加反社会性质的反动组织

本节要点

明辨是非，不参加反社会的反动组织。

现在的中国是一个和谐的国家，我们作为学生，最常接触到的反社会性质的反动组织的形式，莫过于就是邪教组织。下面就让我们一起来补充一下邪教的一些知识吧。

一、邪教的概念

邪教——宣传"祷告能治病""种庄稼没用""一切靠'神'的恩赐，信'神'就能过好日子"，"信了神就能消灾避难"，等等，导致我们的群众上当受骗的是邪教。

——让你荒了田、抛了家、弃了学去相信"神"的是邪教；

——宣扬"世界末日"就要到了，只有加入他们的组织才能得救的是邪教；

——鼓吹入了"教"能治病、能消灾避难的是邪教……

二、邪教的特征

1999年10月，我国在《最高人民法院最高人民检察院关于办理组织和利用邪教组织犯罪案件具体应用法律若干问题的解释》中，给邪教下了明确的定义：邪教组织，是指冒用宗教、气功或其他名义建立、神化首要分子，利用制造、散布迷信邪说等手段蛊惑人心、蒙骗他人，发展、控制成员，危害社会的非法组织。

主要有六个基本特征：

1. 打着宗教、科学或气功的幌子

2. 神化邪教头子，实施精神控制

3. 建立秘密组织，实施心理操纵

4. 盘剥信徒钱财，非法牟取暴利

5. 反对政府，仇视社会

6. 宣扬"末日来临"，制造思想混乱

三、邪教是怎样骗人的

1. 打着宗教或气功的幌子蒙骗人。

2. 治病、免灾诱惑人。

3. 看相算命、装神弄鬼、玩符谶（迷信的预言、预兆）等各种把戏吓唬人。

4. 套近乎拉拢人。

5. 施小恩小惠收买人。

6. 用暴力手段胁迫人。

四、宗教与邪教的区别

第一、宗教崇拜超人间的"神"，宗教的神职人员只是神的仆人；而邪教教主是现世的人，却自称是至高无上的"神"，要求信徒绝对崇拜，绝对服从；

第二、宗教为人们提供善意的精神寄托和信仰支持；而邪教对信徒灌输歪理邪说，不择手段地实行精神控制；

第三、宗教宣扬虚幻的"末世论"，将世界末日置于遥远的未来；而邪教渲染即将来临的"末世论"，并以此蒙骗和恐吓信徒；

第四、宗教信仰活动相对宽容、自由，宣传的道德多为数千年来人类社会公认的伦理道德；而邪教欺骗信徒，常假借神的名义强迫信徒对教主倾其所有，还

第二章 初中篇

号召女信徒对男教主"奉献"身体;

第五、宗教活动及其场所一般是公开的,宗教戒律大多与法律相符合,不危及宪法和法律赋予信徒(公民)的基本权利;而邪教秘密结社,活动场所不公开,对信徒实行隔离管制,对离教、叛徒人员采取威胁、报复等手段;

第六、宗教教义与现实世界相容,不排斥现实世界,在某一种程度上能劝善戒恶引导积极人生;而邪教与现实世界对抗,教唆人们逃避和摧毁现世,往往导致偏执狂热的极端行为,酿成严重社会危害。

五、处理邪教问题的法律法规

1.《中华人民共和国刑法》第300条规定:"组织和利用会道门、邪教组织或者利用迷信破坏国家法律、行政法规实施的,处3年以上7年以下有期徒刑;情节特别严重的,处7年以上有期徒刑。

组织和利用会道门、邪教组织或者利用迷信蒙骗他人,致人死亡的,依照前款的规定处罚。

组织和利用会道门、邪教组织或者利用迷信奸淫妇女、诈骗财物的,分别依照本《刑法》第二百三十六条、第二百六十六条的规定定罪处罚。"

2. 1999年10月30日,第九届全国人大常委会通过的《全国人民代表大会常务委员会关于取缔邪教组织、防范和惩治邪教活动的决定》明确指出,对邪教组织要坚决取缔。最高人民法院、最高人民检察院也先后两次就关于办理邪教组织犯罪案件问题做出了司法解释,为取缔和打击邪教组织提供了有力的法律武器。

3.《中华人民共和国治安处罚法》第二十七条规定有下列行为之一的,处十日以上十五日以下拘留,可以并处一千元以下罚款;情节较轻的,处五日以上十日以下拘留,可以并处五百元以下罚款:

(一)组织、教唆、胁迫、诱骗、煽动他人从事邪教、会道门活动或者利用邪教、会道门、迷信活动,扰乱社会秩序、损害他人身体健康的;

(二)冒用宗教、气功名义进行扰乱社会秩序、损害他人身体健康活动的。

此外,邪教活动违反我国《集会游行示威法》、《未成年人保护法》、《社团管理登记条例》等法律法规的,也要承担相应的法律责任。

既然有那么多法律法规来约束和限制邪教及不法组织,那么就要引起大家的足够重视,以免不小心就落入了邪教的陷阱,受到了法律的制裁。

第 40 例　中学生吸烟、饮酒的危害

本节要点

让中学生明白吸烟、饮酒的危害,并在以后的行为中约束自己。

《中华人民共和国未成年人保护法》和《中华人民共和国预防未成年人犯罪法》(以下简称"两法")早就规定"未成年人不得吸烟、酗酒"。《中华人民共和国预防未成年人犯罪法》更在第15条规定,任何经营场所不得向未成年人出售烟酒。为了更好地贯彻"两法",从2006年7月1日开始,商务部又颁布《酒类商品零售经营管理规范》,明确规定酒类经营者不准向未成年人出售酒类商品。所指的酒类商品,是指酒精度(乙醇含量)大于0.5%的饮料,包括啤酒、葡萄酒、果酒、黄酒等发酵酒,以及白酒、白兰地、威士忌等蒸馏酒。

然而,在我们的观察中发现,多数商家对"两法"和商务部的"禁酒令"充耳不闻,不仅没有商家执行"两法",而且连知道"两法"的也很少。没有众多商家的配合,当前,未成年人抽烟喝酒的现状令人堪忧。

一、未成年人抽烟喝酒的特点

1. 场合的公开性。过去,未成年人吸烟多是偷偷摸摸进行的,而现在,他们可以在公开场合如公交站台、商场甚至在校园内吸烟。至于喝酒,在学校的宿舍和街边简陋饭馆经常可以见到,还有边喝酒边抽烟的。

2. 程度的严重性。改革开放以来,由于人民群众生活水平的提高,社会上的攀比现象也日趋明显。表现在未成年人抽烟上,由过去一两块钱一包变成现在

第二章　初中篇

五六元钱一包甚至十几块钱一包。有个谭姓的女生今年才16岁,已有两年多的烟龄,因为家里生活条件较为宽裕,抽的多是中档烟,一天至少一包。父母给的烟钱比吃饭的钱还多。班主任问她,你父母为什么给钱让你抽烟?她得意地说,不给我抽烟就不理他们,甚至不回家,他们焦急了,就买烟来叫我回家。据世界卫生组织和联合国儿童基金会共同组织一项调查显示,我国有20%以上的初中生尝试过吸烟,其中有相当比例的人已表现出今后吸烟的倾向。未成年人饮酒的情况同样不令人乐观,中学生酗酒闹事的报道时常见诸报端。

3. 趋势的上升性。据中国卫生部2006年5月29日消息,中国15岁以上人群吸烟率为35.8%,其中男性和女性吸烟率分别为66.0%和3.1%。据此估计,吸烟者约为3.5亿。其中青少年所占比例多少虽然没有一个准确的说法,但从中国烟草控制专家杨功焕教授主持的研究分析可知,由于中国人开始吸烟的平均年龄从1997年的19岁提前到了14岁,青少年肯定占有相当的比例。世界卫生组织就估计,在未来若干年,中国目前20岁以下的青少年将有2亿成为烟民(040922中国青少年维权网)。可见,未成年人吸烟比例上升的趋势很明显。

二、未成年人抽烟喝酒的原因

青少年处在长身体长知识时期,造成他们抽烟喝酒的原因来自主观和客观两个方面,主要有以下几点:

1. 好奇和模仿。调查显示,大多数未成年人开始吸烟缘于好奇心的驱使。58.12%的吸烟学生自述其吸烟的原因是"觉得好玩"。许多青少年吸烟则是伙伴的劝诱。吸烟的中学生中,有55.89%吸的第一支烟是通过同学朋友获得的。吸烟者中要好朋友吸烟的占53.32%,而不吸烟者中要好朋友吸烟的只占12.50%。这说明吸烟伙伴对中学生开始吸烟影响很大。

2. 认识模糊。一些未成年人认为吸烟、饮酒能够"体现男子汉气魄"、"很酷"、"很时尚",吸烟、饮酒成为他们向伙伴炫耀的手段。另一些青少年则认为,"烟酒不分家"、"烟酒铺路"可以融洽人与人之间的关系。他们认为,"现在吸烟,是为将来在社会上作准备"。约有40%的中学生,特别是高中生认为,接受他人递烟和给他人递烟容易与人相处,这些学生的吸烟率明显高于其他学生。此外,还有些中学生认为吸烟喝酒能解愁、提神,于是,有些学生在学习、生活中遇到了挫折就感到失落和烦闷,进而模仿成年人借烟酒消愁。

3. 家长态度不明朗。对于成年人喝酒问题,有人曾对100个家庭做过调查,发现50%的家长认为未成年人喝酒应该制止;10%的家长允许未成年人特别是未成年男孩喝酒;20%的家长对未成年人喝酒不置可否;10%的家长从不关心孩子这方面的事情;10%的家长认为视情况而定。可见,过半数的家长是不反对孩子喝酒的。

4. 社会宽容。当今社会,见怪不怪,不只男性少年抽烟喝酒没人理,就是女性少年公开抽烟喝酒,人们最多也只是多看一两眼而已。东方网2005年的一项调查显示,虽然大多数人对未成年人抽烟喝酒表示"坚决反对",但认为"偶尔可以"的仍占到22.75%。深度研究表明,即使是表示"坚决反对"的人,但见到未成年人抽烟时,也未必出面干涉,从而形成一个"无人管"的社会环境。

5. 媒体影响。大众传播媒介对未成年人抽烟喝酒的影响,主要是集中在电影电视等影像作品上。打开电视,酒类广告,甚至香烟品牌广告可以经常看到。至于电视剧、电影当中,剧中人抽烟喝酒画面的出现就更频繁了。未成年人在这种司空见惯的环境中,逐渐被潜移默化,从而在某种条件诱发时,开始尝试抽烟喝酒。

6. 商家唯利是图。东方网曾经就法规禁止向未成年人销售烟酒难以贯彻落实原因做过调查,认为最大的问题是"商家赚钱要紧"占46.01%;其次是有关部门对商家违法经营"处罚力度不够,缺乏威慑力"。

作为商家,把烟酒卖给未成年人的理由一般有两条,一是"孩子家里来了客人,家长叫他们来买。"二是"买卖自由","我不卖给他,他也会找其他地方买烟,上门的生意干吗推掉?"

当然,也有商家确实不知道有关禁止未成年人抽烟喝酒的法规。广西《当代生活报》记者不久前曾到华联超市民族店酒类经营区调查,发现酒类商品促销标志比比皆是,却没有向未成年人禁售的标志。该店的一位营业员告诉记者说,他们根本没听说出台了《酒类流通管理办法》，而且没听说不能向未成年人出售酒类商品及要设立禁售标志。这位营业员表示，一些未成年人买了酒不一定是自己喝，既然没收到总部的通知，他们是不会拒绝未成年人买酒的。之后，记者又来到位于东葛路延长线的南城百货超市进行采访，这家超市也未设有禁售标志。该店的营业员表示，他们对《酒类流通管理办法》并不了解。这些说明我们的宣传还不够及时、普遍。

三、防止未成年人抽烟喝酒的对策

专家指出，青少年发育尚未完全，各器官功能尚不完备，对烟的有害物质和酒精的耐受力低，肝脏处理酒精的能力差，因而更容易发生酒精中毒及脏器功能损害，影响记忆力及正常的生长发育，还可能埋下肺癌、肝硬化、胃癌、心脑血管病等疾病隐患。同时，青少年神经系统还较稚嫩，自制能力差，酒后易行为失控，诱发各种事故甚至危及生命，如偷食禁果、与人争斗、擅自驾车等。因此，劝阻和制止未成年人抽烟喝酒，不仅是青少年健康成长的需要，也是构建社会主义和谐社会的需要。为此，我们建议有关部门采取以下措施：

1. 加大吸烟喝酒有害健康的宣传力度。在未成年人当中，除了"抽烟喝酒可以让自己变得更潇洒，更有风度"的误解外，确实有不少人认识不到抽烟喝酒的危害。事实上，吸烟容易致癌。流行病学调查表明，吸烟者患肺癌的危险性是不吸烟者的13倍，如果每日吸烟在35支以上，则其危险性比不吸烟者高45倍。吸烟者肺癌死亡率比不吸烟者高10~13倍。吸烟者喉癌发病率较不吸烟者高十几倍。研究还表明，吸烟是许多心、脑血管疾病的主要危险因素。大量的临床试验证实：酒精中的乙醇对肝脏的伤害是最直接，也是最大的。它能使肝细胞发生变性和坏死。一次大量饮酒，会杀伤大量的肝细胞，引起转氨酶急剧升高；如果长期饮酒，还容易导致酒精性脂肪肝、酒精性肝炎，甚至酒精性肝硬化。经常饮酒还容易损害食管和胃黏膜，导致食管炎、胃炎、溃疡病。此外，酗酒对社会具有极大危害，可构成严重的社会问题。我国每年因酗酒肇事立案的高达400万起；全国每年有10万人死于车祸，而1/3以上的交通事故与酗酒及酒后驾车有关。

研究还发现，青少年抽烟喝酒会诱发违法犯罪。统计资料显示，74%的青少年犯罪是从吸烟喝酒开始的。因此，有关方面应大力宣传抽烟喝酒有害健康的知识，让青少年充分认识其危害，从而远离烟酒，或自觉主动地戒烟，有控制地喝酒。

2. 开展丰富多彩的活动。要让未成年人远离烟酒的诱惑，除了通过教育为他们建起一面"防火墙"以外，还应组织健康的课外活动，如体育运动、郊游、志愿者活动等，使同学们心情愉快，积极乐观，健康向上。

由国家烟草专卖局、中国宋庆龄基金会、全国少工委、中国控制吸烟协会联合主办的，持续开展了10个年头的"无烟花季健康成长——'太阳花杯'公益活动"，应该进一步扩大规模和影响力度，吸引更多的青少年参加。通过在全国中小学生中开展主题征文、绘画、书法比赛、知识竞赛、"太阳花使者"培训班、主题夏（冬）令营、"太阳花少年绿化祖国万里行"和开展"绿色环境，快乐生活，无烟花季，健康成长"为主题的种树活动等等，对预防青少年吸烟起到了很好的作用，应该坚持开展下去。

学校要经常开展禁烟禁酒活动。设立班级禁烟禁酒活动优胜流动红旗、开主题班会、办黑板报等。还可以把是否吸烟喝酒作为操行评语的一项内容。

3. 政府应出台"无法界定顾客年龄时购买烟酒需出示身份证"的配套规定。欧美国家早在上个世纪60年代就立法，禁止向未成年人销售烟酒。瑞典政府成立"瑞典禁酒教育委员会"，在中小学进行有关酗酒及其危害的教育，为教师安排训练课程，出版各种各样的教科书。美国政府规定，商家不准向年龄在21岁以下的人售酒，如果发现未成年人在酒吧里喝酒，或者商家把酒卖给穿校服的孩子，可以给警察或工商部门打电话，违法商贩将受到包括吊销执照、罚款等严厉的处罚。对于无法界定未成年人年龄等问题，国外多采取购销实名制的办法，要求商家查看顾客的身份证件。如果是家长支使，有关部门会出面干涉，严重的会对家长进行处罚。

4. 家庭和学校严格管理。家长应该改变观念，在禁止孩子抽烟的同时，不要

让孩子过早饮酒。即使儿女已满18岁，亦不能让其过量饮酒。更不应组织、支持孩子聚集同学在家或在外喝酒。作为家长和教师，要以身作则，尽量不要或少在孩子面前抽烟、饮酒，同时应努力改掉抽烟的习惯。

学校要注意学生的心理调适。学习上为他们减负减压。课外多关心他们的生活。要针对学生抽烟酗酒的现象制定专门的校规。充分发挥共青团的作用，组织监督帮助小组，防患于未然。另外，家长还要与学校密切配合，随时了解孩子的行踪，在孩子吸烟喝酒问题上采取积极干预的态度。家长应该了解一点青少年的心理知识，以平静的心态劝止未成年人抽烟喝酒，以免他们产生逆反心理。

5. 媒体要负起社会责任。有人建议，应该像限制烟草广告一样，对酒类广告也做一些限制。我们认为这一建议非常正确。为了青少年的健康成长，可以在播出时段上尽可能避开儿童和青少年的收视时间，广告上也要打上"喝酒过量有害健康"等说明文字。电视剧和电影非要体现剧中人抽烟喝酒的情节时，也应以出现不良后果为呼应，让未成年人通过媒体逐步认识抽烟喝酒的危害。

总之，只要全社会都积极采取措施，青少年抽烟喝酒的状况就能得到抑制和改善，就会创造出更加有利于青少年健康成长的环境。

第41例　中学生沉溺网络游戏的危害

本节要点

让同学们知道游戏的危害，以及如何正确对待网络游戏。沉溺网络问题是青少年社会问题之一。沉溺网络对青少年造成如下危害：行为上和心理上的依赖感，自我约束和自我控制能力的基本丧失，工作和生活的正常秩序出现紊乱，身心健康受到较严重的损害。针对这些危害，我们应该加强信息品德培养，让青少年正确认识和使用网络，预防青少年沉迷网络。

案例现场

一名少女暑假期间沉迷网络，成天在家中长时间上网，母亲多次劝阻无效，结果一气之下服下毒鼠药，幸而抢救及时，避免了一场家庭悲剧。

案例分析

像这样因青少年沉迷网络引发的家庭悲剧近年来频频发生，许多家长担心孩子沉迷网络，不知道该怎么办。沉迷网络的危害是严重的，家长的焦急可想而知，但是即使如此，要预防青少年沉迷网络也要用对方法。

在现代通讯发达的时代，网络在人们的生活中扮演着越来越重要的角色。随着电脑的普及，越来越多的人都学会上网了，特别是赶潮流，好奇心大的中学生更是踊跃。网络有如此大的吸引力，就在于它传输消息的高速和对其消息的高保真，而且它不受国界和区域的限制。因此，它的作用很多。大多数的初中生利用它来学习、打游戏、聊天、发电子邮件，更有小部分利用这个先进的网络世界做一些不应当做的事，甚至犯罪的事情。例如：浏览不良网页，做一些黑客行为，在网上偷取他人资料，网上盗版、放病毒等，造成社会危害。初中生肯在网上学习是一件好事，因为网上的确有许许多多有用的知识等待我们去学习，这是善用网络的一个方面，我们应该对此鼓励和支持。他们有的还把不懂、急需解决的问题拿到网上去请教别人，这也是解决问题的好方法。

最近，中国社科院的有关学者对北京、上海、广州、成都、长沙五城市初中生运用互联网状况情况进行了调查，数据结果显示：初中生上网的用户中，男生略多（56.6%），年级越高，用户比例越高。调查报告还显示，近80%的初中生用户从1999年开始使用互联网。上网比例最高的是在网吧（58%），其次是在家里（20.45）和父母或他人的办公室（15%）。初中生用户平均每周上网时间为212分钟。初中生经常使用的门户网站为新浪、搜狐、163.COM，完全不限制子女上网的父母占8.4%，大多数父母控制子女上网时间。

从调查情况看，初中生用户上网目的分为实用目的、娱乐目的、网络技术使用和信息寻求。超过50%的使用率的功能有网络游戏（62%）和聊天室（54.

第二章 初中篇

5%），其次是使用电子邮件（48.6%）。约50%的初中生用户有保持电子邮件联系的朋友；25.2%的初中生用户在聊天室或BBS上经常发言；37.6%的初中生用户使用ICQ与认识或不认识的朋友联系。初中生对互联网的需求主要是"获得新闻"、"满足个人爱好"、"提高学习效率"、"研究有兴趣的问题"以及"结交新朋友"。

从以上数据可以得出，互联网已经成为初中生了解外面世界的一个主要窗口。那么，互联网对初中生都有哪些影响呢？

我们认为：互联网对初中生的影响主要表现在以下几个方面：

第一，互联网为初中生提供了求知和学习的广阔空间。在互联网上的虚拟学校中上课，目前已成为国外大、中学校的一种新颖的教育模式。初中生不仅可以通过互联网及时了解学校的情况，而且还可以直接学习课程，和学校的老师进行直接交流、解答疑难、获取知识。诸多的网上学校的陆续建立，为初中生的求知和学习提供了良好的途径和广阔的空间。

第二，互联网为初中生获得各种信息提供了新的渠道。获取信息是初中生上网的第一目的。当前初中生的关注点十分广泛，传统媒体已无法及时满足初中生这么多的兴趣点，互联网信息容量大的特点最大限度地满足了初中生的需求，为初中生提供了最为丰富的信息资源。现在，互联网正在成为初中生获取种种信息的最佳来源。

第三，互联网有助于初中生不断提高自身技能。美国的一些专家学者将计算机技能作为未来成功青年所必须掌握的五项基本技能之一，因为在互联网上，我们几乎可以找到涉及人类生活的所有方面的各类信息，对能够熟练使用计算机的初中生来说，可以说是取之不尽、用之不竭、学之不完的知识宝库。

第四，互联网有助于拓宽初中生的思路和视野，加强初中生之间的交流和沟通，增强初中生的社会参与度，开发初中生内在的潜能。由于互联网的包容性，使上网的初中生处于和现实生活完全不同的环境中，在思考的过程中，初中生不仅锻炼了自己独立思考问题的能力，而且也提高了自己对事物的分析力和判断力；网络的互动性使初中生可以通过网上聊天广交朋友，参与社会问题的讨论，发表观点见解；而网络的无边无际也会极大的激发初中生的好奇心和求知欲，使其潜质和潜能能有效地开发出来。

以上四点都是互联网对初中生的正面影响，那么，互联网对初中生有没有负面影响呢？

我们的回答是肯定有的，互联网是把双刃剑，它对初中生的影响既有其积极的一面，也有其消极的一面。随着越来越多的初中生逐渐接触和深入网络空间，负面影响日趋凸现。主要集中在以下几个方面：

一、互联网对初中生的人生观、价值观和世界观形成构成潜在的威胁。互联网是一张无边无际的"网"，内容虽丰富却庞杂，良莠不齐，初中生在互联网上频繁接触西方国家的宣传论调、文化思想等，这使得他们头脑中沉淀的中国传统文化观念和我国主流意识形态形成冲突，使初中生的价值观产生倾斜，甚至盲从西方。长此以往，对于我国初中生的人生观和意识形态必将起一种潜移默化的作用，对于国家的政治安定显然是一种潜在的巨大威胁。

二、互联网使许多初中生沉溺于网络虚拟世界，脱离现实，也使一些初中生荒废学业。与现实的社会生活不同，初中生在网上面对的是一个虚拟的世界，它不仅满足了初中生尽早尽快占有各种信息的需要，也给人际交往留下了广阔的想象空间，而且不必承担现实生活中的压力和责任。虚拟世界的这些特点，使得不少初中生宁可整日沉溺于虚幻的环境中而不愿面对现实生活。而无限制地泡在网上将对日常学习、生活产生很大的影响，严重的甚至会荒废学业。比如，我所教过的上一届的学生高某，他的父亲是位小学教师，在农村教书，很忙，顾不得来看他的学习情况。母亲是个农民，又不识字，来了也白来。他在城里上学，书不好好读，网吧却是经常出入，母亲虽然不定什么时候来做几天饭，却对儿子上网一无所知，老师发现有问题，怀疑是上网了，经调查，他果真是经常上网，通知其家长，家长来了揍一顿，管不了三天，他又一如既往了。他上网的时间主要是在课前饭后以及晚上，有时能玩通宵，这样，第二天上课就没有精神，有时甚至睡大觉。久而久

之，学习自然也就一塌糊涂了。

三、互联网中的不良信息和网络犯罪对初中生的身心健康和安全构成危害和威胁。当前，网络对初中生的危害主要集中到两点，一是某些人实施诸如诈骗或性侵害之类的犯罪；另一方面就是黄色垃圾对初中生的危害。据有关专家调查，因特网上非学术性信息中，有47%与色情有关，网络使色情内容更容易传播。据不完全统计，60%的初中生虽然是在无意中接触到网上黄色信息的，但自制力较弱的初中生往往出于好奇或冲动而进一步寻找类似信息，从而深陷其中。调查还显示，在接触过网络上色情内容的初中生中，有90%以上有性犯罪行为或动机。

针对上述负面影响，我们有什么好的对策呢？

与网络对初中生的正面影响相比较，其负面影响显得更加突出而尖锐。要解决这些问题，发挥互联网对初中生的积极作用，摈弃和遏制互联网对初中生的负面影响，我们应该做好以下几项工作：

一、政府有关部门要尽快建立健全有关法律机制，出台有关法规，采取有效措施，最大可能地防止利用网络进行犯罪或传播不健康信息的行为和现象。加强互联网对初中生影响的研究工作，正确制定应对措施。大力培养适应网络时代要求的初中生教育工作者。加大宣传力度，使初中生认识到互联网的负面影响，从而有效地减少和避免互联网对初中生的伤害，使其最大程度地发挥积极作用。在网上经常举办有利于初中生健康成长成才的活动，吸引初中生的积极参与，达到潜移默化的引导教育作用。

二、净化社会环境，在学校周边500米以内不得有网吧、游戏厅等，网吧、游戏厅业主不得容纳未成年人，不得挣黑心钱。街道、居委会、社区形成合力，随时监督检查，发现问题及时教育，并通知其家长。

三、父母对孩子上网要因势利导，宜疏不宜堵。对于上网聊天和交朋友，玩英雄也未尝不可，不过要适可而止。大家都知道网络世界是三教九流，什么都有。对方是品德纯良的好人固然是好，但这个世界并不是那么美好，总有它险恶的一面。而我们中学生对自己的保护能力又不够强，容易上当。所以就需要父母来指导。

子女在上网聊天的时候，如果允许，父母可以在旁指导，防止子女交上坏朋友。还有中学生也喜欢在网上发邮件，互相问候。但也有人利用这个来传播病毒和偷取资料，所以不明来历的邮件最好不要随便打开来看。

对于一小部分中学生浏览不良网页，做黑客等违法行为。首先，作为父母的平时要时常对子女进行教导，告诉他们这样做的后果和对社会的危害。针对不良网页，父母可以买一些正版的可以对付那些色情网页的软件，特别是经过国家认证的软件，并监督子女把软件安装好。

四、学校对于学生因上网聊天、玩游戏而耽误学业更有不可推卸的责任，尤其是班主任老师，更应当经常不断的教育学生，给予正面的引导。讲清楚上网聊天、玩游戏的危害。对于那些精神萎靡不振的学生要特别关注，对于那些确系上网聊天、玩游戏的学生既要批评教育，也要和家长联系，可以让家长采取盯死的办法，什么时候送到教室，什么时候接孩子回家，要有一个时间表。

我们的教科书固然要教学生对电脑的操作，但最好能在教科书中加入一些有教育性的内容，让学生深刻的认识到浏览不良网页的害处和做黑客行为对社会的危害，如果一个人的思想不正确，他学得的知识越多对社会的危害反而就越大。

五、应该谈谈我们中学生自己了。我们应该认识到浏览不良网页的害处，要自觉抵制。黑客行为这种对社会危害如此大的事情更不能做。如果是有关系到国家机密资料，我们破坏或偷取了更是危害到国家的安全。我们都知道盗版软件也属于盗版行为，要负法律责任，所以我们也不能做。

总之，网络双刃剑，宜疏不宜堵。网络世界是多姿多彩的，对人们的生活有很大的帮助。好的东西要积极去做，不要利用网络做坏事。在现代，网络在生活中的比重越来越大，也意味着规范好人们在网上的行为越来越重要。人们在网上的行为规范好了，对社会主义精神文明也有重要意义，对社会主义现代化的发展也会起着积极的作用。互联网对初中生的影响有积极因素，也有消极影响。二者都不可忽略。既不能因为它的积极因素而放任不管，也不能因为它的负面因素而因噎废食。

第二章 初中篇

第42例 有人拉你参与打架怎么办

本节要点

由于社会不良风气的影响，学生的年龄决定他们遇事冲动、争强好胜，学生日常发生口角，动手打架，已经成为必然。所以我们应当正确面对学生之间的矛盾。如果有人拉你参与打架，你应该如何应对。

自我保护是未成年人权益保护的一个关键性环节。在维护未成年人权益中，我们更多的是关注社会保护、学校保护、家庭保护和司法保护，而忽视了未成年人的自我保护。然而，事实告诉我们，自我保护是未成年人权益保护的一个关键性环节，只有广大未成年人增强了自我保护意识和能力，其他几种保护才更具实效。比如：独自在家的青少年如何应对陌生人的来访？北京电视台"今日话题"专题节目就曾经播出了这样一个片段：电视台的工作人员装扮成调查公司职员的身份，在经得家长和老师的同意后，对一名男生进行测试，测试人敲响了这位男生的家门，男生不假思索就拉开门做出了请进的手势。进门后，测试人问男生：为何问都不问一声就开门，男生回答说："我没听清楚，以为是送牛奶的人。"测试人又问："要是我是坏人进了门，你怎么办？"男生回答到："没想过，那我就只能智取了呗。"还有另一位被测试的女生尽管当时没有开门，但测试人扮成送材料的人把材料放门口后不久，女生就打开了门。

在心理健康课上，老师问："别人帮助了你，你在家门口却不请他进屋，这种情况下感到内疚的同学请站起来。"七八位同学站了起来。老师说："这几位同学很善良，但是，会不会有万一呢？"她给大家讲了个案例故事：有个叫凯丽的同学抱着一大堆东西上楼，面对陌生人的帮助，她3次谢绝都不成，最后在不能不信任热心人的内疚心理驱使下，她打开了自家的门，而那个热心的人却正是害人的人。

犯罪分子和意外灾害并不可怕,可怕的是不具备防范意识和能力。多一点自护知识,就会多一分安全。目前各种违法乱纪的犯罪分子也越来越猖獗,偷、抢、诈骗等违法行为也越来越多,几乎每天都有发生。同学们放寒暑假那么长时间在家,如果碰到一些违法乱纪现象,应该懂得怎样应付,使自己不受侵害。

如果有人拉你参与打架,你应该怎么办?

(1)自己坚决不去。不管这件事和你是否有关,不管矛盾双方和你本人的关系如何,你都不能参与。

(2)设法劝阻。尽自己的最大的能力说服对方,表明打架的危害性。

(3)及时报告。如果劝服不了,就及时向老师、家长或学校领导报告,严重的要打110报警。

当代青少年思潮泛滥,社会不良风气影响严重,学生在家养尊处优,骄生惯养,学生的年龄决定他们遇事冲动、争强好胜,学生日常发生口角,动手打架,已经成为必然。所以我们应当正确面对学生之间的矛盾。

学生发生矛盾都是事发有因的,有的是经过多日的摩擦,有的是多日的积怨。作为学生本人也知道打架的不良后果,甚至畏惧打架带来的后果,一般不会发生一点小矛盾就立即打架,因此学生发生矛盾是可预防的,我们要有一套行之有效的学生事故预警机制。我们可以通过班主任、各寝室、班级干部等渠道,动态了解学生的思想,对学生之间的矛盾处理在萌芽阶段,让他们还未成长即消亡。

学生发生矛盾的处理原则:

1.化解为主的原则

学生之间的矛盾要以全力化解为主要原则,争取取得对方的理解,握手言和为贵。

2.及时处理的原则

学生发生矛盾时要坚持及时处理的原则,即发生了矛盾要立即进行处理,避免不及时的时间差而带来的后患。

3.思想教育为主的原则

面对学生之间的矛盾切忌体罚，千万不要用开除等进行恫吓，这样使无所谓的学生死猪不怕开水烫，你爱咋咋地；使胆小的同学想不开，出现极端行为。

学生发生矛盾的处理办法：

学生发生矛盾后要经过以下四步曲，方能唱出和平歌。

1. 对双方分开冷化

将矛盾双方分开冷化，分别将他们安排到不同的空间，让他们独自写出事情经过，诱导他们从自身寻找错误，让他们承认自己存在的错误，这样，冷寂的空间环境，事过境迁的肇事主冲动之后会后悔的。通过这一步，化解他们心中的坚冰。此过程以一个小时为宜。

2. 分别谈话

对他们分别进行隔离谈话，动之以情、晓之以理，使他们面对慈祥的老师勇敢承认错误，并做出和解的承诺，这为双方握手言和的见面打下了基础、铺平了道路。

3. 双方和解

矛盾双方见面，和解。在这一环节，作为教师千万注意观察他们是否真心和解，并且灵活地运用适当的语言辅助和解、促进和解。

4. 按照规定做出处理

学校的规定必须执行，该怎么处分就怎么处分，这样让他们在和解互谅的基础上，也感受到学校制度的威严。

学生之间有矛盾是很平常的事情，不一定非要通过武力来解决，我们需要有足够的理智和自我保护意识，在双方能够心平气和的解决问题时千万不要大动干戈，我们需要的是和平、和谐。

第43例　了解校园暴力造成的危害以及应对方法

本节要点

通过本节内容，让同学们认识了解校园暴力可能造成的危害有哪些，面对这些危害，我们应该怎么办。

如今，曾一度被认为是一方净土的校园，人身伤害事件频频发生，而且性质日趋严重。这些暴力行为使众多学生的心灵蒙上了阴影，也在某种程度上削弱了学校的育人功能。此时，怎样应对校园暴力成为学校教育无法回避的问题：如何才能唤起家庭、社会的支持形成教育合力？如何关注学生的心理疏导才能有效增强学生抗挫及自我调适能力？如何进行教育研究才能优化教师的育人技能与艺术？我们对此进行了思考与尝试。

校园暴力并不是一个罕见现象。在任何国家、地区，以及任何时代，都会有校园暴力的现象出现。校园暴力种类：肉体伤害，如打架、欺负弱小同学，甚至伤害老师。还有校园凶杀、校园抢劫、校园性侵犯、校园黑社会等。校园暴力越来越集体化，而更多的带有黑社会性质。如帮派、收取保护费等等具有组织形式的校园暴力。

校园暴力具有非常严重的社会危害，具体来说，主要是以下几点：

1. 使弱小的中小学生从小接受以强凌弱的暴力意识。对于中小学生来说，他们在遭受暴力侵害的过程中想到什么了呢？他们眼睛看到的和他们头脑里当时意识到的，就是有力量的人可以侵害没有力量的人，力量加野蛮使侵害者获得了尊严，而文明和没有力量使他们自身失去尊严、受到伤害。这种意识又导致在他们有了力量以后再去侵害比他们弱小的人，甚至成年以后还实施虐待妻儿、抢劫钱财等更为严重的暴力犯罪行为。

2. 对受害的中小学生的身心造成了严重伤害。由于受到暴力侵害, 有的学生身体受伤要住院治疗; 有的学生导致精神失常; 有的学生性格发生变化, 沉默寡言、孤僻古怪; 有的学生因为无法承受压力而自杀等等。这种伤害对于他们的影响是终生的。

3. 严重影响了中小学生的正常学习。经常受到校园暴力侵害的学生整日生活在暴力的阴影当中, 学习成绩一般都下降严重。甚至有些学生由于受到严重伤害不得不住院治疗或者休学, 正常的学习被迫中断。而对于老师实施的暴力侵害行为, 一般都会导致受到伤害的学生畏惧学校, 不愿意再去上学。

4. 破坏了社会秩序, 使人们对法律失去信心。尽管我们一直在强调要对青少年加强法制教育, 使青少年从小知法、守法, 懂得用法律武器保护自己, 但如果这种校园暴力的状态得不到有效改善, 学生受到严重侵害而感受不到法律的作用, 那么不但受害者本人会对法律失去信心, 就连他们的家人、同学等也会对法律失去信心, 最终导致我们的法制宣传事倍功半。

校园暴力在很多人的心里都留下很深的烙印。这种不良影响, 不仅仅体现在受害者, 也使施暴者的心灵成长和社会前途增添了大量的阻力。

对于施暴者: 第一, 走上犯罪道路。那些常在中小学打架, 特别是加入到暴力帮派的学生, 很多都走上犯罪道路。第二, 被社会遗弃。很难获得社会 (主要是学校和家庭) 的认可, 社会归属感长期得不到满足。第三, "捷径" 意识。喜欢畸形发展道路, 好逸恶劳, 不善于积累, 难以感受到成功的激励。

对于受害者: 第一, 肉体损伤甚至残疾。第二, 变得懦弱。缺乏信心和勇气, 自卑, 逃避。第三, 痛苦。造成心灵的阴影和伤害。

在如何预防和减少校园暴力的问题上, 应该主要采取以下措施:

1. 加大宣传和教育力度。要让社会充分认识到校园暴力问题的严重程度以及危害。充分认识这一问题, 不但会促使社会各界群策群力, 思考解决问题的办法, 而且会影响校园暴力的实施者和受害者的行为, 使实施者减少侵害行为, 使受害者增强自我保护的能力和意识。

2. 控制暴力文化的传播。多年来公安、新闻出版等部门一直在努力采取措施，遏制"凶杀暴力"出版物的传播。现在的关键是采取有效措施，控制电视、电影、网络等媒体对于暴力文化的传播。

3. 学校与当地公安机关建立联动机制。学校把发生在校内以及周边地区的不稳定因素尤其是可能引发暴力事件的因素都及时报告公安机关，而公安机关配合学校进行宣传、教育。对于实施暴力侵害行为的，一定要及时依法给以惩处。

4. 加强对学校领导、管理人员以及老师的教育和管理力度。虽然老师以及学校管理人员不是校园暴力的最主要实施者，但这类伤害也占了很大比重，并且影响极为恶劣。教育行政主管部门应该加强对于学校领导、管理人员以及老师的教育、培训和管理力度。对于那些实施暴力侵害的老师以及管理人员，应该态度鲜明地予以处理，使老师以及学校管理人员真正成为预防和减少校园暴力的积极因素，从行为上为学生树立依法、和平解决争端的榜样。

5. 从小对未成年人进行责任意识的教育。由于我们对于未成年人保护问题宣传不足，导致一些未成年人对于责任问题有了错误的认识，一些年龄稍大的未成年人认为侵害了低年级的中小学生无所谓，即使严重一些，自己年龄还小，也不会承担什么责任。实际上，根据我国现有的民事立法，10到18周岁的未成年人是限制民事行为能力人，对于他们能够理解、判断的一些侵权行为，他们自己是要承担法律责任的；而根据刑事法律，14周岁到16周岁的未成年人，对于抢劫、故意伤害致人死亡、故意杀人等8种严重刑事犯罪也是要承担责任的；而16周岁以上的未成年人，对于所有的刑事犯罪都要承担刑事责任。也就是说，我们必须在他们还小的时候就加强责任意识的教育。使他们充分意识到，如果他们去伤害了其他低年级的同学，他们不但可能要赔钱，而且可能要坐牢。

6. 加强在校学生自我保护方面的教育。我们应该教育学生在面对暴力时的策略与勇气，遭遇暴力以后应该如何对待等。如面对高年级同学以及校外人员的侵害要及时向父母和老师汇报；对于老师的侵害要及时向父母和学校领导汇报；对于学校管理人员的侵害要及时向父母、学校领导或者教育行政主管部门汇报；对

于严重的侵害行为可以向公安机关报案或者向人民法院起诉等。

7. 清理学校周边环境。歌舞厅、游戏厅、卡拉OK厅、录像厅、网吧等这些娱乐单位，一定要远离学校；学校周边也不应该建集贸市场等人员杂乱的经营场所。对于已经建立的上述单位，应该组织搬迁，为学校创造一个安定、清静的办学环境。

8. 学校加强门卫制度。学校校门口要有专人值班，对于想要进入学校的校外人员，一定要检查证件、问清事由。发生有人强行进入的情况，校门值班人员一定要及时报告给公安机关和学校保卫部门。

总之，孩子的自控能力不强，容易冲动，道德体验不足，如果自尊心过强，身强力壮，就可能打架。出现这种情况，简单的批评和惩罚作用是不大的，不合适的惩罚还会把孩子推向深渊。要让他们承担责任。道歉、处罚，对损失负责，靠自己的行动来补偿损失。为他们规划，寻找更有利的发展方式和回报渠道。在教育心理专家的帮助下，纠正不良习惯和不良认识，培养更好的行为模式。在遭遇校园暴力的时候，一定要沉着冷静，用心处理，减少损失，尽可能不发生冲突，以减少肉体伤害。受到伤害一定要及时告诉家长。家长是帮助解决问题，而不是袖手旁观，不是斥责，更不能帮着实施暴力手段。让孩子形成意识：家长是孩子最大的支持力量，家长始终在保护孩子。对受害者一定要鼓励其起来斗争，如报警、报告老师和学校，甚至法院上诉，争取自己的正当权益。心理调适。在教育心理专家的帮助下，消除心理阴影。

安全部门（如派出所），以及学校要承担起学生安全的责任。不要因为案件太小而不理会。尽管有时候仅仅是一个耳光、用力一掐，或仅仅是几元钱，但是可能会给孩子留下终生的阴影，或影响着在校学习这几年的学习和生活。校园暴力如果有校外不良人员的参与，情况会变得异常复杂，对孩子的心灵和肉体的伤害会成倍放大。但由于线索清晰，打击起来并不是太难。

校园暴力问题已经成为一个严重的社会问题，应该引起有关部门的高度关注。要为孩子们创造一个良好的学习和成长环境，使他们得以在和谐、友爱、尊重、平等的环境中健康成长。

第44例 增强自律意识，不进入未成年人不宜进入的场所

本节要点 /

了解未成年人不宜进入的场所有哪些，增强自律意识，不进入法律明文规定未成年人不得进入的各类场所。

青少年期是个体从童年向成年发展的过渡期。青少年期心理发展的基本特征是矛盾动荡性。青少年心理发展的矛盾主要表现为思想意识与心理行为不稳定性。具体表现为：两极性：情绪行为两极波动；闭锁性与开放性：对成人闭锁，对同伴开放；反叛性：反叛传统，喜欢标新立异。青少年期是最容易出现心理和行为异常问题的时期。

未成年人的身心特点决定着少年儿童很容易模仿他人的行为，接受环境的刺激。少年儿童具有较强的环境敏感性，特别是某些特定场所对少年儿童走向违法犯罪道路具有较多的负面影响。对此，法律明文规定未成年人不得进入该类场所。我国《预防未成年人犯罪法》第十四条规定，未成年人的父母或者其他监护人和学校应教育未成年人不得进入营业性歌舞厅等法律、法规规定未成年人不适宜进入的场所；《未成年人保护法》第二十三条规定："营业性歌舞厅等不适宜未成年人活动的场所，有关主管部门和经营者应当采取措施，不得允许未成年人进入。"

依照有关法律、法规的规定，不适宜未成年人进入的场所主要有以下几种：一是营业性歌舞厅、酒吧、夜总会、通宵影剧院；二是带有赌博性的娱乐室、游戏场、网吧；三是营业性台球房；四是卡拉OK和电子游戏经营场所在学校上课期间不能向中小学生开放；五是审定为"少年儿童不宜"的影片、录像、录音等播

放场所禁止向未成年人开放。

营业性电子游戏场所在国家法定节假日外，不得允许未成年人进入，并应设置明显的未成年人禁止进入标志。对于难以判明是否已成年的，上述场所的工作人员可以要求其出示身份证件。从这一规定可知，营业性歌舞厅是禁止未成年人进入的，目的是为了保障未成年人的身心健康，如果你为了赚钱，允许、放纵未成年人进入歌舞厅，就违反了以上法律规定。

我国提倡守法经营，违法者必然要承担责任。《预防未成年人犯罪法》第五十五条规定："营业性歌舞厅以及其他未成年人不适进入的场所、营业性电子游戏所，违反本法第三十三条的规定，不设置明显的未成年人禁止进入标志，或者允许未成年人进入的，由文化行政部门责令改正、给予警告，责令停业整顿、没收违法所得，处以罚款，并对直接负责的主管人员和其他直接责任人员处以罚款，情节严重的，由工商行政部门吊销营业执照。"

法律规定的未成年人不易进入的场所，大都乌烟瘴气，鱼目混珠，充满了色情、暴力和其他犯罪成分，会严重影响青少年的身心健康，不适宜未成年人进入，更不适宜女生进入。

未成年人是祖国未来的建设者，是社会主义事业的接班人。加强和改进未成年人思想道德建设，是关系国家前途和民族命运的希望工程，关系广大家庭切身利益的民心工程，意义十分重大。近年来各种淫秽色情活动呈泛滥之势，严重败坏社会风气，污染社会环境，危害青少年的身心健康，人民群众对此深恶痛绝。我们应该认真贯彻落实中央关于加强和改进未成年人思想道德建设的决策部署，以学校为龙头、社区为平台、家庭为基础，把学校、社区、家庭三个方面力量有机组合起来，形成"三位一体"的思想道德教育网络，共同创造有利于未成年人健康成长和全面发展的良好环境，收到良好效果。具体做法是：

一、在学校的统一部署下，各班开好主题班会，深入学习八荣八耻，认真践行社会主义荣辱观；结合实际，剖析网络色情的危害，适度、适当的把性心理、性道德、性卫生、性法制有关的内容向学生阐述，引导他们有健康的情趣，有自制的意志力，把知、情、意、行恰到好处的结合；此外，学校积极筹措资金，购买电脑等上网设备，利用节假日免费向学生开放；各班级成立兴趣小组，积极开展丰富多彩的课外活动，让学校成为学生健康成长的一方净土。

二、积极与文化，公安，电信，工商等主管部门协商沟通，让各部门齐抓共管，使学校附近200米以内没有网吧存在，500米以内没有不宜未成年人进入的场所营业，我国《预防未成年人犯罪法》第二十六条规定："禁止在中小学校附近开办营业性歌舞厅、营业性电子游戏场所以及其他未成年人不适宜进入的场所。"法律之所以这样规定，是因为这些场所会对未成年人产生负面影响。这些地方都是高消费场所，不论活动内容还是方式、环境、气氛等都不适宜未成年人；未成年人又没有经济来源，为进入这些地方，不少人便会采取非正常手段去弄钱，容易走上犯罪道路。在中小学附近开办这类场所，会增加其负面影响。其一，扰乱了学校的教学秩序。歌厅舞厅和录像厅为招徕顾客，常用音箱高声放乐曲，影响教师正常教学，学生也无法安心学习。其二，对未成年人产生诱惑力。未成年人上学放学都要经过这些场所，耳濡目染，会使他们因好奇而进去瞧一瞧、玩一玩，慢慢的无法自拔。其三，便利了未成年人的进入。有的学生利用课间溜到游戏机室，玩起来就忘了时间。在中小学附近开办未成年人不适宜进入的娱乐场所，增强了对未成年人的诱惑力，增加了他们进入这类场所的可能性。所以，国家法律明令禁止在中小学校附近开设营业性歌舞厅、电子游戏厅等场所。从而净化学校的周边环境，为学校营造一个文明、和谐的育人环境。

三、不定时的召开家长会，及时与部分家长取得联系，将学生在校的学习情况反馈给家长，了解学生在家的具体表现，针对部分学生放学途中在不宜未成年人进入的场所驻足流连甚至通宵达旦，彻夜不归，严重影响了学生的身心健康的现状，让其家长领悟，堵截不是办法，撒手不管更不理智，应该给予正确引导，帮助学生自律，让学生有一个正确的人生观和价值观，明白什么是美，什么是丑，培养学生的自我保护意识。并请部分离退休老教师担任健康监督员，使学生处于学校，社会和家长"三位一体"的管理网络之中，以此来加强对学生的教育管理，使

第二章 初中篇

145

每个学生都能成为社会的有用之才。

希望此举能够得到学生家长的一致好评，学生自觉抵制外界的诱惑，热爱学习，积极参加社会公益劳动。

我们要增强自律意识，自觉不进入未成年人不宜进入的场所，并逐步养成自觉遵守与维护公共场所秩序的习惯。

第 45 例　学会克服青春期的烦恼，调节情绪，抑制冲动

本节要点

了解青春期青少年心理和行为上发生变化的原因，帮助孩子们克服青春期的烦恼与冲动。

青春期，人生旅途中一个非常特殊的时期，是幼稚与成熟同在，烦恼与希望并存。青春期是直接关系和影响一个人一生荣辱与成败的关键时期。谁说"少年不知愁滋味"人生少年时，就是会面临许多烦恼，充满迷惘，感到困惑，甚至手足无措，这是每个人成长都要经历的。

青春期的孩子，反抗性极强。他们常常爱激动，乱发脾气，与大人唱反调，这是因其自我意识开始树立，做事要按自己的意愿办，如果大人稍加约束，就会产生反抗心理。自我显示，青春期的孩子虚荣心很强，他们穿华丽的服装，在同学中做出哗众取宠的举动，目的就是要显示自己，这种倾向虽是青春期的正常现象，但应加以正确引导，否则易于为了满足虚荣心而走上邪路。关心异性，由于性激素的刺激，青春期的孩子对异性异常关心。异性成为同学中谈话的中心话题，有的孩子偷偷地阅读性知识书籍，更有的孩子试图建立一对一的男女交际等等。因此，进入青春期，青少年有各种各样的烦恼。

（一）学习类问题

首要的烦恼是来自学习上的烦恼。他们的情绪和心境随着学习成绩的好坏而转移，很多同学感到学习压力大。比如：有这样一种现象：很多同学认为：在学习上我已经尽最大努力了，可是爸爸和老师总说我学习不用心，我难道就不想考大学？我难道不求上进？我认为我不是那样人，为此，很苦闷、心烦。造成这种烦恼的原因我觉得是青少年自我认识的一个冲突，即"本我"与"非我"的矛盾。父母和老师看到的是他的实际努力状况，即他的"本我"；他自己感觉到的是与自身实际情况不同的主观认识，即"非我"。这就产生了自我感觉和自我表现不相容的"本我"与"非我"的矛盾。还有这样一种烦恼，初中时的学习"尖子"到高中，班级中学习高手云集，强手如林，有同学和我说："一个个高手挡在我面前，让我自愧不如，我拼命追赶，就像"龟兔赛跑"中的乌龟，然而别人并不是懒惰愚蠢的兔子，而是一个个箭步如飞。" 这时会为找不准自己位置而烦恼。

因学习而产生的心理问题还有很多：例如：1. 学生学习的心理压力越来越大，造成精神上的萎靡不振。2. 厌学是目前学习活动中比较突出的问题，不仅是学习成绩差的同学不愿意学习，一些成绩较好的同学亦出现厌学情绪。3. 考试焦虑，特别是遇到较为重要的考试时焦虑更为严重。

（二）人际关系问题

人际关系问题也是中学生反映较多的问题。其问题有以下几个方面：

1. 与教师的关系问题。其主要问题是教师对学生的不理解、不信任而使学生产生的对抗心理，以及教师的认知偏差等情况给学生造成的压抑心理，攻击行为等问题。

2. 同学间的关系问题。中学生除希望得到老师的理解与支持外，也希望在班级、同学间有被接纳的归属感，寻求同学、朋友的理解与信任。他们渴望友情，可是同学之间的矛盾，使他们感到无比烦恼。比如：有一位高二的女生，与本班一名女生很要好，她说："当我有什么心事的时候，想与她倾吐，其实也不需要她给我出主意，只要她耐心听就行，可她从来都不耐心，什么事都得我让她，凭啥？"我想

这与独生子女的自身特点有关, 现在的独生子女普遍存在个人主义倾向, 缺乏理解他人, 为他人着想的精神。

3. 家庭中亲子关系及父母关系问题。民主型的和睦良好的家庭给中学生一个温暖的归属港湾, 专制式的家庭中父母与其子女之间不能进行正常的沟通, 造成儿童孤僻、专横性格。家庭的种种伤痕, 会给中学生造成不同程度的心理伤害。亲子关系烦恼: 常有家长诉苦, 孩子越来越不像样子, 总是和大人发火, 父母说什么都不对他的心思?孩子也是一顿抱怨, "真是公说公有理, 婆说婆有理"。为什么这样?我认为: 孩子在青春期时, 都有一个特点: 自己感觉自己已经长大, 有一种膨胀的能量。这个时期的父母, 也有一大特点: 觉得这个时候是成长的关键时期, 很想为孩子掌舵, 孩子愈争取独立, 父母愈干预。

看过上海市心理咨询中心最近完成的一项调查显示, 现在的孩子同自己的父母越来越疏远, 甚至从不与父母交谈。该调查数据显示, 约有69%的学生感到无法与父母交流和沟通, 对于成长过程中遇到的困惑、烦恼和问题, 42%的学生认为难以与父母交流, 27%的学生表示从不与父母交流。父母对孩子物质上的过度溺爱, 学业上的过高期盼, 情感上的漠视与置之不理令孩子们困惑不解。

父母关系烦恼。幸福享和快乐的家庭会给孩子带来快乐, 反之, 不幸的家庭会造成孩子心理上的创伤。比如父母的争吵、父母的离异、父母下岗造成经济明显拮据等, 这些也是孩子们烦恼的事情。调查发现离异家庭呈上升趋势, 有的离异家庭把孩子当成了"沉重的包袱, 谁都不想扛。"大人觉得孩子不懂事, 可孩子却是在用心感受这一切。

作为教育者, 首先应明白孩子在日常生活中发生一些变化是正常的, 是青春期心理变化在行动上的体现, 家长不必过分注意和担心, 对孩子的某些不切实际的想法和行动不应过分压制。否则就会造成孩子与父母的心理隔阂、加重孩子的心理负担。更重要的是, 父母应充满爱心地去对待孩子。如果父母只是一味地责骂, 就会加剧孩子与父母之间的对立。父母应主动找孩子交谈, 关心其学习, 倾听其理想, 并加以赞扬和肯定, 建立起孩子对父母的信赖感, 在谈话中了解孩子的烦恼和困惑，对症下药，找出消除其烦恼的正确方法。

（三）青春期心理问题

1. 青春期闭锁心理。其主要表现是趋于关闭封锁的外在表现和日益丰富、复杂的内心活动并存于同一个体，可以说封闭心理是青春期心理的一个普遍存在而又特殊的标志。

2. 情绪情感激荡、表露而又内隐。青春发育期的生理剧变，必然引起中学生情感上的激荡。这种动荡的情感有时表露有时内隐。

3. 早恋。中学生一般尚未成年，我们把中学生这种未成人时的恋爱称为早恋。中学时代，正值青春发育期，而这一时期最突出的矛盾之一是性发育迅速成熟与性心理相对幼稚的矛盾。有人对青春期恋爱现象做了这样比喻：80年代属于"星星之火"，90年代有"燎原之势"，21世纪的今天，有点"汹涌澎湃"。进入青春期以后，由于性的成熟，性意识的萌芽，男女同学都会产生对异性的好感和爱慕。这是没有办法避免的。但如何把握异性关系，一方面有相互吸引，一方面有自我责备。于是常常陷入烦乱和躁动中。

（四）挫折适应问题

中学生的挫折是多方面的，有学习方面的、人际关系方面的、兴趣和愿望方面的以及自我尊重方面的。最常见的有自尊心受到伤害、嫉妒心作怪等引起的失落、失望甚至绝望。人生不如意事，十之八九，所以，放平心态，放宽心境，相信一切都会好的！

有时候，青少年会感到莫名其妙的烦恼，这些烦恼究竟是些什么样的烦恼，连他们自己都说不清楚。只觉得有一种莫名其妙的烦恼在左右着心灵。这种莫名其妙的烦恼是青春期特有的不稳定性和不满心态的表现，在心理学上称之为"情感饥饿症"。由于这些烦恼的存在致使青少年常常有自卑、抑郁、孤独、烦躁等不良情绪体验。

青春期烦恼成因分析。青少年的烦恼是一个极其复杂的心理过程，它是由内在因素与外在因素相互作用而成的。

第二章 初中篇

1. 成人感和半成熟现状之间的冲突是引发他们烦恼的直接根源。青春期是青少年生理加速发育的高峰期，由于身体加速成长，生理迅速成熟，特别是"第二性征"的出现，有相当一部分孩子在出现这种情况时，情绪会发生变化，变得烦躁不安。

生理的变化使青少年产生了"成人感"——自以为已经成熟。又因为发展的不均衡，他们在知识、经验、能力方面并未成熟，只处于半成熟状态。二者冲突是引发烦恼的根源。

2. 理想模糊与缺失也是青少年迷惘与困惑的根源。有谚语曰：无志者常立志，有志者立长志。很多青少年凭一时的兴致高低，"立志草"，而不是"立志早"还有一种现象即"空志=无志"，确立志向、理想目标之后却不付诸行动。

教育中，对其责任感的培养缺失。一个只会享受的青少年，不仅自己生活学习没有动力源泉，而且无法面对竞争。无法产生积极的情绪体验。烦恼、焦躁便油然而生。

1. 生理需要与睡眠不足。睡眠是基本的生理需要，有助于消除疲劳。可青少年的现实状况却令人担忧。匹兹堡大学的罗拉得·达尔教授的一项研究发现，睡眠不足对我们的情绪影响很大，他说："对睡眠不足者而言，那些令人烦心的事更能左右他们的情绪"。有数据调查显示：青少年睡眠不足，质量不高非常突出，77%的中学生睡眠不达标。

2. 家庭教育。不少父母对教育规律知之甚少，教育方式简单，在与孩子的日常交往中不考虑孩子的压力承受能力，将成人的恐慌心理直接转嫁到孩子身上。

3. 社会因素。"外面的世界很精彩，外面的世界很无奈。"在快节奏、高竞争和高压力的环境下，社会因素对青少年心理健康正产生越来越多的影响。升学、择业竞争成为一种无形的压力，使他们从小就在学业上"疲于奔命"。

青少年好比蝴蝶，他们经历着从毛毛虫到蝴蝶之间的层层蜕变，这种蜕变充满潜能又很脆弱，需要教师、家长的指引与导航。如何面对青春期的困惑?如何化解这些"青春的烦恼"?需要每名教育工作者用心去感受，用心去化解。

1. 倾听学生的心声。要帮助孩子解除烦恼, 先要了解烦恼从哪里来, 只有与孩子发生心灵的碰撞与交融, 才会获得孩子的真心。我每学期都会以"致信"的方式, 敲开学生闭锁的"心门"。在与学生建立良好关系的基础上, 在心理课上为学生创设一定的情境, 发信, 当场让学生回信。而且让学生根据信中内容, 做出星级评定。星级最高的是要与老师面谈的。通过学生回信, 能了解许多属于他们的秘密和烦恼, 能对学生的心态有个把握。

2. 通过心理课进行规范的认知教育。通过心理课上让学生知道青春期既是生理成熟的高峰期, 也是智力发展的高峰期。"千金买骏马, 何处买青春?"从感性上升到理性认知。

3. 青春期的性教育是难点。苏霍姆林斯基讲过: "我们的任务就在于要在青少年的性本能刚刚苏醒之前, 就使他们的理智做好充分的准备。"我认为青春期真正完善的性教育, 应当是性生理、性心理和性伦理、性道德的密切配合。

4. 作好心理咨询。学生所有的烦恼都可以在这里得到接纳、倾听、理解、支持和疏导。在人的一生中, 再也没有像青少年时期那样强烈地渴望被理解。善于聆听, 运用共情等咨询技术, 进行面对面的交流, 引导学生自我思考, 自我成长是目前深受学生欢迎的方法。

5. 培养学生"自主自助"小团体。每个班级挑选1-2名热爱心理学知识, 而且心理素质较高的学生, 成立"学生心理自主自助" 小团体, 青年学生要想摆脱由于成长本身所造成的困惑, 最好的办法是借助于和自己有着相同心态的同龄人, 他们之间的倾诉和聆听在一定程度上能缓解内心的焦虑和不安。

6. 作好家长的心理辅导员。一对父母养育的是自己的孩子, 所有的父母养育的是一个民族。和青春期的孩子建立良好的关系, 可以帮助他们顺利度过危险期, 走上健康发展的人生之路, 这对父母的耐心和付出是一个挑战, 也是一堂必修课。

要学会克服青春期的烦恼, 调节情绪, 抑制冲动。首先, 要树立正确的自我观念。以积极的心态接纳自己的形象, 接纳自己青春期的生理变化, 学会正确认识自己。其次, 敞开自己的心扉, 把心灵中的积郁倾吐出来。向你的同学、朋友、家人、

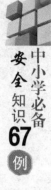

老师倾诉你心中的烦恼。如可通过谈话、电话、书信、网络交流等形式调节情绪，排解烦恼。再次，要学会调控心理冲动。树立牢固的道德和法制观念，把精力用到学习上，与异性建立正常友谊，抵制不良诱惑。当出现心理冲动时可采用脑、体、心全方位的转移方法。此外，还可以通过参加活动克服烦恼，如读一些自然科学等有益书籍，参加科技、文体活动和社会公益活动及其他社会实践活动等。

对于正处于青春期阶段的孩子要有一颗接纳的心，奔腾的小溪在曲折跌宕之后，终要归于大海，孩子正是有了这个阶段的混乱、冲撞与抗争，才成熟长大。

烦恼的出现既有消极的一面，又有积极的一面，烦恼的出现意味着孩子在成长，饱尝烦恼，对青少年来说并不一定是坏事，关键是青少年对自己有一个积极、健康、向上的态度。作为老师，家长，应永远是孩子心中的阳光，是孩子心灵成长的力量。

第46例　了解信息网络法律法规，预防相关违法犯罪

本节要点

了解与信息相关的各种活动，知道法律法规对信息活动的约束，预防犯罪。

随着社会的进步，科技的发展，现在的人类社会彻底的进入了高科技电脑时代，无论是大商场还是大企业，或者是各个家庭小企业，也都进入了计算机时代，人们的日常生活越来越离不开计算机，正所谓所有事物都有它的两面性，计算机高科技亦是一把双刃剑，日常生活他给人们带来了无尽的方便，减少了人们许多的负担，但是同时也有少许人利用计算机高科技来作案，其手段非常高明，一旦某个企业稍不注意就会瞬间丧失几十万或者几百万。下面便是一个利用病毒植入对方计算机系统，从而从数据信息谋取钱财的例子：

案例现场

2009年6月10日，马鞍山市佳达工业园某科技公司的业务员小林像往常一样打开QQ邮箱，查看客户邮件。随手打开一封老客户发来的关于"供货清单"的邮件，却是个空白邮件，他当时以为是客户疏忽了，并没放在心上。

令小林没有想到的是，公司第二天连续接到客户投诉，说公司网站销售平台售出的游戏点卡、手机充值卡等电子数据产品的账户、密码无法正常登录使用。技术人员将公司服务器的数据库一查，更是目瞪口呆：居然有400多万元的电子产品不翼而飞。公司数据库中一些还未售出的电子数据产品，也被人大量地充值，或在网上低价倒卖。他们赶紧到雨山公安分局报了案。

警方侦查发现，源头正是小林打开的那一份空白邮件，它其实是披着"供货清单"伪装的木马程序，邮件被打开的一刹那，木马病毒就自动植入电脑系统。而幕后黑手就可以通过木马远程控制，操纵该公司电脑，盗取数据信息。警方后来通过被盗点卡充值特点，将范围锁定在了海南省海口市。专案组侦查人员随即前往海南，在一宾馆将犯罪嫌疑人抓获。令人吃惊的是，主谋者竟然才18岁。

案例分析

综上所说，案例中的18岁主谋者，用披着"供货清单"伪装的木马程序植入电脑系统，而通过木马远程控制，操纵该公司电脑，盗取数据信息，从而使该公司损失了400多万的电子产品，已经构成了刑事犯罪。所以专案组侦查人员将其抓获并判以相应的罪行。

网络盗窃罪是一种常见的网络犯罪。虚拟财产存在于电脑网络，占有一定的空间，是客观存在的物体。从物理属性来看，虚拟财产能为人控制和占有，具有一定的经济价值（具有稀缺性），并能满足人们的某种需要。从经济属性来看，虚拟财产的产生是科技公司投入大量人力、物力、财力，通过编程等方式得来的，花费了大量了社会必要劳动时间。它是用户花费了一定时间、金钱而取得的，具有使用价值和价值。网络虚拟财产虽然具有虚拟性、期限性等区别于传统意义上的财产的一些特征，但这并不影响网络游戏中虚拟财产同样应受国家法律保护，成为盗

窃罪的犯罪客体。

因此，应按照中国《刑法》第二百八十七条（利用计算机盗窃公私财物，数额较大或多次盗窃的，按刑法第二百六十四条之规定定盗窃罪）和第二百六十四条（盗窃公私财物，数额较大或多次盗窃的处三年以下有期徒刑、拘役或管制，并处或单处罚金，数额巨大或者有其他严重情节的处三年以上十年以下有期徒刑，并处罚金）之规定定为盗窃罪。

我们要加强对网络盗窃的防范：1. 倡导以德治网。要大力加强网络伦理道德教育，提倡网络文明，培养人们明辨是非的能力，使其形成正确的道德观。2. 充分运用防火墙技术。该软件利用一组用户定义的规则来判断数据包的合法性，从而决定接受、丢弃或拒绝，可以通过报告、监控、报警和登录到网络逻辑链路等方式，把对网络和主机的冲突减少到最低限度。3. 使用正版软件、下载正版程序。在机器安装正版程序，不使用盗版软件，在网络中下载使用正版合法的软件和程序，有效防止病毒和木马入侵。4. 增强防范意识。勿因好奇心点击、登录来路不明的网址，当收到广告信、电子邮件、插件等陌生信息时，不要被其文字吸引而点选信中所提供的网址和文件。

犯罪分子还利用我国银行体系当中的一些漏洞实施犯罪行为。商业银行各自为政，各商业银行自成体系，数据资源都汇集在总行，对于公安机关急需的资料信息，需逐级上报查询，而银行卡犯罪多是跨行、跨省作案取款，关系错综复杂，如按程序一步一步走，周期长、效率低，使案件错失调查取证的黄金时段。同时，由于犯罪分子得手后迅速通过多次划转等方式转账、取款，还导致赃款难以追回。

由于其跨地区作案特性，大量协查工作需要外地公安机关、银行、电信部门的密切配合，不仅花费的人力、精力、财力巨大，而且一个环节出问题就难以追查下去。

广大居民应提高防范意识，保障自身信息安全。针对一直以来犯罪分子冒充"公检法"部门实施诈骗犯罪，警方特别提醒市民，公检法办案不会只通过一个电话询问、质证当事人，而是会当场出示合法证件，当面了解情况。市民不要轻信来历不明的电话和信息，更不要按陌生电话或短信息的提示操作转账业务，不要将资金转入陌生账户。

专家认为，要从根本上遏制电信诈骗犯罪，仅仅靠公安机关"单打独斗"、事后介入和打击显然是不行的。除了加大公安机关的打击力度外，还需各社会部门的通力配合，更重要的是广大民众要提高防电信诈骗的知识及防范意识。

首先，逐步完善和落实金融、通信行业监管法规，保障信息安全。手机通信、互联网的管理规范还有待进一步健全完善，建议通过政府牵头加强对这些行业的监督，明确其应承担的义务和应负的法律责任，对违反规定者应坚决处理，提高违规成本。

其次，应当加强警示、宣传力度。这主要是依靠社会各界进行声势浩大的公益宣传，普及防范知识。除了利用广播、电视、报刊、网络等媒体，还应当依靠单位、学校、社区等组织宣传活动。在机场、车站、码头或是金融网点等场所，也可以在醒目位置长期设置公安机关确定的警示牌，同时可通过移动通信部门定期发送警示短信。

第三，更重要的是，大家还需提升自身的防范意识。从上述的诈骗犯罪的作案手法来看，只要受害人稍加辨别，就能发现犯罪分子说法的不严密以及漏洞。因此，除了要有防范意识，了解必要领域的常识，提高对犯罪手法的识别能力是杜绝电信诈骗案的第一道防线。

总之，我们的政府要完善法律法规，让违法分子没有漏洞可钻；我们的执法机关要严格执法，加大宣传力度；同时，我们广大人民群众也要提升自身防范意识。这样，我们就可以从根源上杜绝诈骗现象，保障各种信息安全。

第47例 学习与人交往中有效保护自己的方法

本节要点

人在社会中活动,难免跟形形色色的人打交道,害人之心虽然不可有,但防人之心绝对不可无。因此,要学会建立良好的人际关系的方法,学会在交往中保护自己。

所谓人际关系,是指人们在各种具体的社会领域中,通过人与人之间的交往建立起心理上的联系,它反映在群体活动中,人们相互之间的情感距离和相互吸引与排拒的心理状态。和谐、友好、积极、亲密的人际关系都属于良好的人际关系,对于一个人的工作、生活和学习是有益的;相反,不和谐、紧张、消极、敌对的人际关系则是不良的人际,对一个人的工作、生活和学习是有害的。

社会心理学的调查研究表明,良好的人际关系是一个人心理正常发展,个性保持健康和生活具有幸福感的重要条件之一。古语云:"天时不如地利,地利不如人和"。对于远离家乡外出求学的大学生来说,无论在什么情况下都应重视"人和"这个重要因素。美国著名成人教育家戴尔·卡耐基经过大量的研究发现说:"一个人事业上的成功,只有百分之十一是由于他的专业技术,而百分之八十要靠人际关系、处世技巧。"此话也许说得绝对些,但也从另一侧面说明良好人际关系对成就事业的重要性。所以学生学会建立良好人际关系的方法,掌握其途径,无论是对在校建立起一个良好的学习环境,还是对毕业后建立一个良好的工作环境,都是十分必要的。

建立良好的人际关系的具体方法很多,但在日常生活中,最为主要,同时又可以有效地为每一个人所运用的主要有以下几个方面:

第一,建立良好的第一印象。人际关系是在人们的交往中产生的。交往伊始,谁不想给对方留下一份美好的印象呢?同样,谁不想与留下好印象的人继续往来,以此作为深入交往的基础? 我们在与别人发生最初交往时,应该怎样表现才能使自己给别人留下良好的第一印象呢?

要注意仪表美。人的仪表,包括相貌、穿着、仪态、风度等,都是影响人际交往的因素。人们总是倾向于觉得仪表有魅力的人更活泼愉快,更友善合群。衣着整洁、大方,仪表举止自然会给人一种亲近感,反之,过分修饰,油头粉面,浓妆艳抹,则会给人一种不合宜的印象。

要注意交往中的"SOLER"技术。在这里,S(SIT)代表"坐要面对别人";O(OPEN)表示"姿势要自然开放";L(LEAN)的意思为"身体微微前倾";E(EYES)代表"目光接触";R(RELAX)表示"放松"。心理学家发现,在社交场合,有意识地运用SOLER技术,可以有效地增加给别人的好感,让别人更好的接纳,给人留下良好的第一印象。

待人要真诚热情。一般情况下,交往双方总是先接受说话的人,然后才会接受对方陈述的内容。因此,对人讲话时,态度应该诚恳,要避免油腔滑调,高谈阔论,哗众取宠,垄断话题,否则会使人感到不愉快。实事求是,态度热情,往往给人一种信赖感,亲近感,这有利于交往的继续深入;反之,如果言不由衷转弯抹角,态度冷淡,则给人一种虚假、冷淡的感觉,交往很难再深入下去。

做一个忠实的听众。每个人都需要有自我表现的机会。在初次交往中,有效地表现自己固然重要,但做一个耐心的听众,鼓励别人多谈他们自己,同样是不可少的。

当然,要给别人留下良好的第一印象,还受其他许多因素的影响,比如:讲信用,守时间,文明礼貌等等。

第二,主动交往。在现实生活中,有许多人尽管与人交往的欲望很强烈,但仍然不得不常常忍受孤独的折磨,他们的友人很少,甚至没有友人,因为他们在社交上总是采取消极的被动的退缩方式,总是等待别人来首先接纳他们。因此,虽然他们同样处于一个人来人往,熙熙攘攘的世界,却仍然无法摆脱心灵的孤寂。要知道,别人是不会无缘无故对我们感兴趣的。因此,我们要想赢得别人,同别人建立良好人际关系,建立起一个丰富的人际关系世界,就必须做交往的始动者,

处于主动地位。我们就应少担心，多尝试。当你主动与陌生人打招呼，攀谈时；当你在舞会上想去邀请舞伴时，你会发现你的努力几乎都是成功的。当你的成功经验越来越多，你的自信心也会越来越充分，你的人际关系处境也会越来越好。

第三，关心帮助别人。患难识知己，逆境见真情。当一个人遇到坎坷，碰到困难，遭到失败时，往往对人情世态最为敏感，最需要关怀和帮助，这时哪怕是一个笑脸，一个体贴的眼神，一句温暖的话语，都能让人感到安慰，感到振奋。因此，当别人遇到困难，陷入困境时，你能伸出援助之手，帮助困难者，安慰失意者，可以很快赢得别人，建立起良好的人际关系。如果对别人漠不关心，麻木不仁，小心吝啬，怕招引麻烦，交往很可能因此而中止。

随着年龄的增长，社会的发展，人际关系越来越成为影响我们心情、状态、学习、工作、生活等方面的重要因素。想一想在人际关系中，你有没有遇到过以下情况：

1. 有人持续地不公正地批评你

2. 你感觉到别人对待你的行为是不理智的

3. 在你和某个人的关系中，你常常感觉到不平衡、不对等

4. 你经常遇到"没有良心的白眼狼"

5. 人们常常对你的"好心"无动于衷，甚至产生相反的回应

……

在这些情况下，你可能需要学习一些人际交往中的自我保护性技术。因为我们只有先学会保护自己，降低"灾难"的负面影响，才有机会去学习更好的应对办法。

（一）打破记录

这个技术包括一遍又一遍地重复你的回答，直到其他人都知道了。例如，不要一遍遍地解释而只对推销员说"不"，或只用"不"拒绝朋友一遍遍提出的不适当的要求。在这一阶段人们最常出现的错误就是回答了别人提出的问题或给予解释。如果别人很明显地不准备让你体面地说"不"，那就要放弃解释，停止回答问题而只是一遍遍重复你的答案"不"。

（二）选择性忽略

这个技术包括拒绝对不合适的交谈和要求做出反应，直到对方放弃。例如，尽管你已经明确讲你不想再同他讨论这个问题，但有的人可能滔滔不绝地讨论过去的事情，这时如果你对他们的批评不予反应，而只对谈话的其他方面反应，他们将最终不再批评。当然，通常很难忽略批评，特别是当批评是不公正的或已受到过处理。有时说一次就有用"我听到了你讲的内容，但从现在起我不再回应。我们已经讨论过了，你知道我的观点。如果你再提起这个话题，我将不理会。但这并不等于我不想同你讨论其他问题。"然后明确你是有心忽略那个话题。

（三）消除愤怒

这种技术包含结束交谈。当别人对你进行不适当地言语攻击时，有时你可以在他没有平静下来时就拒绝同他交谈的方法使他的火气消下来。你可以说"我愿意谈任何你想谈的问题，但你生气时我不能和你交谈。先平静下来，然后我们再谈"。如果他们真的平静下来了你就要准备仔细听。

（四）区分出重要问题

有时候人们为了说服你按他们想要做的去做，会把几件事情混在一起。不要让他们迷惑你。你要把精力集中在那些对你很重要的问题上，而拒绝转移。例如，你的亲友可能会说"你不借钱给我，很显然你是不关心我"，这时把问题分清是很重要的，如"不是我不关心你，仅仅是我不想借钱给你"。你需要联合运用上述"打破记录"方法使其效果达到最佳。

（五）对付内疚感

有些人发现很容易通过让别人感到内疚而使别人照他的想法去做。如一些孩子可以对父母说"如果你不阻止我在公园里玩，那么你们将是完美的父母"。对表现完美的愚蠢要求，使我们感到如果不完美就很内疚。如果你有内疚，你首先要问：谁使我感到内疚?他们希望你哪里完美?"对不起"这个词经常被过多的使用，有时这些词没有真正的意义，那些经常说对不起的人其实是在不必要的情况下感到内疚。他没有认识到他有权利拥有自己的观点和生活。除非你确实有理

第二章 初中篇

由需要道歉, 否则不要用 "对不起" 这些词。

(六) 道歉

有很多情况道歉是恰当的。比如在一次社交活动中你忽视了某人。那个人抱怨你的行为, 但是却把抱怨扩展到批评你的每一件事。你认识到你的疏忽伤害了别人的权利, 但是你应该说明白你对自己的疏忽表示歉意, 但不能接受他说你的其他事情。

(七) 同意

有时面对不公正的批评时你常常想用最小的努力把它平息。你可以看起来好像同意批评而实际上并不同意。比如你可以说 "你可能是对的", "可能是这样", "真的吗?"。

在人际交往中, 要学会恰当的保护自己。当别人冒犯自己时, 能妥善处理很重要的。恰当运用客气, "客气" 是拉开心理距离的最好方法, 对那些你不想走近的人, 表达你的客气 (如对他的一点小帮助, 表示礼节性的感谢; 对自己的一点小失误, 表示礼节性的歉意), 这可以让对方觉得, 你并不想和他拉近距离。懂得拒绝。人际敏感度较低的人, 客气的拒绝信号似乎不大管用, 这时, 就需要运用拒绝了。拒绝方式有很多, 比如, 找借口和托词、拖延回答、转移话题等, 都是不错的拒绝方式。其实, 适时适度的拒绝, 比一味的迁就忍耐更有助于保持长久的关系。把握自我暴露的深度和广度。所谓自我暴露, 指人们自愿、有意的把隐秘的思想、情感、对人对事的看法等暴露给别人。我们对陌生人、熟人和亲密朋友, 自我暴露的深度和广度明显不同。可以说, 自我暴露的程度是衡量人际关系亲密度的标尺。若不想让某人过于接近自己, 最好的办法就是减少自我暴露, 只谈一些表面话题。这一来, 你的行为实际上是告诉他: "请离我远一点。"

第 *48* 例 校内临危逃生的基本原则

本节要点

学校是个小天地,我们在那里生活学习。学习本节,应该了解学校可能出现的危险,知道遇到危险时怎样应对,掌握逃生的基本原则。

一、校园内要注意的安全:

1. 升旗、做操等大型活动或集会时,上下楼梯要靠右行,不得拥挤、不得推拉。遇见楼梯上有人摔倒的时候,要静候原地不动,不得推搡、观望。要劝阻制止后面的同学继续往前拥挤。

2. 自觉遵守公共场所秩序,课间做正当游戏。严禁追、赶、打、闹和攀高走险。

3. 每天放学后全体同学必须在指定地点统一站队回家。路队行进时掉了东西、或散了鞋带要迅速出队等路队过去后再捡东西或系鞋带。

二、临危逃生的基本原则:

1. 保持镇静,趋利避害。在突然遇到危险,人们都会表现出不同程度的惊慌,这是正常的,但在惊慌之余必须保持清醒的理智,只有这样才能做出正确的判断与选择,才可能趋利避害,化险为夷。

2. 学会自救、保护自己,运用适当的自救方法保护自己是临危逃生的基本技能。这就需要人们在日常生活中加强这方面的学习及训练。

3. 想方设法,不断求救。当处于危险之中,在进行自救的同时应该不断设法向外界发出求救信号,尽快得到外界的援助,让损失和伤亡降低到最低点。

4. 记住四个电话:①"119"火警电话。②"110"报警电话。③"122"交通事故报警电话。④"120"急救电话。

第二章 初中篇

打电话不要慌张、语无伦次，必须要说清地点、相关情况，显著的特征。

三、火灾中的逃生与自救

火灾中如何自救与逃生是师生学习消防知识的一个重点，尤其是在房间中的火场逃生，具体要做到"三要三不要"。

1. 要镇静分析，不要盲目行动

明确自己的房间，回忆房子和房间的位置走向，分析周围的火情，不要盲目开门开窗，可用手先摸一摸房门，如果很热，千万不要开门，不然会助长火势或"引火入室"；也不要盲目乱跑、跳楼，这样有可能造成不应有的伤亡，在火势未蔓延前，可朝逆风方向快速离开。

2. 要选好逃生办法，不要惊慌失措

如必须从烟火中冲出房间，要用湿毛巾、衣服等包住头脸，尤其是口鼻部，低姿行进，以免受呛窒息。如房门口虽已有火，但火势不大，就从房门口冲出；如果房门口火势太猛，要从窗口逃生，并保证双脚落地，不出现意外。

3. 火场人员要尽量有序迅速撤离火场

不要大声喊叫，避免烟雾进入口腔，造成窒息中毒。如火场逃生之路均被大火切断，应退居室内关闭门窗，有条件的可向门窗上浇水，延缓火势蔓延，同时向窗外扔小的物品或打手电求救。

四、注意饮食卫生

不买不吃不新鲜和腐烂变质的食品；不吃被卫生部门禁止上市的海产品；不买无证摊贩处食品；不买无商标或无出厂日期、无生产单位、无保质期等标签不完整的食品；不吃有毒食品（如野生蘑菇、不明野菜等）；不喝未经消毒、煮沸的水，不喝存放时间过长的、过时的纯净水。

五、安全用电

现在的教室里面，也都有一些先进的教学设备，这就避免不了教室里也会有插座和电线了，不靠近有电线断落地周围20米内，不随意拆卸、安装电源线路、插座等电器；不用尖锐物品扎、刺电线；不在雷鸣电闪时使用电器；不用金属体去试探插座、灯口的内部，更不能用指头戳插座孔、灯口；不用湿手接触开关、插座。

在学校里，虽然主要任务是学习，但是同学们在学习和课间的时候也需要注意安全，即使是在学校，也是存在安全隐患的，所以需要我们留心，避免发生不必要的伤害。

第49例 校园内集体活动安全知识

本节要点

了解校内外集体活动(含实践活动)安全的有关内容。学生参加劳动和社会实践，事先必须对学生进行安全教育，通过学习安全常识，培养一种自我保护意识。

随着安全事故的日益增长，学生的安全教育已成为一个重点宣传的内容。我们作为一名中学生，无论在校内上实践课或校外的活动课等依然要把安全牢牢地放在第一位，避免任何意外事故的发生。

案例现场1：苏州某中学发生这样一起事例：1999年9月，初二（3）班上化学实验课，班上有两名学生趁实验教师不注意，把桌上的酒精灯拿在实验桌底下烧纸张玩耍，不小心把未烧完的纸张扔到桌脚边，导致桌子着火后，火势迅速延伸到实验教室各角落，由于救火措施不当，引起系列恐慌，因此造成二十几名学生轻伤，其中引火的那两名学生伤势较重，需留院观察。

案例现场2：2000年10月，广西某学校组织全校师生校外郊游，在活动结束后，各班统一集队回校，某班的四个男生在点名前让其他学生代替自己喊到，偷溜出队伍结伴去附近的河里游泳，在游泳玩耍时，其中一位男生突然脚抽筋，沉入了河里，其他学生见状，吓得跑上岸喊救命，由于急救不当，造成这名男生溺水身亡。

案例分析

这两个案例有一个共同点，就是都是学校里的学生，第一个案例事故发生在教室里，这就需要引起同学和老师的注意了，尤其是在体育、物理、化学等这些具

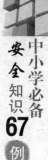

有活动实践性质的课程时，一定要按老师的规定和要求行事，否则，可能会稍微一不留神就会发生危险。案例2，是在郊游结束后，又自己组织同学去游泳，在违背了老师的安排下，偷跑出去的，在没有任何安全措施下进行的。所以这就警示了其他学生，一定不要在没有任何人保护或是安全措施的情况下，私自去游泳。

学生进行集体活动和实践活动安全知识教育要点：

（一）遵守纪律，服从指挥

1. 严格遵守时间，按时集合、列队、坐车、不迟到早退。

2. 不擅自离队，以免发生走失、车祸、绑架等安全事故．进出门、通过狭窄通道时不拥挤、不争抢。有特殊情况需要离队者，必须向老师请假，并结伴而行。

3. 严格遵守场内纪律，听从指挥，不哄抢座位，不说笑打闹。不吹哨子、大声喧哗，以免引起秩序混乱。

4. 出现意外情况时，要听从带队老师的指挥，切不可惊慌失措，乱冲乱闯，以免扩大事态。

5. 不攀折草树木，不乱扔果皮杂物，不乱动摸陈列物和有关设施、设备，不破坏、乱涂乱画乱刻参观地的建筑物、陈列物墙壁。不乱摸乱动电器、电线、开关、阀门及其他设备、设施，防止发生触电、失火。

（二）注意交通安全

（三）消防知识教育及发生火灾时的自救自护

（四）防止触电

（五）楼道安全

1. 上下楼梯时有序缓慢右行，严禁拥挤，特别是发现有人摔倒时，应立即停止上下，迅速将摔倒者扶起。

2. 不在教室里打跳，翻越门窗，不在走廊上追逐嬉戏，身体不靠栏杆，不使身体重心外倾或用力拉扯栏杆，不在走廊上"齐步走"造成共振，以免损坏楼板。

组织学生参加社会实践，事先必须对学生进行安全教育，特别要强调遵守纪律，服从管理，听从指挥。活动在老师的指导下进行，不宜组织学生参加有毒、有害、高温、繁重体力劳动等特种作业。

处理集体活动安全事故的基本原则：

1. 保持镇静、沉着应付的原则。发生事故后，绝不能惊慌失措，手忙脚乱。在关键时刻，只有保持镇定的情绪和清醒的头脑，才能洞察形势的发展，做出正确的判断，才能避免慌乱无序，指挥失当，贻误时机，加大无谓的损失。

2. 就地抢救的原则。事故发生后，对于伤员来讲，时间就是生命。在事故现场，首先要做的就是组织人力对伤员进行初步的抢救，如包扎止血、人工呼吸等。

3. 立即报警、紧急求援的原则。在校外集体活动发生较大安全事故后，仅靠自己的力量组织抢救往往是不够的。所以，事故一旦发生，就要立即安排专人向公安、医疗等部门求救，争取让他们在第一时间赶到进行救护，保证受伤人员得到及时正确的救治。

4. 维持秩序、迅速疏散的原则。发生事故后，在救治伤员的同时，要安排专人做好维护现场秩序的工作，以利于各种抢救措施的顺利实施。

通过对这节学习，让同学们清楚地了解到各种活动安全的学习也是非常重要的。无论在校园内或校园外，要时刻警惕自己，遵守各项规章制度，提高安全意识。

第 *50* 例　郊游、野营安全常识

本节要点

通过本节课程的学习让同学们掌握及了解一些简单的户外郊游、野营安全常识，使同学们认识到要准备外出参加户外郊游、野营活动时应该如何防范。

户外活动的空间就显得更广阔，接触的事物更加复杂多样了，但存在的危险

因素也增加了。那么户外活动应当注意哪些安全问题你掌握了吗?不防今天我们一起来关注一下吧!

旅游中必不可少的六个要素就是"吃、住、行、游、购、娱",六要素形成的过程是个从低级到高级发展的过程,按照这六个要素安排和进行旅游活动中要特别注意什么呢?——吃。这是首要的,只有吃得好,才能玩得好。

旅行常备药物:

1. 呼吸系统常用药物:康泰克(用于感冒,轻度嗜睡),速效伤风胶囊(清热解毒、用于感冒发热,轻度嗜睡),六神丸(消肿解毒、用于急性扁桃体炎、咽炎等,内含麝香、孕妇禁服)

2. 消化系统常用药物:胃舒。

行前三注意:

1. 注意健康情况,如健康情形欠佳,或患有急慢性疾病者,应先请教医生是否适宜外出旅行。

2. 注意与旅游目的地事先联系好入住酒店、旅游、票务等以免到了目的地还在为找酒店等琐事困扰。

3. 检查。

旅游背包小常识:登山、野营、出外郊游,最不能缺少的东西就是背包。好的背包除了让人精神焕发、神采奕奕外,更重要的是它可以携带很多东西、解放双手、保持身体平衡,使得行程更加安全舒适。

◆集体郊游、野营活动应注意什么?

我们要出行前总会有个计划吧?有了计划就当然要准备充分了,那你们准备是怎样的呢?

1. 最好事先对活动路线、地点进行勘察。

2. 做好活动的组织工作,制订活动纪律,确定负责人。

3. 最好要求参加活动的人统一着装(如穿校服),这样目标明显,便于互相寻找,防止掉队。

4. 所有参加活动的人要严格遵守活动纪律，服从统一指挥。

要备足衣服，携带雨具，预防伤风感冒。登山下坡，切勿迎风而立，避免受凉。注意饮食卫生，预防病从口入。春游时，体力消耗大，能量需要多，要适当增加营养。对各地的美味佳肴、风味小吃等应以品尝为主，一次不宜吃得过多，以免引起消化不良。还要注意饮食卫生，不吃不洁、生冷食物，防止病毒性肝炎、痢疾、伤寒等肠道传染病经口而入。春游野炊时要注意风向，不要随便丢弃火种，余火熄灭，以免引起火灾。对老年人来讲，要量力而行，防止过度疲劳。如出现乏力、多汗、头晕、眼花、心悸等症状时，应尽早休息，不可勉强坚持。

◆登山活动应注意什么？

1. 登山前应充分了解所登的山区近期气候条件和特点，注意天气预报。登山时最好有老师或家长带领，而且要集体行动，不要个别行动。

2. 登山的地点应该慎重选择。要向附近居民了解清楚当地的地理环境和天气变化的情况，选择一条安全的登山路线，并做好标记，防止迷路。登山过程中要掌握好节奏，适当休息。在攀登险路时要特别留心脚下的石头，防止松动的石头给你带来隐患。

3. 备好运动鞋、绳索、干粮和水。在夏季，一定要带足水，因为登山会出汗，如果不补充足够的水分，容易发生虚脱、中暑。

4. 最好随身携带急救药品，如云南白药、止血绷带等，以便在发生摔伤、碰伤、扭伤时派上用场。

5. 登山时间最好放在早晨或上午，午后应该下山返回驻地。不要擅自改变登山路线和时间。

6. 背包不要手提，要背在双肩，以便于双手抓攀。还可以用结实的长棍作手杖，帮助攀登。

7. 千万不要在危险的崖边照相，以防发生意外。

◆怎样保证郊游、野营活动的安全？

计划一旦开始实施，我们就要对安全做足措施了，只有这样才能保证我们整

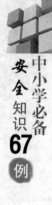

个活动的安全。这样出游起来才有意义, 不至于给活动带来意想不到的结果。

1. 要准备充足的食品和饮用水。

2. 准备好手电筒和足够的电池, 以便夜间照明使用。

3. 准备一些常用的治疗感冒、外伤、中暑的药品。

4. 要穿运动鞋或旅游鞋, 不要穿皮鞋, 穿皮鞋长途行走脚容易磨泡。

5. 早晨夜晚天气较凉, 要及时添加衣物, 防止感冒。

6. 活动中不随便单独行动, 应结伴而行, 防止发生意外。

7. 晚上注意充分休息, 以保证有充足的精力参加活动。

8. 不要随便采摘、食用蘑菇、野菜和野果, 以免发生食物中毒。

9. 要有成年人组织、带领。

◆游泳安全常识

1. 游泳需要经过体格检查. 患有心脏病, 高血压, 肺结核, 中耳炎, 皮肤病, 严重沙眼等以及各种传染病的人不宜游泳。处在月经期的女青少年也不宜去游泳。

2. 要慎重选择游泳场所, 不要到江河湖海游泳。

3. 下水前要做准备活动. , 可以跑跑步, 做做操, 活动开身体, 还应用少量冷水冲洗一下躯干和四肢, 这样可以使身体尽快适应水温, 避免出现头晕, 心慌, 抽筋现象。

4. 饱食或者饥饿时, 剧烈运动和繁重劳动以后不要游泳。

5. 水下情况不明时, 不要跳水。

6. 发现有人溺水, 不要贸然下水营救, 应大声呼唤成年人前来相助。

◆游戏时安全常识

1. 要注意选择安全的场所。要远离公路, 铁路, 建筑工地, 工厂的生产区; 不要进人枯井, 地窖, 防空设施; 要避开变压器, 高压电线; 不要攀爬水塔, 电杆, 屋顶, 高墙; 不要靠近深湖(潭, 河, 坑), 水井, 粪坑, 沼气池等。这些地方非常容易发生危险, 稍有不慎, 就会造成伤亡事故。

2. 要选择安全的游戏来做。不要做危险性强的游戏, 不要模仿电影, 电视中的危险镜头, 例如扒乘车辆, 攀爬高的建筑物, 用刀棍等互相打斗, 用砖石等互相投掷, 点燃树枝废纸等。这样做的危险性很大, 容易造成预料不到的恶果。

3. 游戏时要选择合适的时间。游戏的时间不能太久。这样容易过度疲劳, 发生事故的可能性就会大大增加。最好不要在夜晚游戏, 天黑视线不好, 人的反应能力也降低了, 容易发生危险。

◆户外活动防止中暑安全常识

1. 喝水。大量出汗后, 要及时补充水分。外出活动, 尤其是远足, 爬山或去缺水的地方, 一定要带够充足的水, 条件允许的话, 还可以带些水果等解渴的食品。

2. 降温。外出活动前, 应该做好防晒的准备, 最好准备太阳伞, 遮阳帽, 着浅色透气性好的服装。外出活动时一旦有中暑的征兆, 要立即采取措施, 寻找阴凉通风之处, 解开衣领, 降低体温。

3. 备药。可以随身带一些仁丹, 十滴水, 藿香正气水等药品, 以缓解轻度中暑引起的症状。如果中暑症状严重, 应该立即送医院诊治。

◆流血不止自救常识

1. 四肢或手指出血, 应该马上用一块干净的纱布或较宽的干净布条将伤口紧紧地包扎住, 如有条件, 最好洒一些云南白药在伤口上再包扎。

2. 如果是鼻子出血, 可以把头仰起, 用手指紧压住出血一侧的鼻根部, 一直到不出血为止。如果有干净棉球, 可以把棉球塞进鼻孔里压迫止血。另外, 可以用冷水浇在后脑部, 这样会使血管收缩, 从而达到止血的目的。

总之, 我们要不断加强自身安全防范意识, 平时多掌握一些简单的自救自护常识, 不要独自一人外出, 更不要只约三五知己就去登山、野营, 出门前了解自己的身体健康状况, 对自己的身体健康状况要有自知之明, 不逞能。我相信安全永远属于我们!

第三章　高中篇

第*51*例　如何正确安全交友

本节要点　/

选择一个正确的朋友，可以有助于学生的成长；可以提高学生的文化素养；可以让学生更健康的成长。所以，让学生了解到如何安全择友，至关重要。

案例现场　/

某学校一名高二女生，与同班同学发生恋情。一次，两人偷尝禁果，女孩意外怀孕。对生理卫生知识一知半解的两个中学生此时并不知情，同时又带有一丝侥幸心理，没有及时采取任何补救措施，直至女孩生产。

某高中一名16岁女孩，喜爱网上聊天。一天，她在网上认识一位异地网友，两个人聊天时间不长，女孩便轻信了这位自称是某大学学生的男青年。周末，当女孩怀着对大学的向往和好奇瞒着父母来到男孩所在的城市，与这个"大学生"网友见面时，被强迫与其发生性关系。

案例分析　/

这是我们随意从网络中搜索到的涉及青少年交友问题的几个案例，它们并不是发生在我们身边的真实事件。不过，对于关注青少年成长的人们来说，类似事件的报道，似乎早已不再稀奇。因为，相同、相似的事件，在我们现实生活中也时有耳闻。这是一个令人痛心的现状和事实。作为家长或老师，在为这些孩子痛惜、气愤的时候，却很少联系到青少年的安全教育这一问题上来。

"交友安全"，就是让孩子们在与人的交往中，保持一定的"度"，避免受到心灵或肉体上的伤害。学校对学生们进行交友安全教育，主要是为了让中学生们保持一种正常的同学关系，特别是男女同学之间的正常关系。同时，提醒有一些社会交往的学生，怎样辨别朋友，避免与"坏人"接触，从而使自己得到保护。

高中阶段，孩子们对于社会的认知能力还比较欠缺，对于诸多的事物充满着好奇与向往。另一方面，他们对自己又充满着过度的自信。这是中学阶段在交友上出现问题的内在原因。有些家长发现问题只是粗暴地干涉、教育，不能很好地与孩子进行沟通，去真正了解孩子自己的想法。还有就是，不少家长往往在孩子遇到相关的问题时，家长也变得手足无措，不知道应该怎样去帮助孩子解决。

交友安全教育，已经显得十分迫切。

随着社会开放程度的提高，中学生早恋现象如今愈发普遍。这一问题，在城市的初中、高中，其"普及"程度令人吃惊。当这些十分强调个性的新一代人面对懵懂的情感问题时，要比自己的父母一代显得"大胆"许多。在十几年前的中学校园，男女同学互有好感，大多还只是表现在学习、生活上的互相关心，同学之间无非流传一些有关某男某女"恋情"的捕风捉影的故事。而今天，对于异性的好感则更容易使两个同学陷入早恋的漩涡中，那些"恋爱"的情节和故事，更多地成为了特定场景的真实描述。

谈到早恋，更多的家长首先想到的是耽误学业。其实，对于早恋的危害，家长们的认识还十分不足。这些年，由于早恋引发的女同学意外怀孕事件不断增加。这样严重的后果，对于男女双方身心上的伤害，特别是女孩子的伤害，将是终生的。而由于年纪过小，感情并不稳定，双方分手所导致的人身伤害案件也屡有发生。早恋，已经真实地涉及到了中学生安全问题。

教育专家认为，处理早恋问题，家庭教育是关键。家长必须帮助孩子树立一种正确的人生观和价值观，并帮助他们找到从早恋中解脱的有效办法。作为孩子本人，杜绝早恋的办法主要有两种。一是坚决拒绝。早恋的学生，一般都会有一个人主动提出来，作为另一方，应该采取坚决拒绝态度。往往是先提出"交朋友"

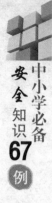

要求的一方不会轻易放弃，面对这样的状况，另一方不能丧失自己的防线，要坚决地拒绝。另外，当发现自己喜欢上一个同学的时候，应该尽量地转移自己的精力。或者找同学诉说，或是多参加一些文体活动。对于"追求"自己的人，还可以与对方约定，将恋爱的事情推后，从而使其转化为学习的动力，两个人在学习中互相鼓励。

家长应该鼓励孩子勇敢地面对早恋这一问题。这些方法，一般情况下都是由家长作为一种建议向孩子提出来，让孩子根据实际情况选择。所以，家长经常性地与孩子沟通，了解孩子的学习、生活以及他们的想法是最重要的。发现孩子已经出现早恋问题，家长不应该首先去责备孩子，而是应该首先自责——为什么提前不能发现问题呢？

在学习和生活中，不少中学生都会与学校内部的同学存在交往，有些青少年也开始与社会上的同龄人或年龄稍长者进行交往。其中，"差生"之间、校际学生之间和与社会不良青年之间的交往最容易对中学生人身安全构成威胁。一直以来，中学男生此类问题比较突出，最近几年，中学女生中产生此类问题的也正在逐渐增多。相比网络交友，与表现不良同学及不良青年的交往，对青少年成长的影响更加突出。在这个问题上，遵守法律、遵守道德规范，是青少年安全的一个切实保障。学校应该加强这方面的教育，同时做好校园周边软环境的治理工作。

避免中学生滥交友，家长也要做很多的工作。首先是以身作则，同时时刻关注孩子在学校的表现，与孩子多沟通、与老师多沟通。另外，家长应该在教育中多引导子女，让孩子培养积极的人生态度，使他们的学习与自己的理想紧密结合，从而使孩子在学校、在校外，对不良青年、同学形成排斥。孩子的安全教育，与家庭教育是分不开的。所以，父母首先要认识到，在交友问题上，许多事情并不是表面那样简单。良好的家庭教育事关孩子的健康成长。在我们的传统教育中，孩子小的时候最早接受的并不是特长的教育和培养，而是背诵《三字经》、《论语》等古代经典文籍，进行的是'修身'教育。今天，人们忽略了这一点。也许，这就是当今教育的一个误区。

第52例　防盗窃安全常识

高中生,一个防盗意识薄弱的群体。特别是一些住宿学校,盗窃现象比比皆是。教会学生防盗安全常识,可以免除学生和学校很多不必要的麻烦。

盗窃,是指一种以非法占有为目的,秘密窃取国家集体或他人财物的行为。它是一种最常见的并为人民群众、师生员工最为深恶痛绝的违法犯罪行为。

案例现场

2007年8月下旬,南充某公司的工作人员在高坪区龙门中学搞促销活动,高三学生韩某用学生证购买了一款手机。去年11月中旬,省公司监测到该号码异常,仅9月份就出现了高达10多万元的通话费,便立即通知了南充。很快,高坪辖区的工作人员敬某向学校所在地的龙门派出所报案。由于案情重大,该案又立即移交至高坪区公安分局经侦大队处理。据公司称,该手机话费全产生于广西河池。

记者到该公司营业厅查询,营业员也为如此高额话费惊愕。系统显示,韩某手机在2007年9月份产生话费近10.4万元、滞纳金近2.1万元;10月份话费只有83元,11月和12月都只有月租20元。

学生愕然:我咋欠这么多钱?

昨日上午放学前,韩某的班主任首先对此情况感到惊讶,称小韩很老实,应该不会出现这种情况,而公司和公安也没有就此事来找过学生。

在寝室,正吃饭的韩某得知消息后,也是一头雾水。在确定该号码就是他曾经使用过的号码时,韩某一脸愕然:"我咋欠这么多钱?"韩某说,去年8月下旬,他花150元买了一款手机,说是不仅送短信还送话费,能够省钱。可惜手机只用了10多天就丢失了,但考虑到欠费就会自动停机,所以他没有去挂失。韩某称,这之前他还没有接到公司或公安的消息,只是公司曾找到班主任,把学生证拿去复印了,但根本

第三章　高中篇

就没有说欠费的事情。

对于欠下如此高额的费用怎么办，今年才满16岁的韩某称自己根本就没用电话，也没有钱交费。而韩某的同学也称：他每天都在学校，根本就不可能打出这么多电话费。

高额话费 学生转卖手机造成？

如此高额费用怎样产生的呢？该公司综合部何主任称，他们也是在接到省上的指示后，才进行了了解，产生如此大额的话费可能是学生在用学生证买来手机后，将其转卖给了他人，"而第三者在得到手机后，在9月份采取群发短信的方式，仅一个晚上就产生了近2万元的短信费。"据何主任称，公司通过调查，使用手机的第三者没有留下任何实际的信息。而这些费用到底该如何处理，现在还不得而知。而警方也称还在进一步调查。

案例分析

盗窃案在学校发生的频率较高，盗窃的后果很多时候不仅仅是财产的损失，更有可能引起很多不必要的麻烦。所以，对于中学生来说，最重要的防盗方法是加强防范意识。学生在宿舍和教室的财物防盗，要注意做到以下几点：

（1）最后离开教室或宿舍的同学，要关好窗户锁好门。

（2）发现形迹可疑的人应提高警惕、多加注意。遇到可疑人员，同学们应主动上前询问，必要时可交值班人员处理。 如果发现来人携有可能是作案工具或赃物等证据时，则必须立即报告值班人员和学校保卫部门。

（3）注意保管好自己的各种钥匙，不能随便借给他人或乱丢乱放。

几种易盗物品的防盗方法：

（1） 现金及各类有价证卡。建议不要带大数额的现金和贵重物品回学校。现金数额较大时，应及时存入银行并加密码。密码应选择容易记忆且又不易解密的数字，千万不要选用自己的出生日期等容易被人解密的数字做密码。特别要注意的是，存折、各类有价证卡等不要与自己的身份证、学生证等证件放在一起，更不应将密码写在纸上与存折一起存放，以防盗窃分子一起盗走后冒领。如果参加体育锻炼等活动应将各类有价证卡锁好并保管好钥匙。在银行存取款时，核对密码要轻声、快捷。发现存折丢失后，要立即到银行挂失。

（2）手机等贵重物品。建议家长不要给孩子配备高价格的手机等贵重物品，手机等贵重物品要保管好，不要给他人可乘之机。手机等贵重物品长时间不用时，一定要锁在抽屉或箱（柜）子里以防被盗。门锁钥匙不要随便乱放或丢失。

第*53*例　防骗安全常识

本节要点 ╱

高中生，天真，善良，缺乏社会经验，恰好是部分不法分子的目标。所有，教会学生们如何防骗至关重要。

诈骗，是指以非法占有为目的，用虚构事实或隐瞒真相的方法骗取款额较大的公私财物的行为。提防和惩治诈骗分子，除需要依靠社会的力量和法治以外，更主要的还是高中生自身的谨慎防范和努力，认清诈骗分子的惯用伎俩，以防止上当受骗。

近年来，学校学生被骗事件屡有发生，社会上骗人、被骗更是司空见惯。有些犯罪分子行骗手段及其低劣，但为什么犯罪分子还能屡屡得手呢，这与我们青年学生生活阅历、性格特点有很大关系。

案例现场 ╱

2011年7月13日9点左右，解放区巡防大队的大队长倪建军带领几个巡防员正在解放区翻身街上巡逻。突然一个花盆从天而降，差点砸伤街边的行人。巡防员们循着花盆坠落的方向望去，发现是从临街的一栋改建楼四楼上掉下来的，其阳台边还摆放有很多花盆，但除了花盆，巡防员们却没见撞掉花盆或浇花的人。

见到这种情况，大队长倪建军下令上楼看看。

来到该户门口，巡防员们就听到屋内闹哄哄的。敲开门后，里面有十几个人聚集

在一起打牌或闲聊。经询问,原来这里聚集的是受骗的传销人员,他们来自南昌、山西、东北等地。

其中年龄最大的传销受骗者五十多岁,最小的东北女孩儿只有十八岁,原是在校的高中生,被其同学骗来,被困在此已经四天多了,每天她都在想办法逃走。13日晚,见到巡防队员们在楼下巡逻,她急中生智撞下花盆,没想到细心的巡防队员们真的上楼,把他们解救了,成功捣毁该传销窝点。

14日清晨,解放区七百间社区警务中队的执法工作人员对受骗传销人员进行政策说服教育后,将他们进行驱散。

案例分析

在现实生活中,人们有时会遇到一些诈骗的骗子。这些诈骗骗子的手法并没有多高明,他们利用了部分市民轻信、迷信、善良等心理,特别是利用了个别市民贪图小利、占小便宜的心理实施犯罪。不轻信,不贪图便宜,这就是防骗的最基本也是最有效的方法,同学们为了自身的生命财产安全一定要小心谨慎,即使是认识的人也要小心提防着。

第54例 如何正确对待宗教信仰

本节要点

宗教是一种世界范围内存在的历史现象,它曾在历史上产生过极为重要而广泛的作用,渗透进人类生活的各个方面,而且在今天的文化活动、国际事务和日常生活中仍有一定的影响。特别是法轮功事件之后,对于学生的宗教信仰问题的教育显得尤其重要。

客观地认识宗教的本质及其产生和发展规律,了解世界上的主要宗教体系及其特点,不仅有助于当今的学生更好地把握历史上和现实中的宗教现象,认识到宗教对于社会安定和世界和平的影响,而且对于拓宽知识视野,从而更深入地理解和分析科学、伦理、法律、经济、文学艺术等各种文化活动,更好地处理在人际交往中的宗教信仰关系等,也有积极的意义。

根据党的宗教信仰自由的一贯政策,对青少年信仰宗教问题只能疏导,不宜堵塞。既不能简单粗暴,压制歧视,也不能袖手旁观,听之任之。如何引导青少年形成正确的世界观、人生观、价值观,这就需要从其父母、社会环境、学校教育等因素中进行深入的分析和思考。

1. 尊重学生的认知能力,以客观、理性的态度开展信仰教育

在对待有宗教信仰倾向的学生时,不能简单的否定宗教的存在和宗教信仰,应该理性地帮助学生辩证地看待宗教,作为一种文化如何理解它,借助文化的力量实现维系根脉的和谐,使人类文明得以代代相传的意义,欣赏并吸收其中的精髓;作为一种信仰,摒弃它消极的部分,去传承它止恶扬善的功能。在信教浓厚的地区,处理好宗教与教育的关系极为重要,要正确贯彻执行党的民族宗教政策,坚定不移地执行"宗教不干预教育"的有关规定。

2. 普及科普教育,提高少数民族青少年的价值判断能力

引导青少年以辩证唯物主义观点全面认识宗教,使他们既能看到宗教在道德教化、道德行为约束方面的作用,承认宗教人生哲学思想中包含着的某些合理的内容。更重要的是,要通过对广大青少年进行马克思主义宗教观和无神论的宣传教育,以及普及有关自然现象、人类进化、生老病死、吉祥祸福等科学知识,使他们了解自然、社会生活和人生奥秘,消除宗教的神秘感,更理性的认识宗教。

3. 加强少数民族地区青少年的思想建设还要与教育引导其家庭主要成员结合起来

青少年的成长与其环境因素是有直接关系的,单靠学校教育青少年,而忽视其家庭主要成员的教育引导,是不能从根本上改变他们成长环境的。要正确的教育引导该地的青少年,就要首先重视对其父母的思想教育,这是改变青少年环境最重要的方面。可通过多种途径开展形式多样、内容生动活泼又与农民生产、生

活紧密相关的各种有益活动，积极引导他们树立正确的宗教观，重视科技文化知识的学习，为孩子创造健康成长的家庭和社会环境。在终极价值观中，有所作为、真正的友谊、自尊、国家安全被列为四个最重要的价值观。要成年人的正确引导和教育。

4. 充分发挥学校课程资源对青少年进行科学思想教育的功能

学校的校本课程设置要从本土人的知识、态度、价值取向、信念、本土意识以及生活能力出发，反映出不同民族文化心理、民族的审美情趣，诸如民族传统文化中心理的最高凝聚力与内核、不同文化模式中人们的思维方式，对善的追求，美善合一的审美观，重视民族文化中建筑、绘画、歌舞等等。同时要加强校园文化建设。江泽民同志多次指出，思想阵地，正确的思想不去占领，错误的思想就会去占领；马克思主义、无产阶级思想不去占领，各种非马克思主义、非无产阶级思想，甚至反马克思主义的思想就会去占领。因此，要加强校园文化建设，丰富学生文化生活。如在思想品德课上，组织学生学习党的基本知识，马克思理论、邓小平理论等，以培养学生正确世界观、人生观、价值观。组织节假日文化活动，积极开展社会实践文化活动，有效的把德育融化在各种活动之中。

青年人思想未定型，情绪浮躁、易变，追求新鲜刺激，常有反传统的逆反心态，有强烈的独立自主意识，面对不同以往的文化背景和多种价值选择，大学生感到茫然、疑虑、混乱的同时，求新、求异的心理使一些青年学生转向了宗教。

当代学生的宗教热，集中反映了部分青年人在信仰中的迷失，体现了许多认识上的误区：

其一，宗教道德与文化的独特魅力的吸引。特别是追求至善的宗教道德，是它最迷惑人、吸引人的地方之一。三大宗教几乎都包括了这么一些道德戒律：不偷盗、不奸淫、不凶杀、不贪财、不抢劫、不诬陷、不妄语、平等爱人、惩恶扬善。因而相当部分高中生认为，这些宗教道德与社会主义的道德规范并不矛盾，它的约束力量甚至超过了社会主义道德规范的作用，当今物欲横流的市场经济社会中，尤需这些宗教道德的教化。

世界银行前两年曾发表过一个报告，大意是有信仰的地方发生金融犯罪的可能性更低，因为人们不是害怕法律才不犯罪的。事实上，再完备的法律也阻挡不了深思熟虑的触犯，人不犯罪一是受到道德的自我约束、自我谴责，二是害怕神的惩罚。佛教的转世说，基督教的天堂地狱，这些戒律在叫人弃恶从善，抑制罪恶势力、稳定社会秩序、净化社会空气等方面确具有独特的积极意义。

其二，对信仰自由的模糊认识。宪法给予公民信仰自由的权力，法不禁止即为无罪，合法的东西为什么有人还要横加指责并干涉呢？

其三，对科学家信仰宗教问题的认识。很多大科学家似乎接受上帝这个概念，有些科学家本身信仰宗教，因此，许多高中生认为科学与宗教信仰并不相孛。

青年是全社会最有活力和创造力的群体，是最富于探究和思考的群体，也是具有叛逆精神和行为的群体，还是思想易于波动变化的群体。对待青年信仰，特别是青年宗教信仰，要面对现实、正确对待并加以积极引导，并根据实际情况制定适当的措施。

第 *55* 例　了解野浴的危险

本节要点

游泳是青少年喜爱的运动之一，如果没有足够的安全防范意识，常常会发生溺水事件。在不明水下情况的地方野浴，就是常见的危险之一。同学们学游泳时，一定要在水浅的游泳池里，并且要有识水性的人陪同。

学会游泳之后，没有人带领不能在江、河、湖、海或池塘里游泳。下水前一定要观察地形情况，遇到水里有暗流或漩涡、乱石、水草或淤泥等，要赶紧离开，以免陷于淤泥里、卡在暗礁中或被水草缠住不能脱身。

在沙滩或砂岩上停留时，要观察周围情况，有些沙滩一眼看上去是实的，但是其实下面有裂缝或底层是空的，如果人在上面动作太大，就会出现沙崩，将人埋在下面。在海滨玩耍时，要注意涨潮落潮的规律，涨潮时要迅速离开海边，免得被潮水卷走。

游泳时注意事项：

（1）游泳前要做准备工作，也可用少量的冷水浇四肢，让身体尽快适应水温，以防抽筋，饥饿、饱食、过度劳累后不能游泳。

（2）游泳时遇到水草，应立即停止划水动作，改用仰泳姿势迅速离开水草。如果已经被缠住，应仰躺水面，一手划水，一手排开水草。切不可双手乱挥、双腿乱蹬，这样会使水草越缠越紧。游泳时遇到漩涡，应吸气下潜，从水底向外游，离开漩涡后再浮出水面。

（3）游泳时突然抽筋，如果离岸边近应立即上岸，按摩抽筋的部位；如果离岸边远，应立即仰面浮于水面，按摩或牵引抽筋部位，待抽筋不太严重时，马上用未抽筋的肢体划水，尽快上岸。如果当时附近有其他人，应大声呼救。

（4）洪水季节绝对不能下河游泳。

溺水急救知识：

（1）落水者怎样进行自救？

遇到溺水危险时，首先，身体放松，深呼吸一口气后面向水底四肢放松下垂，让头部、后颈部露出水面，直到感到需要呼吸时为止；其次，当想呼吸时，将双臂慢慢抬到肩部高度，同时一腿向上抬到脐部高度，另一只腿尽量向上屈，头部不变，这样可节省力气和防止身体下沉；第三，将头部仰起呼吸，同时双手猛力向下推双脚向下蹬，换气时向别人呼救；第四，吸气后又恢复开始姿势，反复进行，可保持身体不会下沉，直到获救。

（2）怎样抢救落水者？

救人者下水之前尽量脱去外衣，下水之后应从落水者背后接近救护，或扔下救生圈、木板等漂浮物相助。如救出后落水者已经失去知觉，应该以最快的速度进行抢救。抢救时，第一，使其头部偏向一侧，并立即撬开口，清除口鼻内泥沙、污物，将舌头拉出口外，保持呼吸通畅。第二，救护者取半跪姿势将溺水者俯卧，将其腹部横放在膝盖上，轻压其背部；或取站立位，用双手抱溺水者腹部，使其胃和气管内的水排出；或将其腹部放在急救者肩上扛着快步奔跑，使其积水倒出（切忌因倒水过久，而忽视人工呼吸和胸外心脏按压）。如其呼吸心跳停止，应及时进行胸外心脏按压与人工呼吸，同时按压或用针刺激其人中、十宣等穴位。

（3）怎样预防溺水

一般来讲，不识水性时千万不要在不知深浅的水域单独学习游泳。下水前要做好准备运动以免由于冷水刺激而产生痉挛，疲劳、饥饿时不应下水，患有冠心病者或其他严重疾病者，不宜单独行动，以防在游泳中发病而淹溺死亡。游泳前不宜过度换气，以免呼出大量二氧化碳气体，使体内二氧化碳含量降低以致不能刺激呼吸中枢以兴奋呼吸，因而在水中不知不觉地陷入昏迷状态。

案例现场 ╱

荆楚网消息，在古城荆州，在寒江救人的英雄赵传宇的母校长江大学，又涌现出一个英雄群体。昨日，为救两名落水少年，该校10多名大学生手拉手扑进江中营救，两名少年获救，而3名大学生不幸被江水吞没，英勇献身。

某日下午2时许，在荆州宝塔河江段江滩上的两名小男孩，不慎滑入江中。正在附近游玩的长江大学10余名男女大学生发现险情后，迅速冲了过去。因大多数同学不会游泳，大家决定手拉着手组成人梯，伸向江水中救人。

很快，一名落水男孩被成功救上岸，另一男孩则顺着人梯往岸边靠近。就在这时，意想不到的一幕发生了：人梯中的一名大学生因体力不支而松手，水中顿时乱成一团，呼喊声一片。这时，正在宝塔河100米以外的冬泳队队员闻声赶来施救，冬泳队员杨师傅、韩师傅、鲁师傅等人陆续从水中救起6名大学生，而陈及时、何东旭、方招等3名大学生却消失在湍急的江水中。

事发后，长江大学领导迅速赶到现场，当地消防、海事部门也相继赶到组织搜救。由于该处地处江水回流区域，水流湍急，坡陡水深，浅处有四五米，最深

处达十几米,经过1个多小时搜寻,陈及时被打捞上岸,医护人员现场进行全力抢救,终因沉江时间过长,未能生还。至下午5时50分许,另外两名大学生的遗体也被打捞上岸。

据目击者介绍,当时大家都忙着救落水的大学生,后来才发现获救的2名小男孩已离开现场。

荆州市委书记应代明、市长王祥喜获悉此事后,对大学生舍身救人的事迹表示敬意,并指示该市有关部门妥善做好后续工作。校方已成立专门小组处理善后事宜。

案例分析

落水的两名儿童,为什么会出现这样的意外?如果没有遇到这些长江大学的学生们,现在发生意外的是不是就是他们呢?这两名儿童以及他们的家长以为自己住在江边,习水性,就掉以轻心,没有安全防范意识,酿成了惨剧。从家长的角度讲,应该陪着孩子一起去,这样也可以减少危险的发生;还应该在平时教导孩子怎样注意安全,避免大人不在身边的时候不懂得如何自救。

长江大学的学生英雄们,他们的精神是可歌可泣的,但是,这件事本身也值得我们进行更深层次的思考。救人,是件好事,但是如果换来的是牺牲自己的生命,那就得不偿失了。我们不是不提倡见义勇为,而是在见义勇为之前,要对这些孩子们进行充分的教育。比如,溺水的自救常识、如何救助溺水的人等等……这样,在救助他人时也保障了自身的安全,何乐而不为呢?

一幕幕的野浴事故,足以让人警醒,让人畏惧了,但是仍然还是有很多同学不顾家长、老师的劝告,擅自出去野浴,那么就需要学校、老师、家长再加强对同学们游泳的安全教育了,让他们知道野浴的危险性。

第56例　了解预防艾滋病的基本知识和措施

本节要点

很多人会认为，艾滋病和高中生几乎毫无关联，但是，事实证明，现在高中生的患病率也正在逐步上升。让学生认识艾滋病，了解艾滋病，才能够更有效的预防艾滋病的发生。

艾滋病简介：

艾滋病——获得性免疫缺陷综合症（又译：后天性免疫缺陷症候群），英语缩写AIDS（Acquired Immune Deficiency Syndrome）。1981年在美国首次被确认。曾译为"爱滋病"、"爱死病"。分为两型：HIV-1型和HIV-2型，是人体注射感染了"人类免疫缺陷病毒"（HIV – human immunodeficiency virus）（又称艾滋病病毒）所导致的传染病。艾滋病被称为"史后世纪的瘟疫"，也被称为"超级癌症"和"世纪杀手"。

艾滋病，是种人畜共患疾病，由感染"HIV"病毒引起。HIV是一种能攻击人体免疫系统的病毒。它把人体免疫系统中最重要的T4淋巴组织作为攻击目标，大量破坏T4淋巴组织，产生高致命性的内衰竭。这种病毒在地域内终生传染，破坏人的免疫平衡，使人体成为各种疾病的载体。HIV本身并不会引发任何疾病，而是当免疫系统被HIV破坏后，人体由于抵抗能力过低，丧失复制免疫细胞的机会，并感染其他的疾病导致各种疾病复合感染而死亡。艾滋病病毒在人体内的潜伏期平均为8年至9年，在发展成艾滋病病人以前，病人外表看上去正常，他们可以没有任何症状地生活和工作很多年。

临床表现：艾滋病的临床症状多种多样，一般初期的开始症状像伤风、流感、全身疲劳无力、食欲减退、发热、体重减少、随着病情的加重，症状日见增多，

如皮肤、黏膜出现白色念球菌感染，单纯疱疹、带状疱疹、紫斑、血肿、血疱、滞血斑、皮肤容易损伤，伤后出血不止等；以后渐渐侵犯内脏器官，不断出现原因不明的持续性发热，可长达3~4个月；还可出现咳嗽、气短、持续性腹泻便血、肝脾肿大、并发恶性肿瘤、呼吸困难等。由于症状复杂多变，每个患者并非上述所有症状全都出现。一般常见一、二种以上的症状。按受损器官来说，侵犯肺部时常出现呼吸困难、胸痛、咳嗽等；如侵犯胃肠可引起持续性腹泻、腹痛、消瘦无力等；如侵犯血管而引起血管性血栓性心内膜炎，血小板减少性脑出血等。

艾滋病的传播途径：艾滋病传染主要是通过性行为，体液的交流而传播。体液主要有：精液，血液，阴道分泌物、乳汁、脑脊液和有神经症状者的脑组织中。其他体液中，如眼泪、唾液和汗液，存在的数量很少，一般不会导致艾滋病的传播。唾液传播艾滋病病毒的可能性非常小。需要特别强调的是，艾滋病不会通过蚊虫叮咬传播。

(1) 性交传播

(2) 血液传播

(3) 共用针具的传播

(4) 母婴传播

我们知道了什么是艾滋病，它是怎么产生的，那么就可以产生相应的预防措施：

艾滋病是一种死亡率很高的传染性疾病，至今还没有研制出治愈艾滋病的药物和方法，但是，艾滋病是可以预防的。艾滋病的传播途径主要为性交传播、血液传播和母婴传播三种。作为高中生，在我们的日常生活中，我们只需注意科学的预防艾滋病毒感染：

(1) 不与他人共用针头，针管，纱布，药棉等用具；

(2) 不以任何方式吸毒；

(3) 不轻易接受输血和血制品；（如必须使用，要求医院提供经艾滋病病毒检测合格的血液和血制品）；

（4）不发生婚前性行为；

（5）不去消毒不严格的医疗机构或其他场所打针、拔牙、穿耳洞、文身、文眉、针灸或手术；

（6）避免在日常救护时沾上受伤者的血液；

（7）不与他人共用有可能刺破皮肤的用具，如牙刷，刮脸刀和电动剃须刀；

（8）防止口、眼、鼻、黏膜与可疑感染物接触。

案例现场

16岁的孙铭就读于重庆市内某职高，3月1日晚，他和3个"兄弟伙"喝下30余瓶啤酒后，歪歪倒倒进了歌台子附近一洗脚城。在"洗脚"过程中，孙铭没有经住"小姐"诱惑，犯下不该犯的错误。让他没料到的是，避孕套破了！回到学校，他心中一直忐忑不安，生怕染病。两天后，孙铭下身出现瘙痒症状，孙铭从电视、报刊上看到过艾滋病的简单介绍，心生恐惧。他既不好意思上医院检查，又没脸问别人，越想越后怕，甚至想到了自杀。"我要死了！"昨日上午，孙铭找到和他关系最亲密的姑姑，顿时泪流满面。姑姑为他求助市红十字会，医生建议他立即到医院检查。医生称，艾滋病传播途径有血液传播、性传播、母婴传播三种，以前血液传播所占比例较大，而性传播在近年来有不断上升趋势，"要想预防，洁身自好是最佳途径"。孙铭表示，他将在姑姑陪同下到医院检查，并称不会再干糊涂事。

案情分析：孙铭会发生这样的事情，归根结底，原因在于哪里？这是很多人都值得思考的事情。先说孙铭自身，作为一个高中生，不懂得洁身自爱，喝醉酒之后犯下错误，才会导致之后一系列事情的发生。"小姐"是艾滋病的高发病人群，孙铭作为一个高中生，居然出入那些淫秽色情场所，这就是家庭教育和学校教育的失败。而且，事发之后，不能够用正确的态度面对艾滋病的检查，这也是现阶段我国中学生对于艾滋病常识的了解缺乏的表现。

艾滋病，是一种非常可怕的传染性疾病，希望老师们可以在给同学们普及艾滋病的相关常识的同时，更要教会同学们做人的原则以及基本的道德品质。不要让悲剧发生在这些年轻的孩子们身上。

第 *57* 例　学习健康的异性交往方式，

　　　　　　学会保护自己，预防性侵害

本节要点 ／

学习和了解正常与异性交往的方式，避免自身受到侵害，尤其是要学习如何避免性侵害。

人际关系中，有和同性的交往也有和异性的交往，在这里就要尤其注意和异性交往了。近些年来，由于和异性交往不当，而受到侵害的案例屡见不鲜，也引起了社会和教育部门的重视，所以我们也应该响应号召，顺应社会发展，要抓紧和强调这方面的教育。

那么如何让同学们做到真正的理解与异性交往的重要性和注意事项呢，那就需要社会、学校及学生个人的配合了。

一、对学生进行必要的性知识教育和预防性侵害教育

未成年学生对来自教师的性侵害行为之所以较少进行反抗，除了其敬畏教师、自身力量弱小等原因之外，其关于性方面的知识较为贫乏，关于预防性侵害的知识和技能较为欠缺也是重要原因。

对学生进行适当的性知识教育和预防性侵害教育，早已列入国家的教育计划和大纲。教育部于2007年3月发布的《中小学公共安全教育指导纲要》中要求，小学4-6年级要了解应对性侵害的一般方法，提高自我保护能力，初步了解青春期发育基础知识，形成明确的性别意识和自我保护意识；初中年级要学会应对性侵害等突发事件的基本技能，了解青春期常见问题的预防与处理，形成维护生殖健康的责任感，了解艾滋病的基本常识和预防措施，形成自我保护意识；高中年级要掌握预防艾滋病的基本知识和措施，正确对待艾滋病毒感染者和患者，学习健

康的异性交往方式，学会用恰当的方法保护自己，预防性侵害，当遭到性骚扰时，要用法律保护自己。教育部于2008年12月发布的《中小学健康教育指导纲要》中规定，小学一二年级学生要知道"我从哪里来"的有关知识；三四年级学生要了解身体主要器官的功能，学会保护自己；五六年级学生要知道青春期生长发育特点、男女少年在青春发育期的差异、女生月经初潮及意义、男生首次遗精及意义、青春期的个人卫生知识等；初中阶段要学会识别容易发生性侵害的危险因素，保护自己不受性侵害；高中阶段要了解婚前性行为严重影响青少年身心健康，避免婚前性行为，了解艾滋病的预防知识和方法等。上述两个《纲要》明确提出了各个年龄阶段性教育的目标及内容，为中小学校进行性知识教育和预防性侵害教育提供了指导依据。

学校在对学生进行性教育的过程中，首先要着力让未成年学生了解隐私权、身体自主权、性侵害的含义，让学生明白身体是自己的，任何人不得随意触碰；自己的身体可以分为"可触碰区域"和"不可触碰区域"，对于"不可触碰区域"，特别是隐私处，除父母为自己洗澡或医生检查身体等少数情形外，应当拒绝任何触摸；对于让自己感到不舒服、不自在的身体接触，无论对方是谁，都可以拒绝让其触碰或靠近；如果别人摸了自己并授意甚至恐吓自己要"保守秘密"，那么千万别害怕，一定要告诉父母、自己信赖的老师或其他成年人，否则事情只会变得更糟。其次，学校要让未成年学生明白，对未成年人实施性侵害不仅严重损害了他们的身心健康，而且也严重触犯了法律，应当受到法律的严惩。再次，学校还应当向未成年学生传授防范性侵害、实施自我保护的知识和技能，例如教育学生，陌生人或熟人都有可能是性侵害的加害人；外出、上学或回家的路上要结伴而行，不要在无人的地方停留；和异性独处时不能关上房门，不要独自去异性的宿舍；不要轻易接受陌生人或他人的饮料和食品；在他人欲对自己实施性侵害时要大声呼叫，在保证自身安全的情况下可以采取如下方式自卫：用手指戳刺对方眼睛，用膝盖顶撞对方裆部（前两者可同时进行），用肘部猛击对方胸部，伺机快速逃跑。一旦不幸遭受性侵害，要及时告诉家长或老师，同时不要急于清洗身体，要注意保

第三章　高中篇

留相关证据，并按照有关部门的安排及时到医院检查、治疗等。

二、严把教师的入口关

对学生而言，来自教师的侵害行为往往让其防不胜防。当教师将犯罪的双手伸向自己的学生之时，其后果将是灾难性的。鉴于教师职业的特殊性，教育行政部门和学校应当建立严格的教师行业准入制度。富有爱心，遵纪守法，具有良好的品德和健康的心理是从教者的必备条件，不具备者不得从事教师职业。对于因故意犯罪而受到刑事处罚的人，或者品行不良者，教育行政部分不得授予其教师资格，已经获得教师资格的应当依法撤销其教师资格。学校在招聘教师时，应当严把品德关、心理关，仔细审查应聘者的档案，不得录用因故意犯罪而受过刑事处罚的人、有精神病史的人或者品行不良者担任教职工作。必要时，学校应当委托专业机构对应聘者进行心理测试，对心理异常者要慎重录用。对于因故意犯罪而受到刑事处罚或患有精神疾病的教职工，以及品行不良、侮辱学生、影响恶劣的教师，学校应依法予以解聘。

三、加强对教师的法制教育、师德教育

一些教师之所以走向犯罪，往往与其法制观念淡薄有关。生活中，除非是自己遇到了法律纠纷，相当一部分教师不会主动去学习法律知识。因此，除了新任教师上岗前必须接受法制教育之外，学校还应当邀请法律专家定期对教师开展法制讲座，引导教师学习《教师法》、《未成年人保护法》、《预防未成年人犯罪法》、《中小学幼儿园安全管理办法》、《学生伤害事故处理办法》、《刑法》、《民法通则》、《侵权责任法》等与教师的职业、生活密切相关的法律、法规、规章。通过法制教育，重点让教师了解普通公民的权利和义务，了解未成年人所享有的合法权益及所受到的专门保护，了解教师所享有的权利、所应承担的义务和责任，从而增强教师的法制观念和模范守法的意识，提高其保护学生的自觉性和主动性。在预防教师性犯罪问题上，要让教师熟悉与性侵害相关的法律条款，了解相关罪名及违法者将要承担的法律后果，让教师认识到保护学生免受性侵害的重要性。

法律是道德的底线，违法犯罪是思想腐化、道德败坏的产物。教师是一个神圣的职业,从教者应当有崇高的理想和追求。现实中,一小部分教师经受不住一些负面东西的诱惑,放松了对自己的要求,做出了违背师德的行为,甚至滑向犯罪的深渊。鉴于此,学校应当以《中小学教师职业道德规范》为参照标准,强化师德建设,经常性地对教师开展师德教育,并建立相应的考评机制,确保教师的职业道德水准。

四、完善学校的管理制度,加强对教师在校行为的管理和监督

现实中,发生未成年学生遭受性侵害案件的学校,往往也是管理松散、相关制度不健全的学校。与企业员工在上班期间的行为受到所在单位较多的管束不同,教师在平时的上班时间内,除了上课必须严格遵守学校的课时规定之外,其他时间多由教师个体自主安排工作事项,个别责任心不强的教师在上班时间干着与教育教学活动无关的私活也并不罕见。从聘用关系上看,上班期间应当是受聘者向用人单位提供劳动服务的时间,受聘者在这一期间不得从事与本职工作无关的事项,否则即构成了对聘用关系的违背。为保证上班时间的劳动效率,用人单位有权对受聘者的劳动过程进行管理和监督,受聘者不得对此予以拒绝和排斥。对于学校而言,为了保证教育教学活动的效率,学校有权也应当对教师在上班期间的行为进行必要的管理和约束,以防止个别教师失职甚至"出轨"。

在预防校园性侵害事件的问题上,学校应当根据本校的实际情况,制定教师履行职务行为的守则,对教职员工在履职期间的言行进行必要的规范。比如规定,教师应尽力避免与学生发生身体接触(体育课上教师进行个别辅导和保护除外),尤其是对异性学生更是如此;上课期间不得随意让学生离开课堂;对学生进行个别谈话或辅导,只能在教室、会议室、办公室等公共场所进行,且不得关闭房门;在没有第三者在场的情况下,教师不得在教室、办公室或其他相对封闭的地点单独留下异性学生进行谈话或辅导;放学后留学生应当事先征得学生的家长的同意,并通知班主任或其他主管教师,等等。学校通过对教师的言行进行规范和管理,减少、消灭发生意外事件的时空条件,最大限度地保护学生的安全。此外,学校还可以通过定期向学生、学生的家长乃至社区开展问卷调查的方式,对

教师的教育教学及师德情况进行评价，从各个方面强化对教师的监督和管理。

五、正确处理校园性侵害案件

如果不幸发生了未成年学生在校遭受性侵害的案件，学校应当予以高度重视，并本着对学生、对社会高度责任的态度，及时采取恰当的应对策略。

（一）保护现场，立即向上级教育行政部门和公安机关报告案情

以往，个别学校发生了教师性侵害学生事件之后，出于各种考虑（如怕影响学校名誉、影响学校参评先进等），学校领导往往不情愿、不积极立即上报案情，而是极力瞒报、缓报，或者消极等待、听之任之，认为是否报案应由受害学生的家长自行决定，与学校无关。个别学校领导甚至越俎代庖，力促受害学生的家长与施暴教师进行"私了"，意图将案件"内部消化"。这样的做法是非常错误的，须知，对未成年学生进行性侵犯已构成违法犯罪，应当由司法机关进行追诉，追究违法犯罪者的法律责任。学校的瞒报、缓报之举，是对施暴者的袒护和纵容，更是对受害者的冷漠和伤害，是严重不负责任的违法行为。在对待、处理校园性侵害案件问题上，学校应当抛弃一切私心杂念，把法律的尊严、学生的安全放在首要位置。

（二）保护和帮助受害学生

在上报案件的同时，学校还应当做好对受害学生的保护工作。鉴于性侵害案件的敏感性，学校知情人员应当特别注意保护受害学生的隐私，不得向无关人员泄露受害者的姓名及相关案情信息，防止其受到多重伤害。此外，由于性侵害案件对受害学生的影响不可能在短期内消除，学校还应当通过适当的方式，在维护孩子的隐私与尊严、顾及孩子感受的基础上，在心理上、学业上给予其更多的关怀和支持，鼓励、帮助其尽快走出阴影，恢复正常生活。

教育部在2007年发布了《中小学公共安全教育指导纲要》，首次将"性侵害"和自然灾害、校园暴力等一起列入中小学公共安全教育范畴，要求学校培养中小学生面临突发事件自救自护的应变能力。《纲要》要求，小学4-6年级的学生要学会应对敲诈、恐吓、性侵害的一般方法，提高自我保护能力。初中生则要学会应对敲

诈、恐吓、性侵害等突发事件的基本技能。而高中生则学习健康的异性交往方式，学会用恰当的方法保护自己，预防性侵害。当遭到性骚扰时，要用法律保护自己。

第58例 女同学预防性侵犯的方法

本节要点 /

社会上的不法分子的方法和手段总是层出不穷，现在有关性侵犯的案例也是只增不减，所以就需要我们的女同学学习如何保护自己，避免自己受到性侵犯。

我们每个人的身体都有一些隐私部位，这些部位包括腹部、臀部、大腿内侧、外阴部和女性的胸部等。保护我们的隐私部位不被他人随便摸和看（除了在我们身体不舒服时父母照顾我们或是医生检查身体）是我们每一个人的权利。如果有人违背了我们的意愿，不合理要看或触摸身体的隐私部位，或要求我们看或触摸对方的隐私部位，他们的行为就构成性侵犯，严重的性侵犯是强奸。

性侵犯是性歧视的一种形式，通过性行为滥用权力，在工作场所和其他公共场所欺凌、威胁、恐吓、控制、压抑或腐蚀其他人性侵犯表现形式尚无统一界定，一般认为有口头、行动、人为设立环境3种方式。

口头方式：如以下流语言挑逗异性，向其讲述个人的性经历或色情文艺内容；

行动方式：故意触摸碰撞异性身体敏感部位；

设置环境方式：即在工作场所周围布置淫秽图片、广告等，使对方感到难堪。

如何预防性侵犯？

据有关部门调查，在受到性侵犯的女性受害人中，少女占有相当大的比例，原因是流氓犯罪分子了解到少女们一般不懂得怎样保护自己，加之她们涉世不深，

容易受骗上当，且体力比成年妇女小。

1. 建立自动保护意识（出门告之家长），不单独去你得不到帮助的地方或陌生的地方。如果去那些相对封闭、有男子的地方或公共场所时，或夜间走路时，不宜穿暴露身体过多或使你行动不便的装束，因为袒胸露背的衣服会勾起男人的淫欲。

2. 不与陌生人接触，尽可能避免黑夜单独外出。夜晚乘坐出租车要记车号。

3. 在公共场所被男子挟持或遇到强奸的威胁时，不要胆小，要大声呼救，因为犯罪分子本来就做贼心虚，只要你喊声一出，他就会闻声丧胆。另外还要迅速跑向人多、安全的地方。

4. 平时要避免婚前性行为的诱惑。不要随便出入录像厅、歌舞厅等地方。更不要看充满色情味的电影、录像及书刊。若不幸被生父、养父、继父、兄弟奸污、猥亵时，可以先告诉妈妈，如果妈妈无能为力或软弱怕事，应向警方告发。

5. 不要轻易相信陌生人，不要随便接受别人的钱及礼物。对那些向你无缘无故献殷勤的男人要警惕，不要被他的花言巧语所迷惑，不管他们的地位有多高，年龄多大，甚至是师长之辈，因为其中难免有个别会加害于你的歹徒。

6. 不要跟不信任的人外出。当你犯了某种过错，被心怀不轨的男人发现或掌握了把柄时，你不要与他"私了"，因为他会利用你的软弱可欺加害于你。

7. 不要搭便车，特别是不认识的人。

8. 一人在家或宿舍时要把门窗关好，不要轻易开门，特别是晚上，即使是你比较熟悉的人，也不要轻易让他进屋。同时也要防范搭理陌生人。对主动前来搭讪的陌生人要提高警惕，绝对不能贪小便宜或被过分的殷勤所迷惑，不要轻易饮用茶水、饮料，事后应及时离去，保持清醒头脑，切勿上当。

9. 不要饮酒，因为饮酒过量会影响你作出正确的判断能力。到同学或女伴家聚会时不要喝酒，特别是与女伴的兄弟不要嬉闹，最好不要在有成年男性的女伴家过夜。

10. 夜间最好不要给陌生男子带路。晚上最好不要孤身一人在路偏人稀的道路上行走, 如万不得已的情况下, 可以考虑在包中装一瓶喷发胶或用矿泉水瓶装一瓶辣椒水(盖子事先打好小孔)。当遇歹徒劫财劫色时, 趁歹徒疏忽之际, 将发胶或辣椒水喷向歹徒的眼睛, 然后迅速脱身。或者利用发夹上锋利的钢针、高跟鞋鞋跟做防身武器, 猛刺(击)犯罪分子的要害部位, 然后脱身报警。总之在深夜遇到危险时, 要做到临危不乱、保持镇定, 绝不能诚惶诚恐, 俯首顺从。

青春期女生要懂的正视心理困惑, 主动寻求帮助

1. 对知心朋友敞开心扉。

2. 获取媒体网络有益的信息, 当下, "网恋"的问题越来越充分地暴露出来。有许多的少男少女将"网恋"演绎的轰轰烈烈又缠缠绵绵, 这是可以理解的。但由于"游戏人生"的作怪, 在网上"谈情说爱", 一方面可以尽情地宣泄自己的情感, 另一方面则尽其所能的"装扮"一番, 将一个完美的形象展现在别人面前, 但也由此种下了灾难的祸根。因此对网恋要及早打预防针。

3. 要善于聆听长辈、恩师的教诲。虽然有分歧有代沟, 但是对长辈、老师的教诲还是要洗耳恭听。

4. 向心理门诊寻求咨询。

一位高一女生因为有心理疾病, 在家里休养了两年, 至今仍旧不肯出门; 一名职专女生, 因为与异性交往问题受挫患了恐惧症, 决定坚持"不交往主义", 尤其不与任何男性说话; 有一名高三女生患有强迫性神经症, 除了能够应付日常学习, 不与其他人交往, 并打算暂时休学, 专门进行心理治疗, 等到心理正常了再重新恢复学习。沉重的心理压力, 导致日益增多的心理疾病, 由此产生逃避、依赖等心理误区, 也常常成为一些学生的"避风港"。几乎所有的求询者都曾有过类似的想法或做法, 每当心里有什么问题时要懂得及时向心理医生寻求帮助。

在一些具体情况中我们也应该保持清醒的头脑来保护自己, 比如说:

陌生男性搭讪: 直接警告

接到暧昧电话: 言辞不宜激烈

收到色情礼物: 不能忍气吞声

我国首部面向中小学生生存教育的读本——《生存教育在中国》已在深圳面世，书中介绍了中小学生防范性骚扰的十四招"秘笈"。据记者了解，北京市中小学目前尚没有专门针对性骚扰的读本。近年来，青春期女孩参加各种社会活动，接触的环境越来越复杂，如果缺乏自我保护意识，就有可能遭受性方面的骚扰。记者为此采访了北京警方，警方结合实践，提供了几个防范招数。

公共场所遇到骚扰：直接警告

骚扰方式：被他人用暧昧的眼光上下打量或予以性方面的评价

处理方法：若有陌生的男性搭讪，不要理睬，及时避开，换个位置，可以的话立刻抽身离开；对有性骚扰企图的人，首先要用眼神表达你的不满；若对方并无收敛，可直截用言语提出警告，把你的拒绝态度表示得明确而坚定，告诉对方，你对他的言行感到非常厌烦；若他一意孤行可报警，请警察协助。

面对电话骚扰：不要用激烈言辞

骚扰方式：通过打电话，"你怎么忘了我？"、"你怎么会不认识我？"对方会想尽各种理由跟你闲聊。他很有可能会一而再、再而三地打电话。

处理方法：遇到上述情况最好不要用激烈的言辞反唇相讥，因为这可能会引起对方的兴奋，应该用严正的语气说："你打错了电话！"若对方是个经常骚扰的陌生人，只要他打进电话，应该马上挂电话，不要理他；或者告诉他这部电话装有追踪器或录音设备。最后，要记得告诉父母事情的经过。如果对方要到家里来，马上报警处理。

收到淫秽物品：正面表明态度

骚扰方式：赠送与性有关的礼物或展示色情刊物

处理方法：不要畏缩或偷偷将其处理掉，要用坚定的语气向对方说："你的行为实在无聊，若你不收回，我会投诉。"并将事情转告其他相识的人，留下物品作为证据；消除贪小便宜的心理，不要轻易接受异性的邀请与馈赠。

交通工具内遇到骚扰：大声斥责

骚扰方式：遭遇故意抚摸或擦撞

处理方法：对于有性骚扰行为的男性，千万不要退缩或不好意思，可以大声斥责："请将你的手拿开！"；可以狠打其手，也可以告知同行的伙伴，引起公众的注意，使侵犯者知难而退。

对情节恶劣严重的可报警；另外如果穿了高跟鞋，可以毫不客气地使劲踩他的脚。

受到老师骚扰：不要单独去老师宿舍

骚扰方式：个别品行不良的男老师利用职务之便对女同学假意"关心"和"照顾"

处理方法：最好不要单独去老师家里，有可靠的同伴陪伴更为保险；如果遇到骚扰应该明确地表明，你不喜欢他的言行，并提出警告。若事情没有好转，或对方威胁，应该向家长和学校寻求帮助，或者向公安部门、司法部门报案，未成年人可以申请法律援助，并可由父母和律师代理出庭

但是，如果说是没能及时避免性侵犯的发生，那么就需要注意以下几点了：

发生性侵害时的防卫措施

1. 头脑清醒控制情绪。女学生在遭受性侵害之际，保持头脑清醒，情绪稳定是最重要的，只有设法使自己沉着、冷静，才能明白性侵害者意图，与其周旋，从而找出摆脱困境的方法。如果被害人处于危险时惊慌失措，大喊大叫，进行本能的反抗或逃避，相反会助长犯罪分子的攻击性，导致性侵害的发生。

2. 明确意愿态度坚决。有时性侵害行为是性侵害者错误地理解了被害人的意思后发生的。因此，女学生遇到别人要对自己进行性侵害时，应当恰当而且坚定的表明自己的态度，阻止性侵害行为的发生。明确表示，能够有效防止熟人之间的性侵害行为发生，也能够使一些陌生的性侵害者丧失信心，放弃性侵害的企图。

3. 沉着理智机智反抗。在遭到性侵害时，被害人要注意了解性侵害者的弱点和周围环境，以及一切可以利用的积极因素，采取恰当的措施进行反抗，尽可能地结合自己平时生活中积累的经验和知识，予以防范。如尽量用赞扬的话语将其优点给挖掘出来，唤起侵害人人性中善良的一面，使其行为向好的方面转化，避

第三章 高中篇

免性侵害行为发生。

4. 采用暴力正当防卫。女学生在遭受性侵害时,可采取一些暴力防卫措施,特别是对犯罪分子身体薄弱部位进行有效的攻击(如:脸部、腹部、下身等处),使性侵害人的身体产生伤痛,从而使其终止侵害行为,同时为被害人逃脱或获救创造条件。某校女生在路过学校附近的小山林时,一男青年见四周无人,冲上来企图强奸这名女学生,在反抗过程中,该女学生死死咬住歹徒的舌头不放,歹徒疼的拼命挣扎,等他挣脱开时,一块舌头已经掉下来了,没有占到任何便宜的歹徒捂着嘴夺路而逃,该女生马上赶到派出所报案,警察在附近的医院将正在就医的歹徒抓获。某高校女生晚上回校时,在一偏僻处遇到一中年男子欲行不轨,该女生假装同意,并让对方先脱下衣服,当那名男子将裤子脱到脚踝处时,该女生猛然将其推倒在地,那男子因裤子绊住了双腿,一时站不起来,女生趁机跑开了。

5. 抓紧时机迅速脱身。犯罪心理学表明,性犯罪的主体在实施犯罪过程中,心理变化有一个从冲动到后悔再到恐惧的过程,一旦侵害行为得逞,激情消退,侵害人会产生后悔、自责心理。所以女学生在这时要抓住一切有利时机,为自己脱身创造条件。

发生性侵害后的应对措施

1. 及时报案不要拖。女学生一旦遭遇性侵害事件后,要打消顾虑,及时向有关部门报案,不能因为害怕名誉受损,将苦果自己咽下去,这样会使犯罪分子逍遥法外,也使更多的女性受害。

2. 配合调查要积极。性侵害发生后,在报案的同时,被害人要将侵害的有关物证保留好,并将犯罪分子的体貌特征、衣着打扮、口音、携带物品、受伤状况等情况如实地向有关调查人员反映,为公安机关破案提供线索。

3. 心态调整不极端。女学生发生被侵害后,表现出意志消沉,精神萎靡,心理负担加重,整天生活在被侵害的阴影中,久而久之,会产生厌世情绪,有些会抱着破罐破摔的情理,走上自甘堕落的道路。还有自尊心较强的会由悲愤产生强烈的报复心理,发誓要除掉加害人。因此,作为有知识、有文化的女学生一定要在吸取教训的同时，及时调整心态，尽快从阴影中走出来。

在学习了如何避免性侵犯和遇到性侵犯时的策略，相信同学们会对这种行为有了深刻的认识，在以后的生活和学习中，会处处留心，小心谨慎的。

第59例 遭遇性侵犯后，怎样采用法律手段保护自己

本节要点 ∕

当今是个法制社会，当女性这一弱势群体受到侵害时，应该敢于拿起法律的武器来保护自己。

性侵犯包含很广，只要是违背对方意愿，与其进行有关于性方面的活动即可，至于是否异性之间不限，是否发生性关系不限，只要是进行与性相关的活动就可以。在刑法中强制猥亵妇女、儿童罪就是典型的性侵犯。在实务中的男子强制猥亵其他男性的，也可以对其进行治安处罚或者提起民事诉讼，这都是性侵犯的范畴。所以性侵犯与强奸是包含与被包含的关系，强奸一定是性侵犯，但性侵犯包含的却不限于强奸。

这个是针对持续性侵犯的诉讼时效问题。对于未成年女性遭到性侵害问题，遇到这样的事，一个是孩子要懂得自身的保护，一个是外界对她们的帮助教育，还有一个就是司法部门严惩罪犯。她们目前要求学生家长、学校在性教育上不要避讳，孩子知道这方面的知识后，多多少少就懂得不要和陌生人说话，有一个自我防护意识。

有部分家长在得知自己的孩子受到侵犯，出于面子问题，没有报案，害怕事情宣扬出去对孩子的未来有影响。其实应该改变这种观念，这不是为孩子好，而是害了她们，在她们成长的道路上蒙上阴影。我们所做的就是帮助她们正确认识自

第三章 高中篇

身所处的环境,加强防卫意识。

1. 性骚扰

《辞海》给性骚扰下的定义是:性骚扰是20世纪70年代出现于美国的用语,指在存在不平等权利关系背景条件下,社会地位较高者利用权利向社会地位较低者强行提出性的要求,从而使后者感到不安的行为。是性别歧视的一种表现。

法律规定:《中华人民共和国妇女权益保障法(修正)》

第四十条 禁止对妇女实施性骚扰。受害妇女有权向单位和有关机关投诉。

第五十六条 违反本法规定,侵害妇女的合法权益,其他法律、法规规定行政处罚的,从其规定;造成财产损失或者其他损害的,依法承担民事责任;构成犯罪的,依法追究刑事责任。

第五十八条 违反本法规定,对妇女实施性骚扰或者家庭暴力,构成违反治安管理行为的,受害人可以提请公安机关对违法行为人依法给予行政处罚,也可以依法向人民法院提起民事诉讼。

2. 强奸

是刑法明文规定的犯罪行为。在《刑法》第二百三十六条 以暴力、胁迫或者其他手段强奸妇女的,处三年以上十年以下有期徒刑。奸淫不满十四周岁的幼女的,以强奸论,从重处罚。强奸妇女、奸淫幼女,有下列情形之一的,处十年以上有期徒刑、无期徒刑或者死刑: (一)强奸妇女、奸淫幼女情节恶劣的; (二)强奸妇女、奸淫幼女多人的; (三)在公共场所当众强奸妇女的; (四)二人以上轮奸的; (五)致使被害人重伤、死亡或者造成其他严重后果的。

3. 猥亵妇女

我国刑法规定若使用暴力、胁迫手法也是犯罪行为。猥亵妇女,是指对妇女实施奸淫行为以外的、能够满足性欲和性刺激的有伤风化的污秽行为,例如,搂抱、接吻、捏摸乳房、抠摸下身,等等。猥亵妇女必然是行为人的身体直接接触妇女的身体,通过对妇女身体的接触达到性心理的满足。根据相关定义,猥亵指以刺激或满足性欲为目的,用性交以外的方法实施的淫秽行为。对未成熟少年的性骚扰,即使在对象不明了意图和没有违抗乃至顺从的情况下,也可视为猥亵。猥亵行为的判断同社会习俗关系很大。性行为的道德标准与可以暴露的程度,由不同社会的性文化主流决定。严重的猥亵行为构成猥亵罪。

其中《中华人民共和国治安管理处罚法》规定:

第四十二条　有下列行为之一的,处五日以下拘留或者五百元以下罚款;情节较重的,处五日以上十日以下拘留,可以并处五百元以下罚款:

（一）写恐吓信或者以其他方法威胁他人人身安全的;

（二）公然侮辱他人或者捏造事实诽谤他人的;

（三）捏造事实诬告陷害他人,企图使他人受到刑事追究或者受到治安管理处罚的;

（四）对证人及其近亲属进行威胁、侮辱、殴打或者打击报复的;

（五）多次发送淫秽、侮辱、恐吓或者其他信息,干扰他人正常生活的;

（六）偷窥、偷拍、窃听、散布他人隐私的。

第四十四条　猥亵他人的,或者在公共场所故意裸露身体,情节恶劣的,处五日以上十日以下拘留;猥亵智力残疾人、精神病人、不满十四周岁的人或者有其他严重情节的,处十日以上十五日以下拘留。

第四十五条　有下列行为之一的,处五日以下拘留或者警告:

（一）虐待家庭成员,被虐待人要求处理的;

（二）遗弃没有独立生活能力的被扶养人的。

性侵犯泛指一切种类与性相关、且违反他人意愿,对他人做与性有关的行为。包括强奸、性骚扰在内都可算是一种性侵犯,像露体、窥淫等也可算是性侵犯的一种,一般这个词较常用来指强奸,不过也可指强制肛交、强制口交、非礼、性虐待等。

主要形式

① 暴力型性侵犯。

第三章　高中篇

199

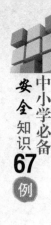
暴力型性侵犯,是指犯罪分子使用暴力和野蛮的手段,如携带凶器威胁、劫持受害者,或以暴力威胁加之言语恐吓,从而对女同学实施强奸、猥亵等。暴力型性侵犯的特点如下:

其一,手段残暴——当性犯罪者进行性侵犯时,必然受到被害者的抵抗,所以很多性犯罪者往往要施行暴力且手段野蛮和凶残,以此来达到自己的犯罪目的。

其二,行为无耻——为达到侵害受害者的目的,犯罪者往往会厚颜无耻地不择手段,比野兽还疯狂地任意摧残凌辱受害者。

其三,群体性——犯罪分子常采用群体性纠缠方式对受害者进行性侵犯。这是因为,人多势众,容易制服被害人的反抗而达到目的;还会使原来单个不敢作案的罪犯变的胆大妄为,这种形式危害极大。

其四,容易诱发其他犯罪——性犯罪的同时又常会诱发其他犯罪,如财色兼收、杀人灭口、争风吃醋、聚众斗殴等性事件。

②胁迫型性侵犯。

胁迫型性侵犯,是指利用自己的权势、地位、职务之便,对有求于自己的受害人加以利诱或威胁,从而强迫受害人与其发生非暴力型的性行为。其特点如下:

其一,利用职务之便或乘人之危而迫使受害人就范。

其二,设置圈套,引诱受害人上钩。

其三,利用过错或隐私要挟受害人。

③社交型性侵犯。

社交型性侵犯,是指在自己的生活圈子里发生的性侵犯,与受害人约会的大多是熟人、同学、同乡、甚至是男朋友。社交型性侵犯又被称"熟人强奸"、"社交性强奸"、"沉默强奸"、"酒后强奸"等等。受害人身心受到伤害以后,往往出于各种考虑而不敢加以揭发。

④诱惑型性侵犯。

诱惑型性侵犯,是指利用受害人追求享乐、贪图钱财的心理、诱惑受害人而使其受到的性侵犯。

⑤ 滋扰型性侵犯。

滋扰型性侵犯的主要形式：一是利用靠近女生的机回有意识地接触女生的胸部，摸捏其躯体和大腿等处，在公共汽车，商店等公共场所有意识地挤碰女生等；二是暴露生殖器等变态式性滋扰；三是向女生寻衅滋事，无理纠缠，用污言秽语进行挑逗或者做出下流举动对女生进行调戏，侮辱，甚至可能发展成为集体轮奸。

我们在了解了性侵犯的定义和内容之后，这种事情要是发生的话，我们就心中有数，会采取行动保护自己，如果在需要的时候也可以用法律的武器来捍卫自己。

第60例 自觉抵制不良生活习惯，洁身自好

本节要点

不良的生活习惯，会导致学生身心的伤害，为了避免这类事情的发生，我们应该让学生们认识到哪些行为会对自身造成伤害，从根本上杜绝此类事件的发生。

人们日常不良生活习惯都有哪些呢？

1. 起床先叠被

人体本身也是一个污染源。在一夜的睡眠中，人体的皮肤会排出大量的水蒸气，使被子不同程度地受潮。人的呼吸和分布全身的毛孔所排出的化学物质有145种，从汗液中蒸发的化学物质有151种。被子吸收或吸附水分和气体，如不让其散发出去，就立即叠被，易使被子受潮及受化学物质污染。

2. 不吃早餐

许多人有不吃早餐或只进食少量牛奶的习惯。研究证实，人体空腹过久与胆结石的形成有密切关系。这是因为人体在空腹时，体内的胆汁量分泌减少，胆汁中胆碱的含量下降，而胆固醇的含量不变，长此下去，胆汁中的胆固醇，就会处于一种饱和状态。由于胆汁中胆碱与胆固醇正常比例减少，胆固醇极易沉淀，形成

安全知识中小学必备67例

胆固醇结石。鉴于此，为了保证身体健康，每天应按时吃早餐。

3. 饭后松裤带

饭后松裤带可使腹腔内压下降，消化器官的活动与韧带的负荷量增加，从而促使肠子蠕动加剧，易发生肠扭转，使人腹胀、腹痛、呕吐，还容易患胃下垂等病。

4. 饭后即睡

饭后即睡会使大脑的血液流向胃部，由于血压降低，大脑的供氧量也随之减少，造成饭后极度疲倦，易引起心口灼热及消化不良，还会发胖。如果血液原已有供应不足的情况，饭后倒下便睡，这种静止不动的状态，极易招致中风。

5. 饱食

饱食容易引起记忆力下降，思维迟钝，注意力不集中，应激能力减弱。经常饱食，尤其是过饱的晚餐，因热量摄入太多，会使体内脂肪过剩，血脂增高，导致脑动脉粥样硬化。还会引起一种叫"纤维芽细胞生长因子"的物质在大脑中数以万倍增长，这是一种促使动脉硬化的蛋白质。脑动脉硬化的结果会导致大脑缺氧和缺乏营养，影响脑细胞的新陈代谢。经常饱食，还会诱发胆结石、胆囊炎、糖尿病等疾病，使人未老先衰，寿命缩短。

6. 空腹吃糖

越来越多的证据表明，空腹吃糖的嗜好时间越长，对各种蛋白质吸收的损伤程度越重。由于蛋白质是生命活动的基础，因而长期的空腹吃糖，更会影响人体各种正常机能，使人体变得衰弱以致缩短寿命。

7. 吃太咸的东西

钠在人体内滞留，容易形成或加重高血压和心脏病。

8. 留胡子

胡子具有吸附有害物质的性能。当人吸气时，被吸附在胡子上的有害物质就有可能被吸入呼吸道内。据对留有胡子的人吸入的空气成分进行定量分析，发现吸进的空气中含有几十种有害物质，其中包括酚、甲苯、丙酮、异戊问二烯等多种致癌物，留有胡子的人吸入的空气污染指数，是普通空气的4.2倍。如果下巴留有胡子, 又留八字胡, 其污染指数可高达7.2倍。再加上抽烟等因素, 污染指数将高达普通空气的50倍。

9. 跷二郎腿

跷二郎腿会使腿部血流不畅, 影响健康。如果是静脉瘤、关节炎、神经痛、静脉血栓患者, 跷腿会使病情更加严重。尤其是腿长的人或孕妇, 很容易得静脉血栓。

10. 眯眼看东西、揉搓眼睛

眯眼看东西, 眼角易出现鱼尾状皱纹。习惯性眯眼还可使眼肌疲劳、眼花头疼。揉眼时, 病菌会由手部传染眼睛, 导致发炎、睫毛折断或脱落。

11. 强忍小便

强忍小便有可能造成急性膀胱炎, 出现尿频、尿疼、小腹胀疼等症状。美国科学家发布的一份研究报告指出, 有憋尿习惯的人患膀胱癌的可能性比一般人高5倍。憋尿时, 膀胱贮存的尿液不能及时排出, 形成人为的尿潴留。如经常憋尿, 就会使括约肌和逼尿肌常常处于紧张状态; 如果憋尿时间过长, 膀胱内尿量不断增加, 还会使内压逐渐升高, 时间长了就会发生膀胱颈受阻症状, 造成排尿困难、不畅, 或漏尿、尿失禁等毛病。在尿潴留时还易引起并发感染和结石, 严重时还影响肾功能。

12. 伏案午睡

一般人在伏案午睡后会出现暂时性的视力模糊, 原因就是眼球受到压迫, 引起角膜变形、弧度改变造成的。倘若每天都压迫眼球, 会造成眼压过高, 长此下去视力就会受到损害。

13. 俯睡

俯睡使脊柱弯曲, 增加肌肉及韧带的压力, 使人在睡觉时仍然得不到休息。此外, 还会增加胸部、心脏、肺部及面部的压力, 导致睡醒后面部浮肿, 眼睛出现血丝。

14. 睡前不洗脸

留在脸上的化妆品不洗掉, 会引起粉刺和针眼之类的炎症, 还能使眼睛发炎, 引起皮肤过敏反应。

15. 睡前不刷牙

睡前刷牙比起床后刷牙更重要, 这是因为遗留在口腔中和牙齿上的细菌、残留物在夜里对牙齿、牙龈有较强的腐蚀作用。

16. 睡懒觉

睡懒觉使大脑皮层抑制时间过长, 天长日久, 可引起一定程度人为的大脑功能障碍, 导致理解力和记忆力减退, 还会使免疫功能下降, 扰乱肌体的生物节律, 使人懒散, 产生惰性, 同时对肌肉、关节和泌尿系统也不利。另外, 血液循环不畅, 全身的营养输送不及时, 还会影响新陈代谢。由于夜间关闭门窗睡觉, 早晨室内空气混浊, 恋床很容易造成感冒、咳嗽等呼吸系统疾病的发生。

17. 热水沐浴时间过长

在自来水中, 氯仿和三氯化烯是水中容易挥发的有害物质, 由于在沐浴时水滴有更多的机会和空气接触, 从而使这两种有害物质释放很多。据收集到的数据显示, 若用热水盆浴, 只有25%的氯仿和40%的三氯化烯释放到空气中; 而用热水沐浴, 释放到空气中的氯仿就要达到50%, 三氯化烯高达80%。

18. 赌博

赌博之所以有害于一个人的身心健康, 是因为赌博本身是一种强烈刺激, 长期进行赌博, 可使中枢神经系统长期处于高度紧张状态, 容易引起激素分泌增加, 血管收缩, 血压升高, 心跳和呼吸加快等, 会增加心血管疾病的发病率, 还会患消化性溃疡和紧张性头疼。

19. 生活过度紧张

从事脑力劳动和做生意的一些中青年人, 他们的生命机器在整日超负荷运转, 由于他们在心理上的竞争欲强, 在生理和心理方面皆承受着巨大的压力。过度的脑力和体力劳动后, 随之而来的是抗疲劳和防病能力的减弱, 进而可能引发多种疾病。

20. 感冒了就不要洗澡

实际上, 感冒病人应比健康者更多洗澡。人体在同病毒的斗争过程中生成的炎症的产物和毒素经皮肤同汗水一起排除掉。洗澡洗掉了这些废物，增强了免疫力。科学家认为，水、肥皂和擦澡用品是消除炎症、促进健康的"药物"。但他们不主张经常使用抗菌肥皂。抗菌肥皂虽能杀死细菌，但不利于保护皮肤免遭感染。

21. 吃油腻食物会发胖

食物的油脂在合理的范围内不会沉积。作为细胞燃料的脂肪，很快就被身体消耗掉。虽然油腻但含糖不多的饮食不会促进脂肪的沉积。相反，不油腻的甜食会加强脂肪沉积的过程。如果你的体重不理想，首先要少吃甜食。甜食所含的碳水化合物约30%会转化成脂肪沉积下来。

22. 刮掉腋毛，就能减少流汗

刮腋毛对于阻止汗液产生没有任何影响，反倒是刮腋毛后，腋窝因为排出的水分无法隐藏而在衣服上留下汗渍。而且，刮腋毛也容易造成毛根脓肿。正确做法是，在汗水分解之前清洗流汗的腋窝即可。

23. 流鼻血是要高抬下巴

这种方式唯一的好处就是不会把鼻血流到地板上，但不会止鼻血，反而会让鼻血流进咽喉里，甚至可能引起呕吐和窒息。正确做法是，在流鼻血的鼻孔中塞上一团小棉球，轻压鼻翼，并将头部向前倾，或在脖子上围一条冰毛巾或湿毛巾也能止血。

这些被总结出来的不良生活习惯，我们每个人都或多或少的有一些，这就提醒我们大家，为了健康，就需要把不良的生活习惯都改一改了。那么就会有人疑问了，这些不良生活习惯我都有，那我不是也好好的吗？它能有什么危害呢？下面就让我们来看看，它到底有什么危害。

生活习惯病虽然与遗传基因有某种程度上的关联，但最最重要的是与生活习惯：饮食生活、运动习惯、休息睡眠等有着极其密切的关系。就以最常见的高血压为例，若是经常暴饮暴食、嗜酒、缺乏运动、忙于工作而休息不足、熬夜等，这些糟糕透顶的生活习惯将会使原本家族病史就有高血压的年轻人，提早患有高血压。长期具有如此的生活习惯，会促使病情恶化且很快进发脑中风、心脏疾病或

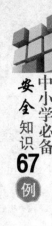

肾衰竭。改正生活陋习，会延缓高血压的发病期并避免所有并发症的发生。

有人把高血压、动脉硬化、心脏病、脑中风等"中老年病"称为"生活习惯病"。其实，不管把这些病症称做什么，疾病给人带来的痛苦是毋庸置疑的。说是"生活习惯病"，是因为任何疾病的起源都是从儿童时期开始，由于不良的生活习惯累积而造成的。并不是每一位中、老年人都会有疾病。生活习惯伴随而来的疾病，我们可由生活习惯着手来预防。了解自己的不良生活习惯，并改正它。

人们以往的预防观念"及早发现，及早治疗"对生活习惯病的预防效果却并不理想，生活习惯病的病因，是由生活陋习反复作用、累积恶化的结果。即使在未有症状之前就提早发现诊断也是无法根治与恢复的，一旦确诊，完全治愈就很难。定期的进行全身的综合健诊：生活习惯、健康及病史调查、身体状况等等，对身体异常的早期发现，生活陋习的及早纠正，将疾病防患与未然是最好的方法。

改正生活陋习，增进维持健康，要保持好的生活状态与积极乐观的心境。

第61例　了解有关禁毒的法律常识，拒绝毒品诱惑

本节要点

了解有关毒品和禁毒的知识，将"拒绝毒品"的口号深入人心。

毒品对于每个人，每个家庭，都存在着巨大的潜在伤害。学生们正处于青春期，对于毒品的懵懂与好奇，很容易让他们踏上一条不归路，造成巨大的伤害。所以，老师们就要通过平时的教导，让学生们认识到毒品的危害，以及吸食、携带、贩卖毒品需要承担的法律责任。

毒品一般是指使人形成瘾癖的药物，这里的药物一词是个广义的概念，主要指吸毒者滥用的鸦片、海洛因、冰毒等，还包括具有依赖性的天然植物、烟、酒和溶剂等，与医疗用药是不同的概念。其中我们现在所说的毒品都是非法毒品，国

206

家所禁止的。

1. 非法持有毒品行为应该具备哪些法律特征?

(1)非法持有毒品罪的持有行为对于毒品的来源并无特殊要求,至于是行为人自己购买、非法占用或者祖辈遗留,对非法持有毒品行为没有影响;

(2)非法持有行为的本质特征在于持有人对毒品的实际支配和控制;

(3)非法持有可以是共同持有,也可以是单独持有,前者的成立是所有共同犯罪人实际上共同享有对毒品的支配权并相互明知;

(4)非法持有行为必须有一定的时间段,并非一持有就构成犯罪;

(5)非法持有毒品必须达到一定的数量。

2. 常见的运输毒品的具体行为方式有哪些?

运输毒品的行为方式多种多样。下列行为应当属于运输毒品的行为:

(1)自身携带毒品的;

(2)伪装后以合法形式由交通运输部门托运或者交邮电部门邮寄的;

(3)利用、教唆未成年人、老年人或者怀孕、哺乳的妇女携运毒品的;

(4)以运货为名,雇佣人员和车辆运输毒品,毒品犯罪分子和毒品"人货分离"、分段转运的,等等。

3. 常见的制造毒品的具体行为方式有哪些?

下列行为应当属于制造毒品的行为:

(1)从罂粟中提炼、制造鸦片、吗啡、海洛因系列毒品的;

(2)从大麻中提炼、制造大麻烟、大麻脂、大麻油的;

(3)用麻黄素或者其他方法加工、制造、提炼、合成冰毒、摇头丸的;

(4)明知他人制造毒品而为其提供或买卖醋酸酐、乙醚、三氯甲烷或者其他经常用于制造麻醉药品和精神药品的物品的,等等 。

4. 常见的贩卖毒品的具体行为方式有哪些?

贩卖毒品的行为多种多样。下列行为应属于贩卖毒品的行为:

(1)将毒品买入后又转手卖出,从中牟利的;

第三章 高中篇

207

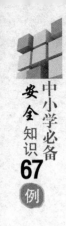
（2）将家中祖传下来的毒品卖出牟利的；

（3）制造毒品后销售的；

（4）以毒品为流通手段交换商品和其他货物的；

（5）以毒品支付劳务费或者偿还债务的；

（6）赊销毒品的；

（7）介绍毒犯，从中牟利的；

（8）依法从事生产、运输、管理、使用国家管制的麻醉药品、精神药品的单位和人员，违反国家规定，以牟利为目的，向吸食、注射毒品的人员提供国家管制的麻醉药品、精神药品的；

（9）依法从事生产、运输、管理、使用国家管制的麻醉药品、精神药品的单位和人员，明知对方是贩卖毒品的犯罪分子，而向其提供国家管制的麻醉药品、精神药品的 等等。

5. 贩卖、运输、制造毒品罪的刑事责任是怎样规定的？

（1）依照《刑法》第347条规定，贩卖、运输、制造鸦片1000克以上，海洛因或者甲基苯丙胺50克以上或者其他毒品数量大的；贩卖、运输、制造毒品集团的首要分子；武装掩护贩卖、运输、制造毒品的；以暴力抗拒检查、拘留、逮捕，情节严重的；参与有组织的国际贩毒活动的，处15年有期徒刑、无期徒刑或者死刑，并处没收财产。

（2）贩卖、运输、制造鸦片200克以上不满1000克、海洛因或者甲基苯丙胺10克以上不满50克或者其他毒品数量较大的，处7年以上有期徒刑，并处罚金。

（3）贩卖、运输、制造鸦片不满200克、海洛因或者甲基苯丙胺不满10克或者其他少量毒品的，处3年以下有期徒刑、拘役或者管制，并处罚金；情节严重的，处3年以上7年以下有期徒刑，并处罚金。

（4）依照《刑法》第350条之规定，明知他人制造毒品而为其提供或买卖醋酸酐、乙醚、三氯甲烷或者其他用于制造麻醉药品和精神药品的物品的，以制造毒品罪的共犯分别论处。单位有上述违法犯罪行为的，除对其直接负责的主管人员和其他直接责任人员以制造毒品罪的共犯论处外, 并对单位判处罚金或者予以罚款。

（5）依照《刑法》第355条第1款、第2款的规定, 依法从事生产、运输、管理、使用国家管制的麻醉药品、精神药品的人员, 向贩卖毒品的犯罪分子或者以牟利为目的, 向吸食、注射毒品的人提供国家管制的麻醉药品、精神药品的, 按《刑法》第347条规定的贩卖毒品罪定罪处罚。单位有上述违法犯罪行为的, 除对其直接负责的主管人员和其他直接责任人员以贩卖毒品罪处罚外, 并对单位判处罚金或者予以罚款。

6. 什么是非法种植毒品原植物违法行为? 应如何处罚?

非法种植毒品原植物违法行为, 是指违反国家规定, 非法种植罂粟、大麻等毒品原植物数量不满500株且无其他情节的行为。

对非法种植毒品原植物违法行为的, 应由公安机关处15日以下拘留, 可以并处3000元以下的罚款。对于在收获前自动铲除的, 可以免除处罚。

7. 引诱、教唆、欺骗他人吸毒罪及其犯罪构成是什么?

引诱、教唆、欺骗他人吸毒罪, 是指违反国家禁毒法规, 以引诱、教唆、欺骗为手段, 促使他人吸食、注射毒品的行为。本罪属于选择性罪名, 在具体认定罪名时, 应根据犯罪分子实施行为的具体特征, 按照选择性罪名的定罪方法予以认定。

（1）该罪侵犯的客体是复杂客体, 即不仅侵犯了社会治安管理秩序, 同时也侵犯了他人身心健康。其引诱、教唆、欺骗的对象是从未吸食、注射过毒品或曾吸食、注射毒品但已戒除的人。

（2）犯罪的客观方面表现为, 行为人以引诱、教唆、欺骗为手段, 促使他人吸食、注射毒品的行为。

所谓引诱, 是指以精神或金钱、物质及其他方法勾引、诱使、鼓吹、拉拢本无吸食、注射毒品意愿的人从事吸食、注射毒品的行为。例如, 行为人有意在他人面前大肆鼓吹吸食、注射毒品带来的奇妙幻觉和兴奋, 以刺激他人吸食、注射毒品的好奇心等。所谓教唆, 是指以劝说、怂恿、授意、挑拨或唆使为手段, 鼓动本无吸食、注

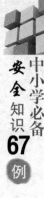

射毒品意愿或意志不坚定的人吸食、注射毒品。教唆的方式,可以是口头的,也可以是书面的,甚至是示意性动作。所谓欺骗,是指以编造虚假事实、掩盖毒品真相的方法,使他人不知是毒品而予以吸食、注射的行为。以上三种行为,均可分别构成一个独立的罪名,只要行为人实施了其中的一种行为,即可构成犯罪。

(3)犯罪的主体系是一般主体。

(4)犯罪的主观方面只能是故意,即行为人明知是毒品,而有意引诱、教唆、欺骗他人吸食、注射,不管行为人的动机是牟利、报复,还是拉人下水,只要实施了上述行为,既构成本罪。

认定引诱、教唆、欺骗他人吸毒罪应注意:犯罪与治病的区别;本罪与贩卖毒品罪的区别;本罪与教唆犯罪的区别;既遂与未遂的认定。

8. 引诱、教唆、欺骗他人吸毒罪的刑事责任是怎样规定的?

依照《刑法》第353条规定,引诱、教唆、欺骗他人吸食、注射毒品的,处3年以下有期徒刑、拘役或者管制,并处罚金;情节严重的,处3年以上7年以下有期徒刑,并处罚金。引诱、教唆、欺骗未成年人吸食、注射毒品的,从重处罚。依照《刑法》第356条之规定,因走私、贩卖、运输、制造、非法持有毒品罪被判过刑,又犯本罪的,从重处罚。

9. 毒品违法行为主要包括哪些?

(1)非法持有毒品的违法行为;

(2)非法种植毒品原植物的违法行为;

(3)吸食、注射毒品的行为;

(4)非法买卖、运输、携带、持有毒品原植物种子、幼苗的违法行为;

(5)非法走私、买卖、运输制毒物品的违法行为。

10. 吸食、注射毒品行为如何处罚?

吸食、注射毒品的,由公安机关处15以下拘留,可以单处或者并处2000元以下罚款,并没收毒品和吸食、注射器具。吸食、注射毒品成瘾的,还应予以强制戒除,进行治疗、教育。强制戒除后又吸食、注射毒品的,可以实行劳动教养,并在劳动教养中强制戒毒。

众所周知，在如今这个浮躁的社会，充斥着太多的诱惑与假象。而毒品，却在各个阴暗的角落以惊人的速度向世界扩散着它黑暗罪恶的交易。多少无辜的人们因毒品家破人亡，又有多少人为一口大麻或是海洛因而终日萎靡不振。而生命，就这样在毒品燃烧的烟雾中化为灰烬。

然而，近年来，毒品，作为人类的公害，不仅与恐怖主义、洗钱和贩卖人口等跨国组织犯罪交织，甚至与本不应该有交锋的青少年，硬生生的产生了关系。

从报纸上看到，以"少年诗人"闻名文坛的一崔姓中学生，曾经备受赞誉，却因为生活打击无处宣泄，沉迷毒品无法自拔，与曾经诗中的豪情形同诀别。

中学生由于缺乏必要的社会生活磨炼和考验，社会生活经验不足，加之特定的环境、年龄、生理情感和性格等方面的因素，往往存在着判断能力，自我防范能力，抗拒诱惑的能力不强等方面的弱点，很容易被一些不法分子拉拢引诱而误入歧途。

因此我们中学生首先要提高对毒品的认识能力，必须做到"四个牢记"。这"四个牢记"是牢记什么是毒品，牢记毒品极易成瘾，极难戒断；牢记毒品害己、害人、害家、害国，牢记吸毒是违法，贩毒是犯罪。其次，对于毒品我们永远不要以好奇心先尝试第一口，要坚定地把握自己的信念。第三，我们这个阶段主要任务是学习，遇到困难，学会减压，可以去找你的父母、老师、朋友向他们倾诉，寻求帮助。第四，慎重交友，一旦交友不慎，就会误入歧途，沾染毒品。

第三章 高中篇

第62例　了解考试泄密、违规的相关法律常识

本节要点

考试原本就是用来检测每个学生学习知识程度的一种手段，然而却也因此成为很多人牟取暴利的途径。让每个学生能够认识到考试的意义，公正性以及考试泄密、违规等行为所要承担的法律责任，可以从根本上遏制此类现象的发生。

众所周知，考试是一种早已为实践证明行之有效的人才选拔机制，"平等竞争"乃是考试制度的灵魂，"公平、公开和公正"则是考试制度的核心理念。从广义上来讲，对考试进行纪律层面的规范是依法治考的重要方面。因为考试舞弊最大的危害莫过于戕害社会的诚信理念，加剧社会的信用危机。从这个意义上讲，通过立法和司法的手段治理考试舞弊现象，可以重塑公平竞争、诚实信用的考场新形象，而通过考试纪律层面的规范，比如要求考生签订诚信考试承诺书，加强对考生的诚信守纪教育，能够从更大程度上减少违纪舞弊率，保障考生的合法权益。因此，我们中学生作为新时代的建设者和接班人，要自觉遵守有关考试的法律法规，同时，要养成维护考试纪律和规范的良好行为习惯。

下面我们由几个小案例来介绍考场的纪律

案例现场

静静的考场上，突然传来一首悦耳动听的歌曲，原来是从某考生书包中传来的，这时再想关闭手机已来不及了。

案例分析

考生进入考场时，只准携带规定的考试工具，严禁携带各种通讯工具、电子存储记忆录放设备，以及涂改液、修正带等物品进入考场，不准随身夹带文字材料及其他与考试无关的物品，同时将物品放在指定位置上。

案例现场 /

监考老师刚把试卷发下来，某考生还未来得及填姓名，便急于在试卷上答题。在开考信号前答题，就算题答得再好，该科也没分了。

案例分析 /

开考信号发出后，考生才能答题。考试结束信号发出后，考生须立即停笔，将答题卡和答卷从上至下按照答题卡、试卷Ⅱ、试卷Ⅰ、草稿纸的顺序平放在桌面上，坐好静候收卷。待监考人员收齐答卷检查无误，发出指令后才准离开考场。

案例现场 /

某考生离开考场时，手里却攥着草稿纸。不要以为被画的乱七八糟的草稿纸就没用了，要不然你就会"栽"在这张纸上。

案例分析 /

开考60分钟后经批准方可交卷离开考场。离场前考生须将答卷及答题卡反扣在桌面上，再举手提出离场，经监考员允许后才准离开考场。考生离场时不得将试卷、答卷、草稿纸等考试用纸带出考场。尤其是草稿纸，有的考生认为无关紧要，随手带出考场，按规定属违规。

案例现场 /

某考生唯恐自己大名不被人知，竟在规定以外地方标记姓名。名字倒是流传了，这分数可就没了。

案例分析 /

考生须在试卷Ⅱ卷面上直接答题，要求用蓝、黑色字迹笔答题，不得使用红色笔或铅笔答题。试卷Ⅰ的答案要用2B铅笔填涂在统一的答题卡上，在试卷Ⅰ上答题无效。考生不得在规定以外的地方书写姓名、考号、座位号等信息，不得以其他方式在试卷上标记信息。

案例现场 /

某考生在自己答完后，故意把试卷给旁边的"兄弟"偷看，这样的"仗义"只能是既害人又害己。

第三章 高中篇

213

案例分析 /

抄袭或协助他人抄袭试题答案或与考试内容相关资料的，被视为违规。

案例现场 /

有两位考生趁其不备，互换草稿纸，自以为神不知鬼不觉，但考场上来不得任何侥幸，最终他们是搬起石头狠狠地砸了自己的脚。

案例分析 /

抢夺、窃取他人试卷、答案或强迫他人为自己抄袭提供方便的，传接物品或交换试卷、答案、草稿纸的，均属违规。尤其提醒考生，考试工具一定要备齐，考场上不许互传物品。

案例现场 /

某考生更是大胆妄为，竟找人替考，自以为做得天衣无缝，到头来，却碰得头破血流。这样的情况虽罕见，但要是胆敢以身试法，摔得肯定会很惨。

案例分析 /

由他人冒名代替参加考试的，在答卷上填写与本人身份不符的姓名、考号等信息的，故意销毁试卷、答案或考试材料的，均属违规。考生要诚信考试，千万不要找人替考，要不然等待的将是严惩。

案例现场 /

吉林省松原市考生考场内抢走他人试卷抄袭一事尚未收场，6月12日，国内多家媒体又爆出吉林省九台市、长春市等地高考期间发生严重作弊事件，甚至出现了作弊的学生家长群殴监考老师，围攻公安局屏蔽车的恶劣事件。针对这些泛滥的猖狂的高考作弊行为，社论提出调整招生名额分配，理由是"目前的招生，高校大多按省市分配名额，而省市之内不再进一步细分，于是，各地级市、各县之间，就存在升学率的竞争与比拼"……"当地政府和老百姓会有一种'意识'：高考是当地与其他地区的竞争，而不是本地考生之间的竞争"，当地政府就会纵容作弊，高考监考自然不严。

案例分析 /

作为一名高中生，努力学习文化知识本身就是职责所在，不应该总是想着投机取巧，靠家里、作弊为自己赢得一个高分。当今社会，找工作，能力才是最重要的，并不完全是看你是哪个大学毕业的。所以，要严于律己，杜绝各种考试作弊行为。

经过了这么多的案例介绍和案例分析，我想老师和同学们应该很清楚考试的纪律了。对于上高中的同学们来说，自从上了学，经过的大大小小的考试也有不少，对于考试这种事情早就轻车熟路了，但即使是这样，有些同学的错误还是明知故犯，这其中的原因可能就是分数"惹的祸"了吧。

考试，只是作为衡量一个学生学到东西的多少的标准，其他并没有再多的意思了，所以不要为了拿高分，而无视考试纪律，违反考试的公平性和公正性。这样对人对己都只有益而无害。

第63例　掌握亚健康的基本知识和预防措施

本节要点 /

亚健康是多环节的生物现象，介于健康与疾病之间的一种生理功能低下的身体状态，即：非健康、非患病状态，亦称"第三状态，灰色状态或病前状态"。高中生正处于长身体，学习压力大的阶段，让他们学会如何预防亚健康的基本常识及措施，可以让学生们更健康的成长。

健康——是人的生物与社会属性（身体与心理、社会）共同协调发展，保持机体良好的适应状态；是人基本的要求和权利，是社会进步的重要标志和潜在动力，是现代文明的基石。WHO提出的人体健康标志：①精力充沛，从容不迫地应付日常生活和工作。②处事乐观，态度积极，乐于承担责任。③善于休息，睡眠良好。④应变能力强，能适应各种环境的变化。⑤对一般感冒和传染病有一定抵抗力。⑥体重适当，体形匀称。⑦眼睛明亮，反应敏锐。⑧牙齿清洁，无缺损、无疼痛，齿龈颜色正常、无出血。⑨头发光泽，无头屑。⑩肌肉、皮肤富弹性，走路轻松。

"亚健康"——是多环节的生物现象，介于健康与疾病之间的一种生理功能低下的身体状态，即：非健康、非患病状态，亦称"第三状态，灰色状态或病前状态"。WHO的一项全球性调查表明，真正健康的人仅占5%，患有疾病的人占20%，而75%的人处于"亚健康"状态。

"亚健康"的表现形式

（1）"亚健康"的身体表现：神经精神表现：精神不振，头昏头沉，记忆力减退，失眠多梦或嗜睡等；消化系统表现：食欲不振，消化不良，大便干结等；心脑血管表现：头痛头晕，心慌气短，心悸胸闷等；运动系统表现：疲劳，腰膝酸软，手足麻木，易感冒，性功能减退，抵抗力降低等。

（2）"亚健康"的心理表现：烦躁恐惧，焦虑抑郁，妒忌，反应迟钝或严重的挫败感等。

（3）亚健康的情感与思想表现：存在于同辈、同事及异性之间的"冷漠无望，溺爱，疲惫，早恋，婚外情"等。

（4）"亚健康"的社会行为表现

行为表现：行为失常、无序、不当等；社会表现：工作、学习困难，人际关系紧张，家庭不和谐，不能较好地承担相应的社会角色，难以进行正常的社会交往。

据调查，我国有那么多的人都处在亚健康的状态，那么到底是什么原因导致的这种状态呢？

（1）社会环境因素：生活节奏加快，竞争日趋激烈，心理压力增大，超负荷运转，"透支"体力、精力、情感、情绪失落，自然衰老。人类大致从30岁即开始衰老，对社会的适应能力逐年降低，出现易怒、失眠现象，这一高度紧张状态导致机体功能失调，出现"亚健康"。

（2）不良的生活方式：体力劳动减少，运动匮乏；膳食不平衡，添加剂过多，绿色食品减少；夜生活增加；吸烟、酗酒、药物滥用；健康保险系数越来越小，出现"亚健康"。

（3）环境污染：噪音、电磁波，烟尘、汽车尾气污染，生态环境破坏等影响。

我们知道了了亚健康的产生原因，就可以知道了防御它的措施了，具体方法如下：

（1）必需的医疗保健

①调理"亚健康"体现中医"治未病"思想："亚健康"属病前状态，可转化为疾病；若采取有效防治措施干预，可转向健康。

②调理"亚健康"符合中医"整体观念"特点："亚健康"为医学、心理学、社会学及人文科学等交叉的新兴学科，与中医"人为本、天人合一"思想极其相似。

③中医辨证整体调治"亚健康"疗效肯定："亚健康"典型表现为疲劳且伴有心理与生理双重不适，属中医"心肾功能失调、肝脾机能紊乱"，中医整体调治"亚健康"使机体阴阳平衡、脏腑机能正常，恢复健康。

（2）调节生活方式：保持和谐健康的生活方式，克服不良生活习惯。

（3）调整工作方式：准确把握自己，积极主动地适应社会。

以前，亚健康主要针对中、老年而言。随着社会的发展，科技的进步，生活节奏的加快，文化、物质生活的丰厚以及情感的变化等诸多因素，亚健康状态已困扰着社会各阶层的不同年龄的男女老幼，尤其是当代都市中人，长期夜生活的颠倒，以车代步，缺少锻炼，饮食肥甘厚味……造成营养失调，微量元素及维生素不足和激烈的社会竞争等等导致心理紧张焦虑，这是造成亚健康状态的重要诱因。

"亚健康"状态是生命的隐形杀手，其成因有属于内因的劳心性刺激，也有物理性、化学性、生物学方面的外因刺激，军人只要掌握其规律，了解克服它的对策，就一定能够根除它，以健康的体魄为国防现代化建设做出更多的贡献。

第 *64* 例　自觉遵守与生活紧密相关的各种行为规范

本节要点

中小学生是祖国的未来，通过加强公共安全教育，培养中小学生的安全意识、知识和技能，提高他们面临突发安全事件自救自护的应变能力，对于提高我国整体国民的安全意识和自救、救护能力必将产生深远的积极影响。

"安全第一"，这是大家的共识，一切漠视生命的态度和做法都是极端错误的，学校教育把公共安全放在头等位置也是非常必要的。据有关部门不完全统计，近年，全国中小学生每年非正常死亡人数达1.6万之多，平均每天就要有40名——相当于一个班的中小学生死于非命。目前，意外伤害已占到0~14岁儿童死亡原因的第一位，意外死亡人数占总死亡人数的近30%。全国每年约有4000万中小学生遭受各类伤害，其中需要门诊或急诊治疗的1360万，住院的335万；使120万学生的正常功能受损，40万因伤害造成残疾，估计经济损失30亿元，缺课2.6亿节。

致使中小学生发生意外伤害的主要危险因素为车祸、跌落、溺水、烧烫伤、中毒、窒息、自杀等。来自教育部的全国中小学生安全事故形势分析报告显示，2006年全国各省、自治区、直辖市上报的各类安全事故中，事故灾难（溺水、交通、踩踏、一氧化碳中毒、房屋倒塌、意外事故）占59%；社会安全事故（斗殴、校园伤害、自杀、住宅火灾）占31%；自然灾害（洪水、龙卷风、地震、冰雹、暴雨、塌方）占10%。其中，溺水占31.25%. 交通事故占19.64%，斗殴占10.71%，校园伤害占14.29%，中毒占2.68%，学生踩踏事故占1.79%，自杀占5.36%，房屋倒塌占0.89%，自然灾害占9.82%，其他意外事故占3.57%。该报告显示，学生安全意识淡薄是我国中小学生安全事故频发的主要原因。

案例现场 /

☞ 2000年9月13日晚,河南驻马店一乡中学,晚自习下课时,众多学生在楼道内相互挤堵踩压,造成3名学生死亡,5名学生受伤的惨剧。

☞ 2001年3月6日,江西省宜寿市万栽县谭埠镇芳林村小学发生特大爆炸事故,4位老师和37名学生在一阵爆炸声中丧生。

案例分析 /

这些都是发生在校园内的安全事故,这就提醒我们大家,在校内也要时刻预防安全隐患的发生。现在在学校里发生的安全事故不仅仅是外部环境或是生理方面的事故了,还有心理方面的,比如说应急性创伤后遗症、癔症等。

概言之,中小学生意外死亡,主要有两种主观原因:一是属于心理人格方面,比较脆弱,生活意志薄弱,生命意识淡然,遇到不顺心的事或遭受什么重大打击,就想不开而选择结束生命,以保全自尊或回避挑战。二是属于生活知识技能层面,平时安全防范意识差,安全知识准备不足,遇到危急情况需要紧急避险就方寸大乱,手足无措。

我国将每年3月最后一周的星期一定为全国中小学"安全教育日"。现在威胁青少年安全成长的因素日益增多,青少年安全问题已经成为家长们的"心病",成为一种"社会之痛"。因此,老师对学生进行日常安全教育具有极其重要的意义。

班级公共安全教育是在尊重和保护生命的基础上,为保护学生的生命安全,提高学生防范与处理事故能力,提高学生自我保护意识,从而使他们能应对生活世界中可能遇到的危险处境的教育,是侧重于程序性知识传授以预防生命危险的生存教育。班级公共安全教育也是素质教育的重要内容,其核心是提高学生在应对外界危险处境时的自我保护意识。班级公共安全教育不等于保护教育、自我封闭教育。班级公共安全教育不光是确保学生身体的安全,更为重要的是确保学生身心两方面的和谐健康,这才是班级公共安全教育的宗旨所在。

一、中小学公共安全教育的必要性

未成年人生命安全和健康成长,涉及亿万家庭的幸福和正常教育、教学活动

第三章 高中篇

219

的开展与实施。保障少年儿童的安全，是家庭和教育工作的首要职责，是全社会的共同责任，是构建社会主义和谐社会的重要基础。

中小学公共安全教育是保障公民生命、财产安全的需要。一般而言，安全素质就是个人在其成长过程以及社会生活中应当具备的安全方面的知识、技能与意识。对于一个在生理和心理上都处于弱势的青少年来说，生命成长的每一步都面临着挑战。

中小学公共安全教育是维护社会公共安全的客观要求。中小学生的安全素质不仅关系到公民自身的生命、财产安全，还关系到社会的公共安全。

开展公共安全教育有利于青少年的健康成长。开展安全教育可以培养学生做合格、守法的公民；能够教导学生学会用法律武器保护自己和他人；可以使学生学习更多的安全防范知识，学会在危急情况下进行自我救助。

开展公共安全教育也有利于社会环境的净化。青少年是阳光、雨露、花朵，是家长的希望，是老师的骄傲，更是祖国的未来。为此，我们要让所有的人关心、关注青少年的成长，为他们的成长营造一个良好的学习、生活环境。公共安全教育最重要的时期在学校，特别是幼儿园、小学和中学阶段。

二、中小学公共安全教育的内容

主要包括预防和应对社会安全、公共卫生、意外伤害、网络、信息安全、自然灾害以及影响学生安全的其他事故或事件六个模块。重点是帮助和引导学生了解基本的保护个体生命安全和维护社会公共安全的知识和法律法规，树立和强化安全意识，正确处理个体生命与自我、他人、社会和自然之间的关系，了解保障安全的方法并掌握一定的技能。

开展公共安全教育必须因地制宜。科学规划，做到分阶段、分模块循序渐进地设置具体教育内容。要把不同学段的公共安全教育内容有机地整合起来，统筹安排。对不同学段各个模块的具体教学内容设置，各地可以根据地区和学生的实际情况加以选择。

所谓中小学日常行为规范养成教育，就是为全面贯彻中小学生守则和日常行为规范而实施的基本伦理道德教育，基础文明行为习惯训练和良好心理素质培养，是中小学德育的"主体工程"。

为了增强同学们的公共安全意识，就应该在生活中，向同学们渗透有关公共安全的重要性和如何实行安全行为，这样才能真正的让同学们心中有安全意识，行为中才会注意。

第 *65* 例　自觉抵制影响和危害社会公共安全的活动，提高社会责任感

本节要点

通过学习，认识危害社会公共安全的行为，提高自身社会责任感和国家意识，使学生树立自觉抵制和危害社会公共安全活动的观念，提高自己的社会责任感和国家意识，使学生安全、健康成长。

社会公共安全——指的是恐怖事件、城市火灾、瘟疫传染病（如SARS等）群体性暴力事件、政治性骚乱、经济危机及风暴、商品安全、粮食安全、水安全、金融安全、网络安全、重大交通事故等社会公共安全问题，这些人为灾害的杀伤力给生存者难以磨灭的痛苦记忆和心理压迫。公共安全从来没有像今天这样遭受到残酷的考验和严峻的挑战，人们对公共安全的现在和未来充满沉沉的顾虑和重重的忧患。在老百姓既要秩序井然和安全保障又要方便快捷的公共社会生活活动中，公共场所的安全力和防范力受到老百姓的高度重视和普遍质疑，系统措施的完善和先进设备的采用呼声日高。

当今世界，许多公共场所根本没有采用身份的安全认证来防范人为灾害，机场、边境海关采用的也仅仅是单一的身份安全认证，例如生物特征护照和身份证等。单一的身份安全认证已经凸现不安全的严重隐患，恐怖分子何以顺利进入美

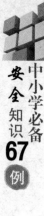

国制造灭绝人寰的"911"灾难？完全拜假证件如假护照、假身份证以及非己有或借用的证件所赐，假证件在单一的安全认证系统中很容易蒙混过关，假冒身份是犯罪分子的惯用伎俩，是罪魁祸首。

为了保障公共安全，国务院和有关部门制定了一系列管理法规和规章，其中包括爆炸物品管理、化学危险品管理、枪支管理、部分刀具的管理、水上客运管理等等，青少年学生应该严格遵守这些法规和有关规定，自绝抵制影响和妨害社会公共安全的活动。

具体地讲，如发现同学或社会上的其他人从事以下活动应予以制止或向有关部门和老师报告：

①携带、存放、使用、玩弄军用枪支、射击运动用的各种枪支、狩猎用的枪支、麻醉动物用的注射枪、气枪、钢珠枪以及各类弹药。

②储存、使用炸药、雷管、导火线、导火索等危险物品；不按公安机关的规定，在允许而且安全的地方燃放烟花爆竹。

③携带匕首、三棱刀、弹簧刀（跳刀）等管制刀具。

④在铁路、公路、水域航道堤坝上挖掘坑穴、设置障碍物，损毁或者移动指示标志。

⑤故意损坏、移动施工单位设置在车辆、行人通道上的沟井坎穴上的覆盖物、标志、防围。

………

在今天这个社会变迁日益迅速的时代里，人们经历了经济的繁荣带来的物质满足和快乐，但也见证了不公平和不平等导致的种种悲哀。很多时候，面对暴力和反社会的行为，人们看到的往往是勇士孤独无助的目光。面对社会的不公和非正义的现象，努力去改变这些现实的人士往往又最易受到大众的冷落和误解。在自我与社会的关系链中，对不少人来说，社会责任感似乎成了生命中不堪承受的重负。毫无疑问，责任意味着付出，而付出时常会带来痛苦。历史上无数的为人类正义事业献身的先驱，也大都是在为努力实践社会责任直至生命的最后一刻。青少年学生肩负着实现中华民族伟大复兴的重大历史使命。要让学生明白今天的学习同明天的建设、个人的前途同国家的命运联系起来。只有每个人都树立了社会责任感，都去为我们的社会大家庭做一些自己力所能及的事，那我们就树立起了一座能使社会真正和谐发展的宏伟丰碑。所以我们青少年学生要努力提高自己的国家意识，自觉遵守国家法律，积极主动地履行社会义务，承担社会责任。

危害公共安全行为按其行为方式、侵害对象，可以划分为五小类：

第一类，以危险方法危害公共安全的行为；

（1）故意（过失）放火行为。

（2）故意（过失）决水行为：故意（过失）破坏水利设施或设备，制造水患，危害公共安全。如破坏水闸、挖掘堤防、堵塞水道等。

（3）故意（过失）爆炸行为：故意（过失）用爆炸方法破坏工厂、矿场、油田、港口、仓库、住宅、重要管道、公共建筑物或者其他公私财产，危害公共安全。

（4）故意（过失）投毒行为：故意（过失）用投放毒物的方式在食堂、牧场、粮仓、水塘等处投毒，危害公共安全。

第二类，破坏交通运输、公共设备，危害公共安全的行为；

（1）故意破坏交通工具行为：故意破坏火车、汽车、电车、轮船、飞机，足以使其发生倾覆、毁坏危险，严重危害交通运输安全的行为。

（2）故意破坏交通设备行为：故意破坏轨道、桥梁、隧道、公路、机场、航道、灯塔、标志或者进行其他破坏活动，足以使火车、汽车、电车、轮船、飞机发生倾覆、毁坏危险，严重危害交通运输安全的行为。

（3）故意破坏电力、煤气或者其他易燃易爆设备行为。

第三类，实施恐怖活动，危害公共安全的行为；

第四类，涉及枪支、弹药、爆炸物、核材料，危害公共安全的行为；非法制造买卖运输或者盗窃抢夺枪支弹药行为；

第五类，造成重大事故，危害公共安全的行为；

第三章　高中篇

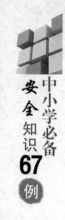

(1)厂矿重大责任事故

(2)交通肇事

(3)反危险物品管理规定肇事

那么,现在各个地方都在强调安检、保障安全等,它到底有什么意义呢?

(一)有利于防范治安灾害事故的发生。

在现实生活中,由于违反国家法律和治安管理法规,造成重大物质损失或人员伤亡,引起人们心理恐慌,影响社会安定,危害治安秩序的灾难性治安灾害事故并不少见。例如,火灾、爆炸、中毒、翻船、交通肇事以及公共秩序混乱造成的挤压伤亡等,其中,许多治安灾害事故是由妨害公共安全行为引起的。因此,如不对妨害公共安全行为进行及时查处,就会发展演变,酿成治安灾害事故。

(二)有利于保障公共安全,预防危害公共安全犯罪的发生。

从一定意义上说,妨害公共安全行为如不及时被查处,行为人如不及时改正,完全有可能演变发展成危害公共安全的犯罪。如违反枪支管理规定行为不被及时查处,完全有可能发展为犯罪。因此,公安机关及时查处妨害公共安全案件,就是在做预防危害公共安全犯罪的工作,在做保障公共安全的工作。

(三)有利于社会的稳定,国家的长治久安。

我们只有搞好了社会公共秩序,我们的社会主义各项事业才能顺利进行,经济快速发展,人民安居乐业。经济发展了,民族才能振兴;社会稳定了,国家的秩序才能稳定,同样我们执政党的位置也才能巩固,以至于我们伟大的祖国才能永远屹立于世界民族之林。

我们只有认识危害社会公共安全的行为,才能通过自己的行为来提高自己的安全意识,提高自己的社会责任感和国家意识,使学生安全、健康成长。

第 66 例　汲取其他国家文化的精华，抵制不良文化习俗的影响

本节要点 ╱

虚心学习其他国家的优良文化，取其精华，对不良文化坚决抵制，从而丰富自我。

我国是一个文明古国。中华民族文化源远流长，内容十分丰富，与世界各国的民族文化相比，有着不同的特点。

中西文明之所以走向不同、发展不同、结果不同，根本是由于中西思维方式的不同使然。思维方式的不同，决定了人类观察世界、处理问题的角度和方法的不同，继而在建立思想理论、构造科学体系、创设技术系统、设定经济体制等方方面面也都不同，甚至人的脾气性格行为、价值观都有不同，最终必然导致文明的走向、发展、结果的统统不同。

举一个现今正在争论的中医为例，中医和西医正是中西两种思维方式演化出的不同学说体系。西医是科学的一种即医学，它完全是用西方的思维方式即形式逻辑构造起来并由实证方法证明的科学体系。中医确实不应该叫科学，中医处处所体现的是中国的思维方式，以及由此种方式格物致知最终才形成的医道。中医无愧于真理，而且它不但能治已病，还能治未病，它完全是由中国思维方式演化出的理论体系。因此中西医是建立在两种思维方式即两种对客观认知与评价体系之上的不同的理论体系。现实当中正是因为中西医的上述不同才使其各有所长、各有所短，所以也就有了今天中西医的结合即两者的相济为用。

西方的逻辑思维、实证方法演绎了西方灿烂辉煌的现代文明，这是世人所熟知并津津乐道的。但是，人们对中国传统的用以格物致知的思维方式却知之甚

第三章　高中篇

少，以至今日也无人把它界说认识清楚。这既是最大的悲哀，也是我们中国人面临的最具挑战的并亟待回答的大课题之一。

不能准确、全面、深刻地认识我们自己的中国传统的思维方式，就不可能真正知道这种思维方式的妙处、价值与局限，更不能正确评价和认识我们伟大的古代文明。我经常在问在想为什么春秋战国时期的中国，诸子百家精湛、丰富、深刻的学说，竟如雨后春笋一样地突然暴发？其实仔细想来一个极重要的条件即主观条件，就是中国传统的思维方式在面对并解决非常复杂深刻的客观问题时，已经变得非常的成熟了，可以说到了炉火纯青的地步。这其实恰是中华民族对人类贡献的一大精神硕果，正是这种思维方式影响了我们民族的方方面面，演化出了一切一切。当到了明末清初的时候，随着章回小说的精彩纷呈，我们的古代文明的一切方面就全部发展到了极致。

比较中西两种思维方式，可知两者各执一端，各有短长，其不同恰是相反相成，故能相互比较、相互对照、相互启发，以至于相辅相成、相济为用，这是中国与西方各自对人类最伟大的贡献，因而是人类的两大瑰宝。立夫敢于大胆断言，这两种思维方式将共存共济、和而不同地发展下去，直到人类不再存在的那一天。

一百年来我们一直在学习西方，今天我们有了强大的物质基础，取得了初步的成就，面对复杂多变的现实，我们痛感还是少了什么，于是越来越多的人们开始对我们自己传统的思维方式与古代文明重新加以审视，由此我们有希望、有条件比西方人较早地把握这两大法宝，去迎接、去拼搏中华民族伟大复兴的世纪。

继承和发扬中华民族传统优秀文化，要不断吸取世界各民族的优秀成果，使中华民族传统优秀文化日益充实和完善。一个国家民族传统优秀文化的形成与发展，离不开世界文明的营养和充实，特别是经济全球化更为各国、各民族之间的文化交流提供快捷便利的条件。从中，不仅为我国吸收世界其他民族的优秀精神文化提供了更加宽广的维度，同时，各种异质文化的互相碰撞也为我国提供了学习和借鉴的激励。因此，要认真研究和借鉴世界各国的文明成果，善于从其他国家和民族的文化中汲取营养，发展自己。在经济全球化的过程中，我们必须坚决抵制"西方文化优越论"、"中心论"和"丑化"、"妖魔化"发展中国家文化的霸权主义，但也必须充分利用经济全球化所提供的机会和有利条件，结合我国国情和时代的需要，学习和吸收世界各国包括资本主义国家所创造的一切文明成果，学习世界各民族的文化优长，不断地充实和完善中华民族的传统优秀文化。

经过多年的努力，我国已经形成了全方位的对外开放格局。在开放的条件下，我国与世界的联系越来越广泛，越来越紧密，过去那种闭关自守状态下不存在的问题，伴随着对外开放的进程，纷纷开始出现。比如，各种外来的文化和观念，随着经济社会的开放，纷纷涌向我国，进入人们的头脑和生活；同时，人们也可以轻易地通过报纸、广播、电视、网络等媒介，了解外部世界，自觉或不自觉地接受着各种文化和观念的影响和熏染。快速的发展几乎使人们每天都面临着新情况，几乎使人们每天都发生着观念、情趣等的变化，以至于曾经流行的歌曲、电子游戏、服饰、发型等，很快成为过去；一度受到热捧的明星大腕、影视作品、文学偶像等，很快变成过眼云烟。文化的多元、多层、多样的复杂局面，显然既有对外开放过程中的鱼龙混杂，也有经济社会快速发展的自然产物，还有人们思变心态驱使下的刻意追求。比如，涉及色情、暴力、凶杀等内容的东西通过各种途径特别是互联网的传播，有泛滥的趋势；一些格调低下、趣味庸俗的娱乐节目充斥着电视荧屏；一些毫无观赏性、缺乏艺术价值的所谓商业"大片"被大肆炒作。那些弘扬社会正气、彰显时代精神的文化作品，得不到舆论的及时关注，被人为地冷落在一旁；而一些歌星影星的"婚外情"、"私生子"，却成了某些媒体的主打新闻。呈现在我们面前的五颜六色、千姿百态，乃至千奇百怪的文化，给我们提出了一个严肃的话题：应当如何看待和对待这些文化？因此，提高社会道德水平，是我们文化建设的重要任务。对上述不良文化习俗的影响，我们必须旗帜鲜明地坚决抵制。

案例现场

"党报热线"以《一句谣言造出一条街市》为题，报道了近日出现在秀洲区南汇集镇的"红色旋风"事件。其实，记者在其他媒体上也看到过类似的报道。

案例分析 /

农村流行穿"红T恤",源于本命年要穿"红肚兜"的传统习俗,但两者有本质上区别。本命年穿"红肚兜"之说,源自我国西汉时期,是承载了两千多年的民俗文化底蕴,凝聚着炎黄子孙对美好生活的追求和希望,寄托着真情的祝福与祈祷。

而眼下农村刮起的"红T恤"、"红色旋风"之类的风气,实是一些奸商赚钱的借口。从一定程度上讲,这是一种商业欺诈行为,这种充满教唆色彩的渲染,对人们的伤害不仅仅是经济问题,更是对人们尤其是青少年心灵的蛊惑,严重扰乱了我们的思想道德建设和精神文明建设。

所以,我们既要理解并尊重类似穿"红肚兜"这样的民俗,更要依法打击类似"红T恤"这样的谣传,揭穿那些想从中渔利并毒害百姓心灵的鬼把戏,杜绝一些地方假借传统习俗之名而牟取不义之利,防止不良习俗文化的蔓延。

作为拥有五千年历史文化的古国的子孙,应该对自己文化历史有所了解,在需要进步的时候,可以吸取外国文化的精华,但是一定要抵制住与我国文化相悖的文化,这样才算是"取其精华去其糟粕"。

第67例 树立正确的安全道德观念,关注自身及他人安全

本节要点 /

帮助学生建立正确的安全道德观,决不能使学生形成为了自己的安全不顾他人的安全的想法,同时还应当使学生养成助人为乐的品质。助人为乐是一个人从小就应养成的习惯,尤其是在受教育阶段,更应该注重培养他们助人为乐的行为,要让学生们认识到还有人需要自己的帮助和关爱。

校园安全事故是悬在校长头上的一把刀。每当提起校园伤亡事故话题,年轻

校长就感到心惊胆战、不寒而栗，生怕出差儿；老校长也谈虎色变，大有身临深渊和如履薄冰、脚踏陷阱的感觉。因为校园的意外伤害和突发事故，已成为当前学生伤亡的头号杀手。诸如：新疆克拉玛依市的一场大火，导致323名学生和教师死亡；内蒙古丰镇二中发生学校下楼挤压事件，导致21人死亡，47人受伤；江苏常州溧阳市旧县初级中学近百名学生集体食物中毒；北京"蓝极速"网吧大火惨案，当场烧死25人。还有校园凶杀案、绑架、食物中毒、坠楼、雷电和校外交通事故、溺水等事故在全国中小学频发。2006年教育部公布了中小学安全事故总体形势分析报告，对2006年中小学安全事故发生的特点、原因、环节等方面进行了全面分析，初步探索了中小学发生安全事故的基本规律，总结了易发生事故的关键环节，安全事故发生比例是：江河水库和公路是24%，学校是39%，家里是5%，上下学路上32%。全国中小学各类安全事故灾难（溺水、交通、踩踏、一氧化碳中毒、房屋倒塌、意外事故）占59%；社会安全事故（斗殴、校园伤害、自杀、住宅火灾）占31%；自然灾害（洪水、龙卷风、地震、暴雨、塌方）占10%。其中，溺水占31.25%；交通事故占19.16%；斗殴占10.71%；校园伤害占14.29%，食物中毒占2.68%，学生踩踏事故占1.79%，自杀占5.36%，房屋倒塌占0.89%，自然灾害占9.82%，其他意外事故占3.57%。

从整体看，2006年全国中小学各类事故61.61%发生在校外，38.39%发生在校内。其特征是农村学校是事故多发区；低年级学生更容易发生安全事故；校园伤害事故增多；节假日是事故多发期；事故发生地点主要集中在上下学路上、江河水库和学校周边；学生安全意识淡薄是多数事故发生的重要原因；学校的安全教育和防范措施有待加强。

校园安全是个沉重敏感的话题，它关系到社会的稳定、学校的形象、家庭的幸福，是学校的头等大事，是维持学校正常秩序的首要工作。为实现切实有效的校园安全，构建平安和谐校园，每个教师都要牢固树立"安全工作无小事，安全责任重于泰山"的安全管理观，从而切实保证学校安全零风险，稳定零事故，管理零缺陷。

下面提出对教师的二十点建议：

1. 高度重视，思想上位，工作到位，落实到位。树立责任重于泰山的责任意

第三章 高中篇

识,责任到人,明确分工,职责明确,规范要求,狠抓落实,以扎扎实实的工作作风和高度负责的态度抓实学校的安全工作。

2. 加强对学生、员工的安全教育,树立"安全第一,预防为主"的思想,利用班会时间广泛深入地学习和宣传,将安全教育工作落实到每一位学生,把安全防范工作落实到个人。切忌因忽视安全,玩忽职守,管理不善造成事故。

3. 按照详细求是、操作性强、科学合理的学校各种安全突发事件的"应急预案",在万一发生安全事故时以便沉着应对、高效有序,有条不紊地开展工作。

4. 实行学校安全自查、联查和情况通报制度,通过自查和联查,发现问题及时上报领导并及时整改,堵塞漏洞,不留隐患。发生安全事故必须及时上报,不得迟报、漏报、瞒报,以防酿成严重后果。

5. 对突发事件要讲究应急工作方法,个别学生患病要及时经领导批准到当地医院诊治,对于发生群体性不良反应症状的,要及时通知家长,疏散离校,将学校逐人分期分批地送到当地卫生院就诊,避免发生"群体性心因反应",给学校正常教学秩序造成混乱和损失。对于病重需要转院的学生务必送本县医院治疗,如果本地不能治疗的再经转院。预防传染病流行,如有疫情,要早发现、早报告、早治疗,采取果断措施予治疗以妥善处理。

6. 学生安全人人有责。伙房、餐厅、师生宿舍、教室、仓库、实验室、微机室、图书阅览室等场所要及时、定期进行安全检查,老化的电路应进行改造,私拉乱拽的电线应必须立即清理,重新按标准拉好。室内线路要做到安全规范,裸露和丢失的开关盒等要及时购买安装,外露的火线等部位的安全隐患要立即补救。尤其是微机室的线路不能散乱摆放,要装入盒槽或塑料管内,确保师生上机的安全。实验室危险品存放要符合要求,并有安全防范措施。

7. 按照国家消防安全要求,加强学校消防设施的管理。保管使用好学校的灭火器,确保学校万一遇险时正常使用,加强对学生森林防火知识的教育,不准野外用火,不准参与救火行动。

8. 加强体育器材和大型玩具的质量安全检查,定期检修,确保学生的人身安全。

9. 牢固树立"健康第一"的指导思想,狠抓《学校卫生工作条例》的落实,确保学生的饮食安全,杜绝和防范食物中毒等恶性事故的发生。

10. 雨季到来之前,要高度重视校舍的安全检查,即使是新建校舍也不能 麻痹大意。房屋渗漏的要及时修补和改造,隐患很大、问题严重的危房险房要停止使用,并向领导报告,积极主动地寻找解决办法,确保师生人身安全。

11. 要加强学校住宿生的管理,加强对寄宿制小学生宿舍安全检查,加强学生防触电、防火、防盗及紧急情况下有序疏散等防范知识的教育,提高自我防护和自救能力。没有特殊情况,不允许学生使用电褥子等取暖用品。暑期午休时,学校要建立教师午休值班制度,严格要求,严格管理,防患未然。对于未安暖气学校的学生宿舍要保持通风、严防冬季取暖煤气中毒。

12. 加强对学生的交通安全教育,放学离校时,幼儿实行家长接回或教师护送制度,小学生放学要站队有序离校;学生离校或返校使用车辆的,必须保证车辆的安全使用和司机的安全驾驶;严禁18周岁以下学生驾驶摩托车上学。要加强防溺水、防洪水的安全教育,教师不得随便组织学生到池坝塘库洗澡和游泳。如遇到恶劣天气或洪水暴发,要主动与家长联系,确保学生人身安全,科学合理安排放学离校时间,不得因人为原因和决策失误造成学生人身伤亡事故。严格禁止学生上树掏鸟、摘果,更不允许学生到深水池边钓鱼。

13. 要加强学校的治安保卫工作,学校实行封闭式管理,校外的机动车辆一律不得进入校园,同时加强学校社会治安综合治理,严防社会不法分子到校捣乱滋事或打架斗殴,建立学校防控机制,确保师生人身安全。

14. 组织广大学生认真学习教育局下发的安全知识手册,提高学生的自护自救能力。

15. 严肃平时和节假日护校值班制度,强化防盗意识,严格交接手续,对造成损失的直接责任人要及时上报。

16. 课外活动、运动会和体育训练等大型活动切实必须在校外进行的,要在绝

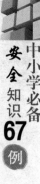
对保障安全的情况下进行。需要公安、卫生部门配合的, 要确保安全保护到位。

17. 对患有先天性疾病和近期患病在身的学生, 要放宽要求不能强求让学生上体育课和课外活动, 以免造成人身伤害和意外事故发生。

安全工作至关重要, 教师敏感性要强, 警惕性要高, 预见性要强, 责任心要实 。抓管理, 重防范, 抓落实, 重实效, 确保学校安全工作万无一失。学生也应建立正确的安全道德观, 养成帮助自己, 帮助他人的优秀品质。